心一堂彭措佛緣叢書・索達吉堪布仁波切譯著文集

中觀莊嚴論釋
附 七十空性論略釋

原著：靜命菩薩(寂護)造論 全知麥彭仁波切 注釋
漢譯：索達吉堪布仁波切

書名：中觀莊嚴論釋　附　七十空性論略釋
系列：心一堂彭措佛緣叢書•索達吉堪布仁波切譯著文集
作者：靜命菩薩（寂護）造論著　全知麥彭仁波切　注釋
譯者：索達吉堪布仁波切
責任編輯：陳劍聰

出版：心一堂有限公司
地址/門市：香港九龍尖沙咀東麼地道六十三號好時中心LG六十一室
電話號碼：(852)2781-3722 (852)6715-0840
傳真號碼：(852)2214-8777
網址：www.sunyata.cc
電郵：sunyatabook@gmail.com
心一堂 彭措佛緣叢書論壇：　http://bbs.sunyata.cc
心一堂 彭措佛緣閣：　http://buddhism.sunyata.cc
網上書店：　http://book.sunyata.cc

香港及海外發行：香港聯合書刊物流有限公司
香港新界大埔汀麗路36號中華商務印刷大廈3樓
電話號碼：(852)2150-2100
傳真號碼：(852)2407-3062
電郵：info@suplogistics.com.hk

台灣發行：秀威資訊科技股份有限公司
地址：台灣台北市內湖區瑞光路七十六巷六十五號一樓
電話號碼：(886)2796-3638
傳真號碼：(886)2796-1377
網絡書店：www.govbooks.com.tw
經銷：易可數位行銷股份有限公司
地址：台灣新北市新店區寶橋路235巷6弄3號5樓
電話號碼：(886)8911-0825
傳真號碼：(886)8911-0801
網址：http://ecorebooks.pixnet.net/blog

中國大陸發行•零售：心一堂•彭措佛緣閣
深圳流通處：中國深圳羅湖立新路六號東門博雅負一層零零八號
電話號碼：(86)755-82224934
北京流通處：中國北京東城區雍和宮大街四十號
心一堂官方淘寶流通處：http://shop35178535.taobao.com/

版次：二零一三年十月初版，平裝

定價：　港幣　　一百二十八元正
　　　　新台幣　四百二十元正

國際書號 ISBN 978-988-8266-35-7

目　錄

中觀莊嚴論釋科判

中觀莊嚴論頌

靜命菩薩　著

索達吉堪布　恭譯

梵語：瑪疊瑪嘎阿朗嘎繞嘎熱嘎

藏語：哦莫堅戒策累哦雪巴

漢語：中觀莊嚴頌

頂禮文殊童子！

自他所說法，此等真實中，
離一及多故，無性如影像。
果實漸生故，常皆非一性，
若許各果異，失壞彼等常。
說修所生識，所知無為法，
彼宗亦非一，與次識繫故。
前識所了知，自性若隨後，
前識亦變後，後亦成前者。
前後之諸位，彼體若不現，
當知彼無為，如識刹那生。
設若依前前，刹那威力生，
此不成無為，如心與心所。
若許諸刹那，此等自在生，
不觀待他故，應成恆有無。

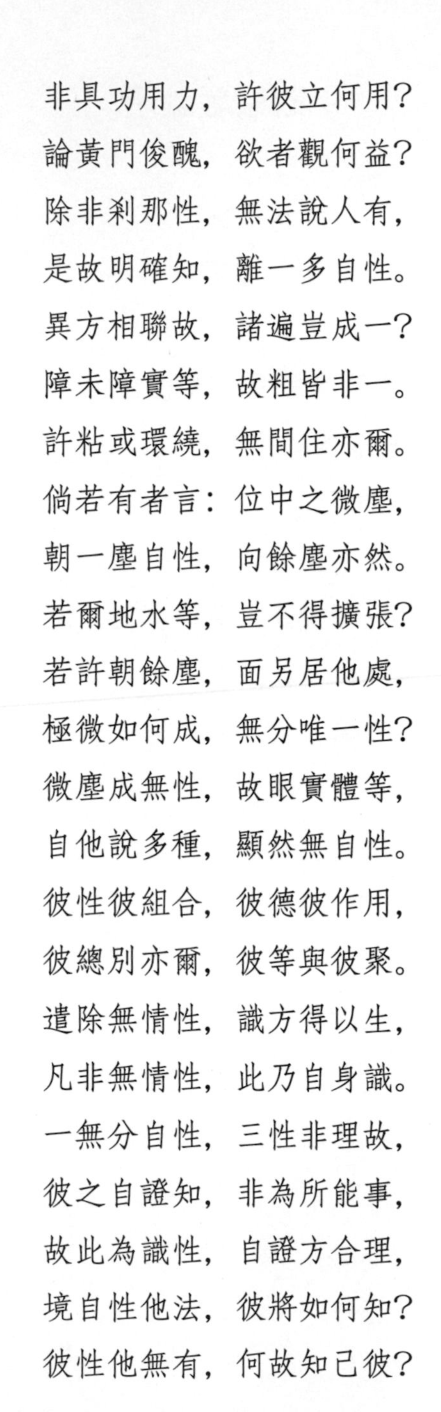

非具功用力，許彼立何用？
論黃門俊醜，欲者觀何益？
除非剎那性，無法說人有，
是故明確知，離一多自性。
異方相聯故，諸遍豈成一？
障未障實等，故粗皆非一。
許粘或環繞，無間住亦爾。
倘若有者言：位中之微塵，
朝一塵自性，向餘塵亦然。
若爾地水等，豈不得擴張？
若許朝餘塵，面另居他處，
極微如何成，無分唯一性？
微塵成無性，故眼實體等，
自他說多種，顯然無自性。
彼性彼組合，彼德彼作用，
彼總別亦爾，彼等與彼聚。
遣除無情性，識方得以生，
凡非無情性，此乃自身識。
一無分自性，三性非理故，
彼之自證知，非為所能事，
故此為識性，自證方合理，
境自性他法，彼將如何知？
彼性他無有，何故知已彼？

能知所知事，許為異體故。
識有相派許，彼二實異體，
彼如影像故，假立可領受。
不許以境相，轉變之識宗，
彼覺外境相，此事亦非有。
一識非異故，行相不成多，
是故依彼力，境則無法知。
未離諸相故，識不成唯一。
非爾如何說，此二為一體？
於白等諸色，彼識次第現，
速生故愚者，誤解為頓時。
藤條詞等心，更是極速生，
同時起之心，此刻何不生？
唯一意分別，亦非次第知，
非為長久住，諸心同速生。
是故諸對境，不得次第取，
猶如異體相，頓時取而現。
火燼亦同時，起現輪妄相，
了然明現故，現見非結合。
如是結諸際，由憶念為之，
非取過去境，故非依現見。
成彼對境者，已滅故非明，
為此顯現輪，不應成明現。

倘若如是許：現見畫面時，
盡其多種識，同一方式生。
若爾雖認清，白等一分相，
上中邊異故，能緣成種種。
微塵性白等，唯一性無分，
呈現何識前，自絕無領受。
五根識諸界，乃緣積聚相，
心心所能緣，立為第六識。
外宗論亦許，識不現唯一，
以具功德等，實等所緣故。
如貓眼珠性，諸事視謂一，
取彼心亦爾，不應現一體。
於許地等合，立為諸境根，
彼派所立宗，不合一法入。
力等性聲等，許具一境相，
識亦不合理，三性境現故。
若許事體三，識現唯一相，
與彼不同現，豈許彼取彼？
諸外境雖無，現異種為常，
同時或次第，生識極難立。
虛空等何識，唯名諸顯現，
現多文字故，明現為種種。
有者若承許：識非現種種。

然不應真立，見害具相故。
故現各種識，何時何地中，
如彼處異體，一性不合理。
無始之相續，習氣成熟故，
雖現幻化相，錯謬如幻性。
彼宗雖善妙，然許此等法，
真性或未察，似喜請慎思！
設若真實中，識將成多種，
或彼等成一，違故定各自。
相若非異體，動與靜止等，
以一皆動等，此過難答覆。
承許外境事，依舊不離相，
一切入一法，無以回遮也。
倘若承許識，等同相數量，
爾時如微塵，難免此分析。
若異相為一，豈非裸體派？
種種非一性，猶如異寶等。
各種若一性，現為異本體，
遮障未障等，豈成此差別？
若識本性中，無彼此等相，
真實中無相，識前錯顯現。
設若相無有，豈明受彼等。
與其事異體，如是識非有。

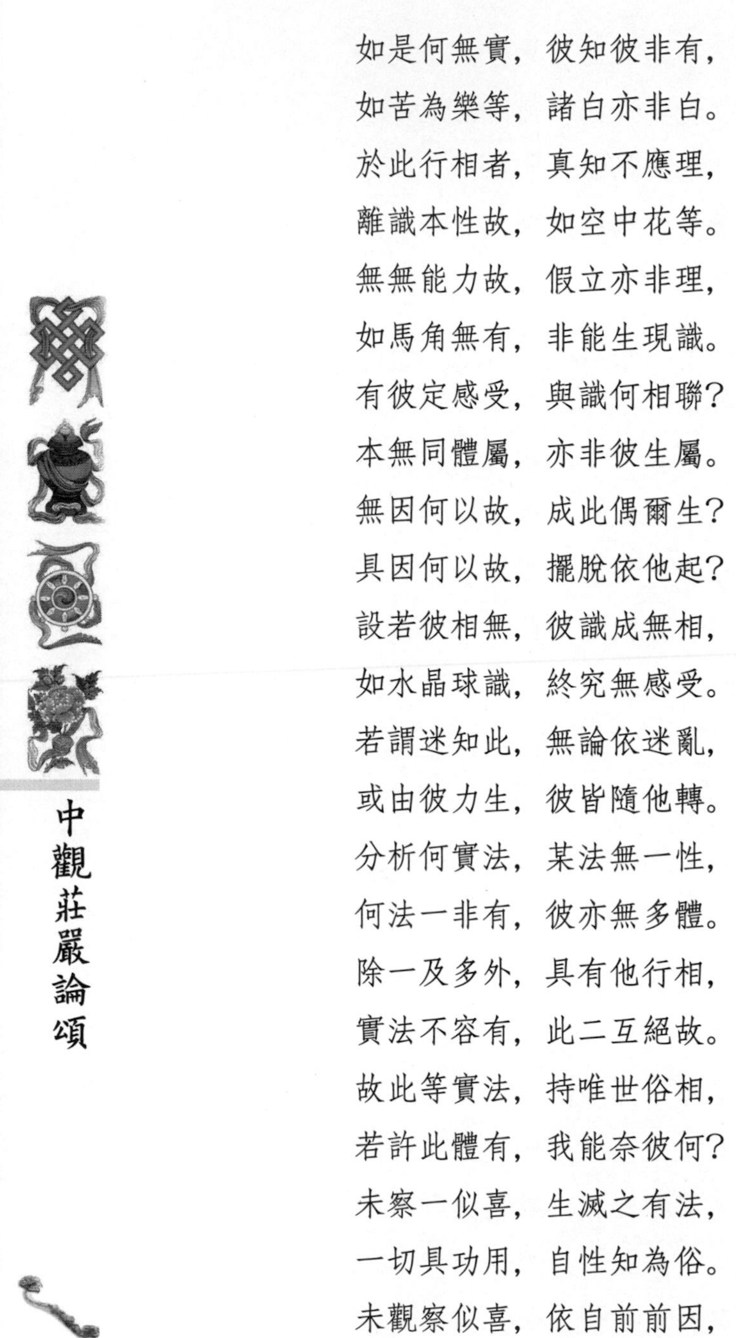

如是何無實，彼知彼非有，
如苦為樂等，諸白亦非白。
於此行相者，真知不應理，
離識本性故，如空中花等。
無無能力故，假立亦非理，
如馬角無有，非能生現識。
有彼定感受，與識何相聯？
本無同體屬，亦非彼生屬。
無因何以故，成此偶爾生？
具因何以故，擺脫依他起？
設若彼相無，彼識成無相，
如水晶球識，終究無感受。
若謂迷知此，無論依迷亂，
或由彼力生，彼皆隨他轉。
分析何實法，某法無一性，
何法一非有，彼亦無多體。
除一及多外，具有他行相，
實法不容有，此二互絕故。
故此等實法，持唯世俗相，
若許此體有，我能奈彼何？
未察一似喜，生滅之有法，
一切具功用，自性知為俗。
未觀察似喜，依自前前因，

如是而出生，後後之果也。
故謂俗無因，非理亦不然，
設若此近取，真實請說彼。
萬法之自性，隨從理證道，
能遣餘所許，故辯方無機。
謂有無二俱，何者皆不許，
縱彼具精勤，何過無法致。
故於真實中，何法皆不成，
故諸善逝說，萬法皆無生。
切合勝義故，此稱為勝義。
真實中彼離，一切戲論聚。
生等無有故，無生等亦無，
彼體已遮故，彼詞不容有。
既無所破境，則無正破因。
若依分別念，成俗非真實。
若爾已了時，彼性現量故，
諸愚何不證，萬法此本性？
非爾無始心，嚴重增益法，
故非諸有情，皆能現量證。
以能斷增益，能知之能立，
比量能了知，瑜伽王明見。
拋論所安立，分別有法已，
智女愚者間，共稱之諸法，

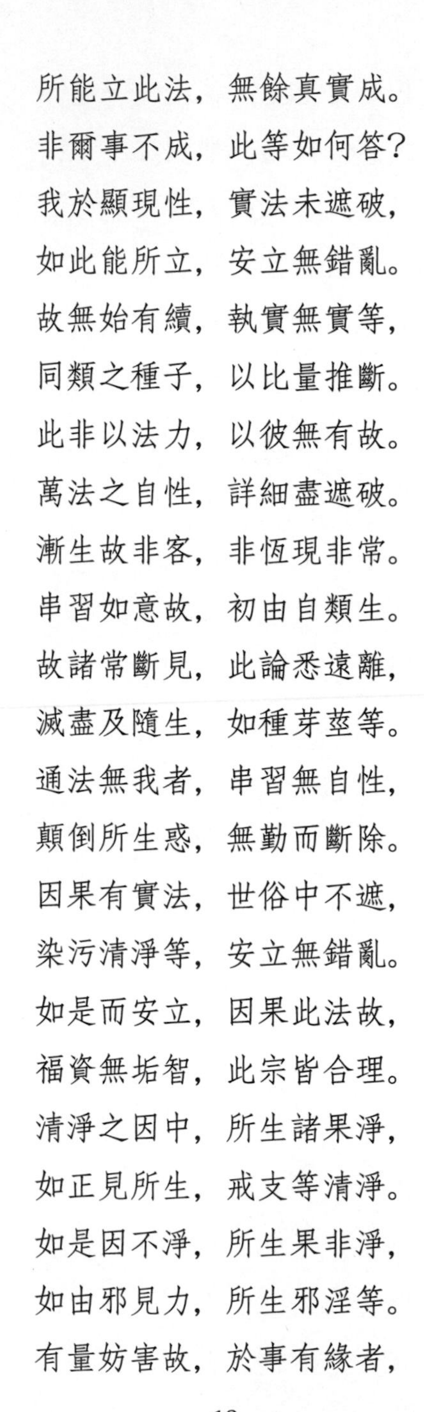

所能立此法，無餘真實成。

非爾事不成，此等如何答？

我於顯現性，實法未遮破，

如此能所立，安立無錯亂。

故無始有續，執實無實等，

同類之種子，以比量推斷。

此非以法力，以彼無有故。

萬法之自性，詳細盡遮破。

漸生故非客，非恆現非常。

串習如意故，初由自類生。

故諸常斷見，此論悉遠離，

滅盡及隨生，如種芽莖等。

通法無我者，串習無自性，

顛倒所生惑，無勤而斷除。

因果有實法，世俗中不遮，

染污清淨等，安立無錯亂。

如是而安立，因果此法故，

福資無垢智，此宗皆合理。

清淨之因中，所生諸果淨，

如正見所生，戒支等清淨。

如是因不淨，所生果非淨，

如由邪見力，所生邪淫等。

有量妨害故，於事有緣者，

如陽焰等識，盡顛倒分別。
是故彼力生，修持施度等，
如倒我我所，所生力微弱。
於事無緣中，所生廣大果，
增因所生故，如良種芽等。
作為因果法，皆必是唯識，
由自成立法，彼即住為識。
依於唯心已，當知外無實，
依於此理已，知彼亦無我。
乘二理妙車，緊握理轡索，
彼等名符實，大乘之行者。
遍入自在等，未享無量因，
世間首位者，亦未盡品嘗。
此真純甘露，除悲清淨者，
如來善逝外，非成他受用。
是故於耽著，倒說宗派者，
隨佛諸智士，悲憫油然生。
具智財者見，他宗無實義，
如是於佛陀，更起恭敬心。

中觀莊嚴論頌，是由抵至自他宗派之大海彼岸、頂戴聖者語自在文殊菩薩無垢足蓮花蕊的靜命阿闍黎撰著圓滿。

印度堪布色燃札哦德即天王菩提與大譯師智慧軍由梵語譯成藏語，復對句義進行校勘，終以講聞方式而抉擇。

中觀莊嚴論釋

——文殊上師歡喜之教言

全知麥彭仁波切　著

索達吉堪布　恭譯

宣說稀有緣起道，無與倫比殊勝者，
令解三有之束縛，佛陀釋迦獅前禮。
憶名能毀無始來，長久臥心有暗敵，
與童語日文殊尊，無二恩師庇護我！

邪見暗中各種狡猾伎倆動如閃電惡語舌，
依勝梵王利刃理智斬斷蒙文殊劍灌頂者，
令印藏等倚傍我見山巒苯波外道之群獸，
聞名喪膽無所畏懼語獅子尊願您獲全勝！

彼之妙語精深中觀莊嚴論，
匯聚十萬理證江河之大海，
千萬勝智龍王遊戲之彼處，
劣者我亦滿懷喜悅而涉足。

擁有無等妙慧諸正士，
亦經策勵精進方證悟，

不失秉承智者優良軌，
依師鴻恩稍析諸法理。
車乘道軌勝妙理證火，
雖已暫眠時間懷抱中，
如焚密林於此重復興，
信口雌黃之眾當謹慎。

我等本師真實圓滿正等覺釋迦佛自從發起殊勝菩提心時起，以浩如煙海般的二資糧徹底淨化相續，大徹大悟，已臻究竟。佛陀以其獅吼聲令身為外道的大象及群獸膽戰心驚，萬分恐懼。而佛陀所轉無倒開顯空性法理之法輪所有純潔無垢聖教的意趣，通過理證途徑引出的就是這部《中觀莊嚴論》，此論也堪為修成不可奪取的殊勝慧眼，並進一步了達諸法如影像等一般在未經觀察這一側面似乎無不存在，而真實中無有自性之理、盡斷一切煩惱障與所知障，最終自在圓滿行持二利的諸位學人的無上津梁。對於如是法理，我本人一方面為了自己串習，另一方面也想到勸勉與我同緣的他眾，使之普沾法益，因而對此論的意義稍加分析解釋。

此論分二：一、所說支分；二、所說論義。

甲一、所說支分：

在此應當追隨前輩智者們的傳統對著論五本略作說明：

一、由誰所造：此論是靜命論師所撰著的。人們眾口一詞、無有爭議地共稱：尊者智慧超群、戒律清淨、品行高尚的豐功偉績獨占鰲頭，最終成就了至高無上的果位，是印藏兩地宛如日月般遐邇聞名的大阿闍黎。

二、為誰而著：此論是為了那些力求對所有大乘論典之義獲得以正理引發、不被他奪、博大精深之智慧的諸位後學者而撰著。

三、屬何範疇：此論歸屬於大乘總的教法，尤其是《月燈經》等諸甚深經部的範疇內。

四、全論內容：通過二理（即世俗理與勝義理）明確開顯二諦無倒真如所攝的道理。

五、有何必要：為令輕而易舉對整個大乘的教義獲得定解進而證得殊勝菩提。

接下來對此著論五本略微廣述：

一、關於此論的作者靜命菩薩，《文殊根本續》中有對佛教之施主、精勤持戒者、諸婆羅門的一段授記，而在講到精勤持戒者的開頭時云：「本師教典於人間，末時世界衰落際，精勤持戒王相者，必定無疑現於世。」當然，這其中只是籠統地總說了會有數多精勤持戒之王或主尊出世。而在分別授記諸多大德的行文中，又云：「名謂巴者宣淨戒。」顯而易見，這其中已對尊者（菩提薩埵）之名的首字作了明示。在此續的結尾又授記這所有大德均修成密宗而證菩提。在《楞伽經》中指出：在未來之時，當外道的邪見紛紛湧現之時，猶如對治般的高僧大德將會出世。此經云：「此後未來時，導師名智慧，開顯五所知，大勇士現世。」其中的「智慧」實際上是靜命論師的別名，這是前代諸位智者眾口一聲的解釋。由此可知，「靜命」顯然是尊者出家的法名。另外也有迥然不同的多種稱呼。所謂的「開顯五所知」，其實是在授記（靜命論師）以理抉擇五法進而將所有大乘歸結為同一密意的這一點。

此外，《三摩地王經》中也云：「末法濁世菩薩勇士者，護持如來教之此勝法，彼等吾子末時護正法，千萬佛皆交付與彼等。」可以明顯看出，此經中已經完整地指出了「摩訶薩埵繞卡達」的全名，靜命論師的尊名如果用梵語來讀就是如此。此處如若也同樣讀成「末法濁世摩訶薩埵者」就比較容易理解；而所謂的「繞卡達」可以解釋為維生或護持。因而，通過此名詞也使所表達的意義一同顯露出來了，因為（一句話）能引出直接之義、間接之義、言外之義等多種含義，這就是佛語的特點。靜命阿闍黎通過卓越的理證智慧（無誤抉擇）以上兩部經的無垢意趣，進而開創了兩大宗軌（合一之宗），由此可見，這兩部經中授記的原因也在於此。

第一、智慧超群：關於眾多經續中再三授記的這位開宗祖師獨具特色的超勝功德，正如古大德所說：靜命論師已抵達自他宗派波瀾壯闊大海的彼岸，於聖者語自在（文殊菩薩）純淨無垢的蓮蕊足下以頭頂受。並且在以前確鑿可靠的史實中也曾看過有如是記載：這位阿闍黎生為東方匝霍國王的太子，年長以後在那爛陀寺說一切有部的親教師智藏前出家為僧，法名為摩訶薩埵繞卡達。（從此之後精進修學，）對所有明處全部通達無礙，成為那爛陀寺出類拔萃的親教師，制勝一切外道辯論對手。自此，尊者不同凡響的智慧雄獅巨吼響徹雲霄，名震天下，鋪遍整個大地。

當時，南方有一位對婆羅門吠陀等所有外道典籍無所不知的人士，出奇地擊敗了內外道的全部辯論對手，結果誰也無法與之抗衡。這時此人心裡不禁暗自思忖：現在我應當前往那爛陀寺，力爭讓親教師靜命一敗塗地，這樣一來，我在普天之下就無與倫比了。當他（經過一番旅途的勞頓）最後來到靜命論師的住處時，卻不見尊者的蹤影，只看到有一尊宛若純金般閃閃發光的文殊菩薩像莊嚴端坐，於是他走出去向別人打聽論師的下落，沒想到人們都說親教師①就住在那兒，此人只好再度返回去看個究竟，結果發現尊者果真原地未動。他不由得大吃一驚，知道尊者已獲得了殊勝本尊悉地，誰也不可能再辯得勝他，不由得生起極大信心，於是全然放棄了辯論的念頭，恭恭敬敬頂戴其足，皈入佛門。諸如此類，尊者智慧超群的奇蹟實在是無有能與之相提並論的。

①親教師：也就是現今人們共稱的堪布。

當尊者到達藏地之時，也曾經胸有成竹地親口承認過自己的智慧，他對國王赤松德贊說：「假設佛教內部或其他外道有誰想尋找較量的對手，那麼在神變方面，可以說整個南贍部洲沒有能比蓮花生大士更勝一籌的了，非他莫屬，因此可讓那些人與他一決勝負；而在因明辯論的方面，如果與我唇槍舌劍一試高低，恐怕當今天下再沒有比我更擅長的了，我足可力勝一切辯論對手，使他們一一皈入佛門，讓國王您如願以償。」這位大阿闍黎，開創了中觀瑜伽行宗軌，在諸位班智達當中猶如勝幢之寶頂般昭彰顯著，首屈一指。這以上只是對尊者智慧超群的事蹟作了簡明扼要的敘述。

而竭誠護持這位開宗祖師之自宗的大德也委實不乏其數，就拿印度聖地來說，有獅子賢②論師、嘎瑪拉西拉③（即蓮花戒論師）以及法友論師等等，另外在諸班智達中也是大有人在，佛智④、聖解脫部⑤、獅子賢、阿巴雅嘎繞等唯一抉擇般若見解。雖說在靜命論師之前已有聖解脫等秉持瑜伽行中觀的個別論師，然而真正建立切

②獅子賢論師：古印度一佛學家，著有《現觀莊嚴論注釋》與《般若八千頌注》等書。

③嘎瑪拉西拉：約於西元八世紀出生於東印度，是瑜伽行中觀自續派論師。應吐蕃王赤松德贊之邀請入藏，以菩提薩埵（靜命論師）等人所持漸門之見，與持頓門見漢僧摩訶衍進行辯論，獲得勝利。著有《修道次第論》三篇。

④佛智論師：印度的一位著名班智達，創立佛智密集派。

⑤聖解脫部：五世紀印度一位佛學家，生於中印度，出家後依止世親論師及僧護，著有《般若波羅蜜三萬五千教授現觀莊嚴論疏》。

合外境不存在唯識法理之中觀宗軌的開創者就是靜命論師。關於這一點，是諸位大智者異口同聲所認可的，而且憑據理證也完全可以成立，再者通過閱讀印度諸大論師所著的論典也能了知。因此，人們普遍共稱：龍猛師徒是開創原本中觀的鼻祖，月稱論師⑥是中觀應成派的開創者，清辨論師⑦為經部中觀的創始人，靜命論師則是瑜伽行中觀的開宗祖師。在藏地雪域，古代的大多數有學之士都受持這一宗風，尤其一心一意地持受此宗軌的要屬鄂大譯師⑧、夏瓦秋桑、榮敦秋吉等最為典型。據說，這部《中觀莊嚴論》的傳講與聽聞曾於宗喀巴大師師徒在世期間開展得極為廣泛，興盛一時。宗喀巴大師的傳承弟子對此也格外重視，並作了不同程度的記錄等等。此外，法王薩迦班智達⑨等諸位中觀論師也將阿闍黎靜命

⑥月稱論師：西元七世紀生於南印度一婆羅門家，出家後學龍樹中觀論等，後為那爛陀寺親教師，著有《中論釋顯句論》、《入中論》等，承佛護之傳，開中觀應成派。

⑦清辨論師：昔印度一中觀論師，著有《般若燈論》，立自續因之理，創中觀自續派見。

⑧鄂大譯師：指鄂.勒巴西繞與鄂.洛丹西繞叔侄兩位譯師的合稱。叔父鄂.勒巴西繞先從色尊學經，後與納措譯師同往迎阿底峽大師，師事之。曾譯有《中觀心論注》等。1073年建奈托寺，即後來著名的桑普寺。其侄洛丹西繞（1059—1109）：幼從鄂.勒巴西繞聽受阿底峽尊者所傳諸法，先後在喀什米爾學經十七年，譯出《量莊嚴論》等書，並校訂舊譯甚多。聚集徒眾兩萬餘人。鄂氏叔侄以講授《定量論》與《慈氏五論》為主，尤側重於講授因明，故桑普寺在長期內為研習因明學中心。

⑨薩迦班智達：全名薩迦班智達根嘎嘉村，是薩迦五祖之第四祖。幼從其伯父赤策思巴嘉村廣學顯密教法，二十三歲起又從迦濕彌羅班禪等遍學大小五明，成為西藏獲得「班智達」稱號的第一人。有《分析三戒論》、《量理寶藏論》、《智者入門》、《格言寶藏論》等諸多著作。

師徒的教言當作智慧的結晶，倍加珍重。

總而言之，凡是具有法眼的智士仁人，如果有幸品嘗到尊者的理證深要之甘美佳餚，必然會情不自禁地為之傾倒，深深地被她（指《中觀莊嚴論》）所吸引，定會像蜜蜂迷戀蓮園般如飢似渴地取受。然而，不勝遺憾的是，當今時代在各宗各派之中，暫且不說講聞，就連看一眼此論經函的人也可謂是寥寥無幾。因此，諸位有智之士理當將著眼點集中在時時刻刻將此論廣弘各方之上。簡言之，無有偏袒而受持大乘之二理，特別是研習中觀並對因明有著濃厚興趣的學人對這位祖師的宗軌更會自然而然歡喜雀躍、欣樂投入。

第二、戒律清淨：印度聖地，在好似重巒疊嶂之金山般的眾多持戒大德之中，尊者淨護戒律、一塵不染的高風亮節宛若妙高山王一般，堪稱為一切守戒者之王，被人們交口讚為戒律清淨的典範。

第三、成就卓越：本來，成就的標準必須取決於現量成就聖果的斷證功德，但由於這並非普通人的行境，因此依據經中所說：可以通過身語的外相來比量推斷是不退轉菩薩。這位大阿闍黎總的調化整個贍部洲的芸芸眾生，尤其是教化暗無天日的邊地有情（這裡指藏地）。儘管大乘二大宗軌的教義早已開創，然而尊者為了開拓將此二宗密意合而為一的第三道軌而特意化現為人相。據史料記載：由於當時藏地的國王赤松德贊尚未誕生於世，世尊教法在北方弘揚的授記時間也還沒有到來，因而尊者一直加持自己的壽命，住世已長達九百年之久。由此可以推知，靜命論師已獲得了內壽自在。當年在桑耶寺開光之際，國王赤松德贊親眼看見尊者現為文殊金剛。並且所有的佛像都變成了真正的智慧尊者，大顯神通，變化莫測，不可計數。通過諸如此類為人們有目共睹的事實足可證明尊者已獲得了外境自在。特別是，能夠從容不迫地在誰也無法調伏的此藏土雪域如璀璨日輪般弘揚佛教這一點顯然可作為這位大菩薩之成就超勝他人的果因⑩。

第四、品行高尚：所謂的品行高尚也就是指弘法利生的高山景行。正因為這位親教師內在的菩提心已經盡善盡美，故而稱呼為菩提薩埵的確名副其實，他的這一尊名也猶如日月一般家喻戶曉，盡人皆知。本體與文殊菩薩無二無別的這位大戒師住世長達數百年，先後在那爛陀寺、印度東方以及漢地等廣闊地域將佛法傳播開來。當然，最主要的還在於，創立了二理（即中觀唯識）融會貫通的純淨無垢宗派之軌道，以強有力的事勢理折服邪說謬論，攝受有緣信徒，講經示道，辯經析理，著書立說，再加上智慧超群、戒律清淨的無與倫比之處，使得尊者的善妙事業遍布整個人間。尤其是依靠

⑩果因：真因之一，能證成有所需三性完全具備之因。如云：「有煙之山後有火，以有煙故。」依於彼生相屬關係，從果推因者。

往昔的宏願以及佛菩薩之發心因緣聚合的威德力而來到了誰也難以調化、黑暗籠罩的雪域，見到了國王赤松德贊，當時，提起與法王（昔世）一同發願的情景，又通過觀察國王裝束的緣起而對王族的興衰存亡等作了授記，並傳講了十善、十八界、十二緣起的法門，而且還審時度勢地說：為了降伏暫時以寂靜相無法調伏的所有天神鬼怪，務必要迎請蓮花生大士。

（蓮師入藏以後，）靜命論師與蓮花生大士一道對桑耶地勢作了一番詳細考察之後，對已竣工的殿堂及佛像等舉行了開光等儀式。讓預試七人⑪出家，從而建立起佛教根本的清規戒律，為諸譯師教授翻譯風格並講解林林總總的內外一切法門，通過講經說法與聽聞的方式抉擇所有佛經與論典的密意。就這樣，使佛法的萬丈光芒普照整個藏區。對於那些與此佛教背道而馳的外道苯波教徒，則通過顛撲不破的理證予以一一制服，最終使之徒剩虛名而已，依此使佛教純正無瑕。

尊者在即將圓寂之時，也留下了如此珍貴的遺囑：通過法體安放的緣起可預示出藏地出家僧眾的狀況；有朝一日見解上出現爭執不休的局面時，要迎請班智達嘎瑪拉西拉（即蓮花戒論師）來清源正本，重建清淨教法，並

⑪預試七人：法王赤松德贊時，為觀察藏人能否守持出家戒律，命試從靜命論師依說一切有部出家的七人：巴.色朗、巴.赤協、貝諾匝那、傑瓦卻陽、款.魯益旺波、瑪.仁欽卻和藏勒竹。藏傳佛教史中對預試七人名稱有許多不同說法。

（命人）將此信函交付班智達蓮花戒。至此，尊者無礙徹知三世的情形已昭然若揭。（從以上的字裡行間，我們不難看出，）尊者尤以大慈大悲教化藏土群生的深恩厚德實在令人難以想像。其中所提到的這位蓮花戒論師，其實就是靜命論師的得意弟子，他對尊者有關中觀與因明的論典也作了注疏。

綜上所述，這位親教師最初在藏地開創佛教之宗軌，中間大力廣泛加以弘揚，最終層出不窮地示現護持這一教法的化身，乃至佛法住世期間源源不斷。誠如阿底峽尊者所說：正是在藏地樹立起佛教的這位偉大親教師才使親教師的源流代代延續、一脈相承，乃至未來佛法住世期間，凡是化現為親教師身分的諸位大德，實際上與尊者靜命論師均是一味一體。

因此毋庸置疑，藏地佛法得以住留完全來自於這位大師發心與宏願的威德力。可是，在千差萬別的人們心目中，卻認為這是由各自的一位上師及寺院的事業所致，這也是情有可原的。比如說，包括刀能理髮與衣能著色在內，完全來源於佛陀事業的加持，但人們卻對此一無所知。

這位大師的功德聲譽以及勝妙功勛在整個大地無所不及，猶如日月一般眾所周知，並不是像如今藏地有些人只是僥倖榮獲了震耳欲聾的名聲那樣，而是在印度聖境內外道數目可觀的班智達如同千錘百煉純金般經過再三觀察而確定無疑認定為上師的。在當時的印度，一個強似一個、一個勝似一個的大智者大成就者不計其數，之所以法王（赤松德贊）幻化的諸位班智達一開始就能在全然陌生的地方輕車熟路毫無疑義地尋找、迎請到尊者，這完全是由宛若眾星捧月般遍及四面八方每一個角落的這位偉大宗師無比美名自身的光芒無礙照耀之威力所感召的。

本來，對於我等本師的這一教法最為廣泛弘揚的傑出代表即是八大佛子與十六羅漢，他們則幻化為六莊嚴等眾多大德出世。而這位大師正是諸佛大密意金剛的唯一結集者密主金剛手菩薩，因此其傳記與功德即便是住地菩薩也難以一一說盡，更何況說普通凡人呢？但是，在共同（所化眾生）的面前，無論是印度還是藏地，到處都流傳著尊者無可比擬、不可思議、精彩神奇的感人事蹟。只可惜的是，並沒有見過詳細的文字記載等。在此，從古老的歷史中收集出隻言片語，作了簡略的敘述，意在感念這位親教師的宏恩。諸位有智之士如果能從尊者的善說論著及無量恩德來推測，必定會對其生起真佛之想。

歸根到底一句話，我們要清楚，印藏兩地人們無有異議一致共稱的這位開宗祖師就是本論的作者。

依怙佛陀善說法，廣大行宗無著釋，

甚深見派龍猛詮，共稱二祖如日月。

護彼法理諸菩薩，善說百川遍各方，
於佛勝乘大海宴，尚未圓滿得品嘗。

您以銳智之一口，飲盡二理之汪洋，
爾時您如碧藍天，大乘法雲作裝點。

證如虛空勝義智，具德月稱飾三界，
名言似虹無雜見，法稱周遍此大地。

開顯此理諸智者，縱駕妙論之乘騎，
無垢二量遼闊處，一時測度力微弱。

您以觀察之三步，跨越二諦之大地，
爾時您如廣袤原，眾多理證作莊嚴。

是故二理宗軌道，合而為一大宗風，
佛勝乘教妙津梁，此三餘派不容有。

諸佛教法結集您，於此勝乘理智攝，
深要精髓一紅日，摧散世間諸迷霧。

不可思議勝乘要，依簡理證一幻變，
輕易明示此寶論，我知金剛大密咒。

二、為誰而著：如果有人心裡思量：到底什麼是大乘？大乘的要義又是指的什麼？如何才能對大乘之義生起以理引發的智慧呢？

所謂的大乘，就是以菩提心之意樂作為因，通過具足十度之道而究竟圓滿、成熟與清淨三種功德，最終成就二身雙運之佛果。

大乘的要義則無外乎一致共稱的大乘二軌中觀與唯識所涉及的教義。如此善妙的要義遠遠超越了外道以及聲聞、緣覺的行境，完全稱得上是最真實、最甚深的。

對於如此諦實與深奧的教義，不只是憑著信心，而是通過確鑿可靠的正理途徑生起根深蒂固的定解，這就是所謂的因。由此因所生的無垢智慧之本體有甚深與廣大兩個方面。其中甚深就是說將一切萬法猶如蜂蜜之一味般抉擇為遠離諸邊的大中觀；廣大：了知大乘中觀與唯識的經論字字句句無一遺漏而統統歸攝為一要訣來圓滿包含一切論典，由此而稱為廣大。

智慧的作用，即是指能對自己所學修之處生起不被他奪的誠信，獲得所謂的解信，從而踏上正確的軌道。而且要明白在入道伊始，具備如明目般的正見智慧是必不可少的。本論正是針對（於以上大乘奧義正見智慧）百般尋覓、求之若渴之人而撰著的。

三、屬何範疇：這部論典是要抉擇所知五法的自性，關於其中涵蓋所有大乘的道理正如下文中所展開的

時間內，改變分配或取消之比率與間隔，或改變基本期間之期限，或開始另一新基本期間。

第四款　（分配及取消之決定）

第一項：依照本條第二款第一項第二項及第三項或第三款所爲之決定，應由理事會根據由總經理提出而經執行董事會同意之建議作成。

第二項：總經理自認其建議符合本條第一款第一項之規定而提出任何建議前，應與各方磋商，俾其本人能確定其建議能獲得參加國之廣泛支持。此外，總經理在提出第一次分配之建議前，應自認其建議已符合本條第一款第二項之規定，同時並能獲參加國對開始分配之廣泛支持；在特別提款權部門建立後，總經理自認已符合上述規定時，應儘速提出有關第一次分配之建議。

第三項：總經理建議之提出，應：

不得遲於每一基本期間結束前之六個月；

如認爲已符合上文第二項之規定，而在某一基本期間內尚未採取分配或取消之決定時；

如認爲依照本條第三款有改變分配或取消之比率或時間間隔或有改變基本期間之期限，或開始一新基本期間之必要時；或

在理事會或執行董事會提出要求之後六個月以內。

但總經理如認爲依上列㈠㈢或㈣諸項爲基礎，不能提出一符合本條第一款規定且依上述第二項能獲參加國廣泛支持之建議時，應向理事會及執行董事會提出報告。

第四項：依照本條第二款第一、二及三項或第三款所爲之決定，應獲總投票權百分之八十五多數通過；惟依照第三款規則而降低分配比率則不在此限。

第十九條　（特別提款權之業務與交易）

第一款　（特別提款權之使用）

特別提款權得用於本協定所核准或規定之業務與交易。

第二款　（參加國間之業務與交易）

第一項：參加國有權使用其特別提款權，俾從依照本條第五款之規定所指定之參加國處獲得等額之通貨。

第二項：參加國經與另一參加國協議後，得使用其特別提款權，從另一參加國獲得等額之通貨。

第三項：基金於獲得總投票權百分之七十多數通過，得指定某些業務，而參加國經與另一參加國就基金認爲適當之條件獲致協議後，得從事這些業務。該條件應能依本協定發揮特別提款權部門之有效功能，並對特別提款權爲正當之使用。

第四項：基金得對依照上述第二項及第三項參與任何業務與交易之參加國提出該業務與交易可能有害於根據本條第五款之原則之指定程序或與第二十二條之規定不符之意見。對於堅持參與此類業務及交易之參加國，應依第二十三條第二款第二項規定處理。

第三款　（需求之條件）

第一項：凡依本條第二款第一項規定之交易，除第三項另有規定者外，參加國之使用特別提款權，應以達成僅爲因應其國際收支或其準備部位，或其準備之發展等需要之期望爲限，而不得以變更其準備成分爲唯一目的。

第二項：特別提款權之使用不應受上述第一項之期望而遭受到異議，但基金對於未能實現第一項期望之參加國得提出意見。對於持續不能實現此項期望之參加國，將依第二十三條第二款第二項規定處理。

第三項：基金得因參加國之下列交易行爲使之免於達成上述第一項之期望：參加國得使用其特別提款權以便從根據本條第五款所指定之另一參加國中取得同等數額之通貨，藉以促使另一參加國依照本條第六款第一項之規定重建其特別提款權；或藉以促使另一參加國防止或減少其負值；或藉以抵銷另一參加國未能實現上述第一項期望時之影響。

論述那樣，由此可知，她要解釋的顯然是整個大乘的意趣，但尤為側重的是《楞伽經》與《月燈請問等持經》等諸甚深經藏的無垢教義。關於名言中承認唯識的這一道理，《楞伽經》中所說的「外境色實無，自心現外境，未通達心故，凡愚執有為⑫……」已再三表明了。對於二諦的觀點，此經中也云：「世俗有諸法，勝義無自性，錯謬無自性，彼即世俗諦。」關於二諦圓融的觀點，此經又云：「依於唯識已，不觀察外境，安住真所緣，唯識亦超越。越過唯識已，無現盡超脫，住無現瑜伽，彼士睹大乘。悟入任運成，依願而清淨，無我妙智慧，無現不可見。」有關勝義無自性的道理，《楞伽經》中也有說明，尤其是在《三摩地王經》中宣說得更為詳細，此經云：「知心自性故，再度生智慧。」「智曉有為無為法，盡毀一切相之想，彼若安住無相中，徹知萬法皆空性。」「所謂有無為二邊，淨與不淨亦是邊，是故盡斷二邊後，智者亦不住中間。」「離言詞道無所宣，猶如虛空法自性，若知如此勝妙理，彼之辯才亦無窮。」諸如此類所述的道理已經極其透徹地闡明了相似勝義與真實勝義的自性。《中觀莊嚴論自釋》中云：「願以正理及經藏，種種珍寶作嚴飾，精心證悟此義後，具月燈等甚深經，真實智慧之珠寶，諸智者修無

⑫有為：指有為法。此偈宋譯：外義悉無有，妄想種種現，凡愚不能了，經經說妄想。

畏法。」正如這其中所說，我們務必要掌握並非隨聲附和而是憑藉真實可信之正量所抉擇的無垢正教此等意趣的道軌要訣。

四、全論內容：如果有人心想：二諦的無謬真如到底是什麼？二理指的又是什麼呢？所謂的二諦自性也就是所應了知的，而二理則是如實決定二諦之義的途徑。此等所知由真實與非真實兩方面來分析可完全囊括於二諦之中。通過智慧衡量這兩種意義，由於顛倒分別、片面理解以及真實了達的差別，從而出現了內外各自迥然有別的各種宗派。

首先簡述一下外道的觀點：

（一）數論派：這一外道將三德平衡的自性主物與神我二者許為勝義，而認為其中主物所變化的一切現象是欺惑性的世俗有法。一旦通過修道而獲得禪定眼後再來觀看，便會現量照見所有現象的本來面目，由此使諸現象全部融入主物境界中。這樣一來便使明知之士的神我與似乎欺騙誘惑的對境一刀兩斷，不再有任何關聯，從而獨自逍遙而住，這就是所謂的解脫。

（二）密行派：這一外道宗派認為，如同廣大虛空般周遍一切並且是心識自性、獨一無二的勝我即為勝義諦；多種多樣的顯現都是不真實的，實際上與明知的我一味一體，因而所顯現的器情等形態各異的萬事萬物則為世俗諦。瑜伽行者通過如理修持勝我而使本性與非本

性的無明脫離開來，如同瓶子破碎後其中的虛空回歸大虛空一般融入大我之中。

（三）吠陀派等承許各自所推崇的梵天、遍入天及大自在天等所有天神是常有勝義諦，而由其神變所造出的萬物則是不穩固、欺惑的本性（即是世俗諦）。並且認為當獲得這些天尊的果位時便已永久解脫了。於是這些外道徒便開始憑依修道苦行、種種禁行、供養布施、禪定觀風等五花八門的瑜伽修法。

還有說什麼常我與虛空等本來自然就存在的原始派等等，宗派的名稱與觀點雖然各不相同，多之又多，可是歸納而言，他們均承認輪迴束縛與解脫之因是常有的實法。這些常有派也都是說解脫存在的宗派，因此全力以赴精勤於自以為是修道的顛倒禁行。

對於以上所有宗派，只要遮破常有實法就可以一併破除。有關對各個宗派進行破斥的情節在正論中可逐一了知。

（四）順世派：這一外道認為：顯於現量對境中的四大明明存在，它是境、根與識之因，所以這就是勝義。由此所生而再度滅亡的有法——萬事萬物則是毫不穩固、欺惑的自性。他們振振有詞地聲稱：「修道等前生後世的業果根本就不存在，現今的這一神識只不過是從胎位四大聚合的凝酪等中突然出現的，就像酒麴中新生出迷醉的能力一樣，並不是來自於已故前世的神識；

在這個世界無論留住多久，於此期間便會出現心識與氣息，而一旦命歸黃泉，則如同油盡燈滅般身體將散為微塵，內心融入虛空，而絕不會再有什麼後世；業果、道、解脫這些都是不存在的；所感受的苦樂等不同顯現就像豌豆的圓形與荊棘的尖銳誰也未製造一樣均是無因無緣由本性而生的。」因此，這一派的信徒在身心聚合尚未死亡前的有生之年唯一追求的目標就是一己私利。在遮破此觀點的過程中，對於他們所承認的四大存在依據破析微塵的正理；而要駁倒他們所許的前後世不存在的觀點，則憑藉破斥無因的理證。關於此等內容從本論闡述世俗諦的正文論證中便可一清二楚。

顯而易見，上述外道的這些觀點全部是有實見。所有的常派一致認為我等是恆常實有的，而斷見派也是同樣，對現今現量所見的萬事萬物具有濃厚實執的同時頑固地認為此生滅盡一了百了，前世根本不會再結生到後世。因此，儘管他們也將其中個別的法立為虛妄、迷惑性之法，但終究只是依賴有實法而安立的，換句話說，一切世間道都僅僅是由與無始以來俱生無明相應的觀現世的平庸分別心安立的，形形色色的觀點雖然無邊無際，可是都不可能超離實執的局限，就像膽病患者儘管見到海螺、明月、白銀等各種各樣的事物，但除了黃色以外別無所見一樣。因而，固執顛倒邪見的這些外道徒誰也無法堪忍無我的獅子巨吼聲。他們即便再如何分析

真實、虛假的種種道理，也對實執這一根本無有任何損害，只能稱作是相似的空性，而對二諦純粹是一無所知、顛倒妄執。

（接下來介紹佛教各派的宗義：）遠遠勝過世間道的自宗內道佛教之中，也因為對二諦之義的大概了達與如實證悟的不同而層層遞進。

其中有實二宗內部的觀點雖然不盡相同，但實際上均是如此承認的：經過摧毀與分析可以拋棄執著之心的粗大諸法為世俗諦；而無法捨棄的無分刹那心識與無分微塵無情法在勝義中必然是存在的。他們覺得：假設無分刹那心識與無分微塵也不存在，那麼所有的這些粗大無情物與心識顯然就失去了賴以存在的基礎。這樣一來，如是顯現的萬法也就不合情理了，如同無有毛線的氆氌一般。

其實，有部與經部的論師們只不過是緣眾多極微塵與刹那心識聚集、刹那生滅自性的此近取五蘊而想當然地認為是我而已，認為除此之外的我（指外道所許之我）不可得，由於這（指外道的我）與他們自詡的我（指五蘊之我）之法相不符合，因而與它絕非一體。所以，他們認定（外道所許的）具有恆常、唯一、自在等特徵的我實屬子虛烏有。（從勝義的角度來說，）此宗承許以我而空的所有最極微塵與最極微識是的的確確存在的，而且極微塵也是刹那性，並認為通過修人無我的正道便可使以壞聚見

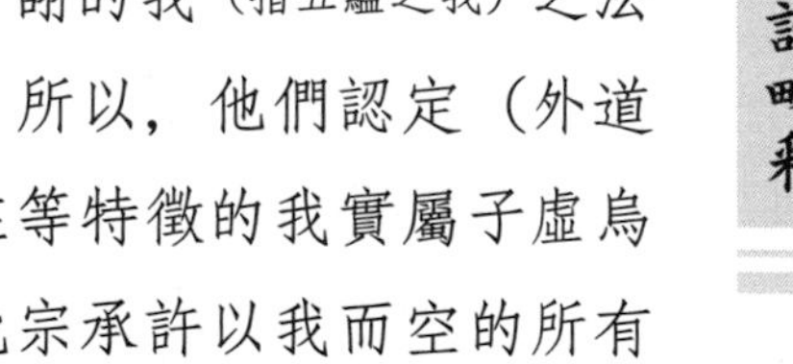

為根本的輪迴煩惱蕩盡無餘，依此脫離三界輪迴，無取而證得涅槃果位。

這些有實宗論師在講述無實空性等經文時，則一概解釋成微量或鮮少之義等。他們講解說：一切有實法是下劣的，故而稱無實（意為以下劣加否定詞，其實還是不空的），因為在現階段此等均是無穩固性可言的緣故。或者說，由於一切有實法中多數無有實質（意為經中是就大多數而言的），因此說是無實，其原因是前際已經過去、後際尚未產生。

唯識宗：這一宗派認為，無而顯現的能取所取是遍計所執法，為世俗諦；而能取所取之現基——最究竟的自明自知依他起心識，則是以外境所取與執著它的能取來空的，是圓成實，也就是勝義諦。他們認為：如果作為輪涅所有現分之現基的這一心識也不存在，那就成了空中鮮花一樣，為此說唯識是勝義諦。對於心識以外異體的無情法，他們依據遮破微塵的理證等予以推翻，由此證明外境不成立。

有人不免產生這樣的想法：那麼，高山圍牆、住宅房屋等真實不虛、不可否認而顯現的這一切究竟又是怎麼一回事呢？

這一切的一切在外界根本不存在無情法的自性，然而在迷亂者前卻現似存在，猶如迷夢中的現相一般。如此顯現的原因也在於，明覺本體的心識本來猶如無垢寶

珠一般，卻被清淨不清淨的各種習氣塗料染得面目全非，致使心識顯出這樣那樣的行相，這就叫做依他起心識，與緣起的含義相類似。

如同長久串習貪欲、恐怖、不淨觀等一樣，以無始時來久經薰染的習氣作為緣，造成心識顯現為身體、受用、住處等千狀萬態的事物，然而愚癡凡夫全然不知這實際上就是自心的本性，反而認為外境在那邊，內心在這邊，所取能取各自分開、互相隔離、真實成立，其實這並非事物的本相，完全是一種遍計妄執或錯亂幻覺，好似不了知夢中的大象為自現而執為外界真正的大象一樣。

如是二取正在顯現時，依他起心識的究竟本相不會超離自明自知，僅此一點從二無我的反體而言已完全探究到了真正圓成實本相的堂奧。如果詳細分析心識顯現形形色色萬物的道理，首先務必要從八識聚之理入手，方可弄得明明白白，為此當從無著菩薩的論著中了解有關八識聚的深入細緻的論述。由此可見，如果對各論中所出現的有關依他起是勝義還是世俗的說法要點一竅不通，則勢必會像巴瓦匝草一樣心裡雜亂無章、混成一片。

實際上，依他起如果從究竟實相意義這一立足點出發，則可歸屬於勝義的範疇；倘若從現相的角度來衡量，則可攝於世俗諦之中。這是關鍵的意義。唯識宗認

為，即使斷除了非心自性的一切客塵，然而自性光明的心識甚至在佛地也不會消失，而依舊作為顯現剎土與（色）身的本基。

唯識論師滿以為自宗的二無我已經十分完美了，原因是他們已將以遍計法而空與無本性生等許為法無我。可是，當用中觀理來觀察分析時，就會發現，由於他們承認現基心識真實存在，因而並未徹底圓滿法無我的體相，只是相近的法無我而已。

這一宗派主張：只有通過兢兢業業地修持二資糧道才能成就轉依五智本性的佛果。在世俗諦名言中，菩薩要心懷救度眾生脫離苦難的大願，披大盔甲，久經無數劫再三勵力修行無量無邊二資糧道，從而證得一切智智的果位，滿足所化有情的心願。然而，這並不是僅僅歷經一生一世就能一蹴而就的，心相續的功德需要循序漸進，最終方可圓滿具足一切智慧與功德。

廣大行派的這一宗旨合情合理，因此，必須以這樣的名言安立方法奠定牢固的基礎，再進一步拓寬廣大的軌道。我們要明白，眾所周知的無著菩薩所開創的廣大行派是所有大乘不可或缺的一大關要。

唯識宗的這一法理作為世俗名言的真如本義可以說是千真萬確，但美中不足的是，此宗耽著自明心識的自性成實存在這一點實屬所破。

關於內外道對此二諦的各自觀點以下行文中也稍有

闡述。在此只不過是簡單扼要地敘述了二諦的觀點而已。

慧淺多言有何用？如命諸根之本源，
徹證各宗深要慧，似天鵝於水取乳。

此為暫停偈

由上而觀，內道佛教的這些宗派，根據智力的高低程度不同，證悟空性的範圍也有大小的差距。雖說從越來越靠近二諦本相來看，的確呈現逐步向上的趨勢，然而所有這些宗派都有一個共同點，那就是均未能超越一個成實的現基，為此只能稱得上是相似的空性。而本論在所知萬法當中，自性成實的法一絲一毫也是不承認的，《月燈經》中云：「諸法恆常自性空，諸佛子破所有法，一切世間盡本空，持相似空外道宗。」依據諸如此類的教證中所說，足可樹立起這樣的中觀宗。

對於凡是所現的世俗法在未經觀察分析的分別心前顯現，雖說中觀派也有按照世間共稱來承認的宗派以及依照經部等宗義而承許的觀察宗派，但這部論中名言的觀點完全是隨同唯識宗來承認的，這就是作者最初創立的瑜伽行中觀宗軌。如果以正理來分析此世俗的安立方法，則是名言最究竟的實相真如，也是具德法稱論師的意旨所在。名言與勝義各自正量所得出的結論必定截然不同，而安立名言堪為頂峰的非唯識宗莫屬。關於按照如此觀點來承認在名言中十分方便且另有諸多殊勝必

要，下文將會給予略述。

唯識宗這一名言觀點也並非是對勝義中顯現成立為心與否的分析，而僅是以名言量來權衡無欺顯現的一切法。

譬如有人提出疑問：夢中的這些顯現是內心還是於外境中存在呢？

對此提問，一些有智慧的人經過一番詳察細究，而回答說外境中存在不合道理，只是自現罷了。

可是某些人將二量衡量的道理混為一談而覺得除了未經觀察的顯現許以外如果尚有一個觀察宗派承認的話，那就與應成派大相徑庭了。

千萬不要這麼想。無論是誰，對於此等法自相成立與否或者它的本體以量成立之類的任何問題，辨清能衡量的正量這一點都是至關重要的。也就是說，從勝義量的側面來衡量，則如光明前的黑暗一般，在勝義中永遠也不會成立，因此無有絲毫所建立之法。相反，如果從名言量的角度來分析，則名言中是真實不虛、不可否認而成立的，所以隨著名言的現相無論如何觀察，像因明論典中建立前後世等存在的分析等那樣，絕不會成為勝義的觀察。

總之，否定眼前共同顯現之此法的中觀派何處也無有，承認自性成實法的中觀也同樣不存在。然而根據證悟二諦圓融雙運的智力不同，致使抉擇勝義的方式也有所差異。除此之外，單單以名言的觀點根本無法區分宗派的高低。例如，「瓶子無自性、是空性」這一句話，雖然沒有直截了當加上勝義的鑒別，但作為精通宗派與名言的智者，從當時語言場合的意義中就能清楚地認識到這是從觀察勝義的角度而言的，又能明白「瓶子以量成立及自相成立」也是指的名言，不至於生起相互錯亂的愚癡之念。

相反，那些被表面詞句所迷惑的咬文嚼字、持烏鴉禁行之人⑬，一門心思放在常常耽著的詞句上，其實涉及多種意義、人們共稱的所有詞句，沒有一個是決定不觀待特定意義而專門表達一法的。例如，一說到「成實」，大多數人都會理解為經得起勝義觀察而成立的意義，實際上所謂的「實」也可以理解為二諦，所謂的「成」如果僅從字面來考慮，沒有理由不會理解為名言（，如此說來，成實應為經得起二諦觀察之義）。

由此可見，某些添加的鑒別並非完全能避免造成他人迷惑或誤解，因此根據當時語言場合的意義輕而易舉地確定名言、遵照印度諸大論典的格調來解說極為妥善，為了幫助理解附加鑒別也不矛盾，因為語言本來就是表達意樂的果法。

因此，所有論典中對成實與自相成立等均無有差別

⑬持烏鴉禁行之人：由於烏鴉經常疑慮重重，瞻前顧後，故而以此比喻耽著字面之人。

地予以遮破。而講說一些分清差別之類的言詞無非是為了不讓眾生感到迷惑不解。每一正量都有一個衡量方式的要點，如果對此不作辨別，只憑措辭語調來分析宗派，那實在是太荒唐了。

所以，在辨別後得的過程中，務必做到有條不紊地安立二量所衡量的道理，否則，僅僅分析名言似乎也成了觀察勝義的話，那麼承許說入大乘的補特伽羅有成佛也好像變為承認勝義中存在了，甚至說「世俗諦」也會面臨著需要猶豫不決的險隘，就連道果、宗派也難以啟齒了。

假設有人認為：說補特伽羅有成佛這只是從名言的角度來講的。

這樣一來，顯然就承認分開二諦的宗派了。希望你們明白，實際上這一宗派也承許名言中有實法體相成立，而且也認可唯識宗的觀點。

如果對方說：那只是觀待他宗而承許的，並不是真正的自宗。

倘若如此，就與自宗後得時承認道果之理以及緣起存在的說法等已明顯相違，因而你們要清楚地認識到，承許名言量成的宗派是分開二諦來講的，未分開而僅僅作分析並不至於變成勝義的觀察。

總而言之，如果按照入定超越語言與分別境界所衡量之義而從究竟實相勝義無二無別的角度來說，不需要

分開二諦，如是顯現的一切法本來就不存在有無是非等任何破立的承認，因而正如（佛菩薩）以默然不語的方式答覆一樣，於真實義中由於超離一切名言、無說、離戲、平等的緣故，成立無所承認。然而，就後得時成為語言、分別對境之現相的角度而言，如果自己思索或者也需要對他人講說基道果等法理，那麼必然要分開二量而加以破立，不要覺得如此一來就與應成派大有分歧了。儘管名言的承認方式有所不同，但祖師們的究竟意趣無有二致，這一點憑藉正理完全可以成立。如果懂得了這一道理，那麼當今雪域中有些智者承認世俗量成立，另有些論師將其視為不可能存在的謬論；對於前輩智者的觀點，有些人居然妄加誹謗說他們沒有證悟應成派的真實見解；還有些人對諸大祖師的宗旨茫然不知……一系列弊病自會迎刃而解。

在抉擇如是二諦的道理時，有人不禁萌生這樣的想法：如果所謂的世俗說成是障礙、覆蓋真實義的話，就說明不清淨的一切法本是如此，而遠離愚癡的真實之法——佛陀身智等不是世俗，所以這些是不空的。

實際上這種想法相當於論中所說的「於佛等微貪」一樣，因此必須要斷除實執，而對經中所說的「若有超勝涅槃之一法存在也當視為如夢如幻」生起定解。

所有經論中安立二諦的方法有兩種，其一是從觀察實相勝義量的角度，將空性立為勝義、顯現立謂世俗；

其二是從分析現相名言量的角度，將實相與現相完全一致、真實不虛的對境與有境安立為勝義，其反方面立為世俗。後一種安立方法的勝義，本體也是空性的。此處按照前一種安立方法，也就是將世俗的含義安立為真實與非真實二者中非真實的方法，所謂真實的意思是說事物的本相——自性不成立的空性。

因此，必須明白：所謂的世俗僅僅是指生等現相在諸凡夫前似乎成了隱蔽、遮障空性的法，而不要誤解為在何時何地都是欺惑、虛妄的，也不要誤認為它恆常遮障空性，因為對於諸位聖者來說，空性與緣起其實是交相輝映的關係，所以顯現並非障礙空性。但由於隨著實執顯現的愚癡牽引勢必導致顛倒緣一切對境的自性，也正是為了推翻所化眾生的顛倒妄執，善巧方便、大慈大悲的佛陀隨應所化有情的相續才將顯現稱為世俗，並將它假立為證悟勝義的別名。但要明白，實際上顯現與世俗是同一個含義，顯現是指現似存在，並非真實成立，也要清楚，所謂的無實也不必說成是一種顛倒的顯現，其實就是將空性立名為無實的。如果表面的顯現成立，表面的顯現真實，那命名為世俗顯然不合道理，（因它已）變成不空了。不空的一個所知有實法不可能存在的道理依據理證如實成立，因此在萬法當中偏墮於現空一方的法絕對無有。由於萬法的本性中不存在，因而凡是講道理的人誰也不會承認其存在。

總之，所謂「世俗」這一名詞就是為了表明正在顯現時即是空性的意義。那些苦苦思索所謂「世俗」的字眼而將其視為低劣的壞法進而對空性另眼相待、對世俗不屑一顧的人們實難獲得甚深中觀的清淨見解。為此，如果明白無實的顯現立名為世俗，自性不成的空性命名為勝義，這兩者無有輕重之別，從色法到一切智智之間平等一味，那麼就能確信萬法之中再無有比這更重要的一個所知了。如果與法界無二之智慧的所有顯現本體不空，顯然就與法界分裂開了，正因為與法界一味平等的緣故，我們應該了知現空不可分割、極為清淨的本性。

如實證悟了如是二諦的實相才是絕對的中觀道，這以上對二諦之理連帶附加內容作了簡略的說明。

講到這裡，有人不免心想：作為大乘的修行人又該如何了達、修行這樣的二諦自性呢？

應該通過踏上二量之宗的無垢軌道來獲得，雖然大乘博大精深，但概括而言，則如《楞伽經》中所說：「五法三自性，以及八識聚，二種無我義，涵蓋諸大乘。」意思是說，整個大乘的教義可以匯集在名、相、分別、正智與真如五法，遍計所執法、依他起與圓成實三自性，八識聚以及人無我法無我（二無我）中。關於其中三自性等後面的這些法也可圓滿歸屬於五法之內的道理，應當按照此經所說來理解：

所謂的「相」是顯現為形、色等法之法相。而對於那一法相，借助瓶子等名稱來排除他法而耽著某某法並假立即是所謂的名。通過如此命名以後便可表明此法的所有相（特徵）。名與相這兩者是遍計所執法，因為它們顯現在語言、分別之有境的能取所取前，若加以觀察，則毫無真實性可言。執著所取境的一切心和心所的法稱為分別，如果詳細分析，則有八識聚。八識聚就是依他起，這是由於它在名言中作為形形色色現相的現基。如是內外所攝的這些法二我自性絲毫也不成立的法界即是真如。隨同真如、遠離虛妄分別的有境——各別自證就叫做正智。最後的境（真如）與有境（正智）這兩者稱為圓成實，這並不是說它們的本體真實成立，而是從無誤本相這一角度才立此名的。

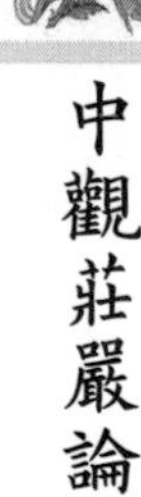

由此可知：在五法當中已經囊括了唯識與中觀的所有宗義，這一點依理完全可證實。為此，我們要領會整個大乘也僅此而已。名與相所包含的外界各種各樣的顯現在外境中根本不成立實有，之所以這樣顯現完全是由於阿賴耶識上存在的種種習氣成熟所導致的，將這一切了知為如夢顯現，即是名言的唯識之理，也就是所講的第一理，五法中前三法可歸屬於其中。

如是在名言中心本身儘管顯現各種現相，實際上心的自性也同樣不存在實有。因此，了達從色法直至一切種智之間的萬法均是無實無生，這就是勝義中觀理或者說是第二理，五法中後二法歸屬在其內。

這二理其實並不抵觸，《解深密經》中云：「行界勝義相，遠離一異相，分別一異者，已入非理途。」正如此經中所說，既不承認一體也不承認異體、名言與勝義二諦圓融雙運之理才堪稱為真正的大乘，只有真正秉持這一觀點的補特伽羅方能稱得上是名副其實的大乘行人。而在成為最初聽聞的語言、思維分別之對境的「名言中產生、於勝義中不生」，只能算是二諦雙運中的相似勝義，原因是它只不過是作為世俗存在的對立面而引生出來的；或者說，由於它屬於勝義的範疇，因而稱為相似；換句話說，它是所謂二諦中的世俗諦所觀待的物件；也可以說它是隨同究竟勝義的相似門；抑或說，通過修習它足能摧毀無始以來久經薰染、根深蒂固之習氣所致的實執，由此也可稱為勝義。

我們要明白：觀待這一相似勝義而言，也就有所謂「無生」的承認了。當然，如果來到究竟勝義觀察量的面前，它也只是對後得生起定解的一種方法而已。從真正究竟實相的角度來講，所謂由生引出的無生也僅僅是憑藉智慧遺餘的分別影像罷了。因此，唯有超離有生、無生等一切邊並斷絕語言、分別之諸行境的聖者極為清淨的入定智慧所照見之義方可堪為至高無上的真實勝義，觀待這一真實勝義而言，也就不存在任何承認了。

由於相似勝義與真實勝義接近並一致，因此也可以算在勝義的範圍中，即稱為隨同勝義。我們務必要清楚，通過修持這一法理而有親身體會的補特伽羅，觀待後得的承認方式無論是取應成派還是自續派等任何名稱，實際上證悟的高低無有塵許差別，都已達到了聖者所照見的境界，這一要點完全一致。正因為這一點極為關鍵，所以在下文講必要時還有略述。

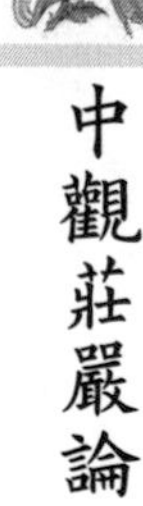

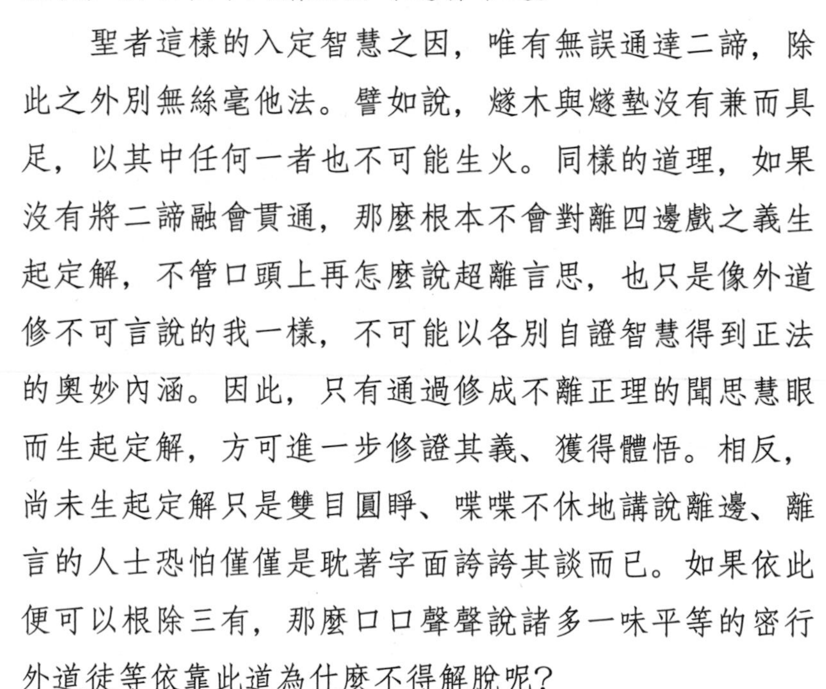

聖者這樣的入定智慧之因，唯有無誤通達二諦，除此之外別無絲毫他法。譬如說，燧木與燧墊沒有兼而具足，以其中任何一者也不可能生火。同樣的道理，如果沒有將二諦融會貫通，那麼根本不會對離四邊戲之義生起定解，不管口頭上再怎麼說超離言思，也只是像外道修不可言說的我一樣，不可能以各別自證智慧得到正法的奧妙內涵。因此，只有通過修成不離正理的聞思慧眼而生起定解，方可進一步修證其義、獲得體悟。相反，尚未生起定解只是雙目圓睜、喋喋不休地講說離邊、離言的人士恐怕僅僅是耽著字面誇誇其談而已。如果依此便可以根除三有，那麼口口聲聲說諸多一味平等的密行外道徒等依靠此道為什麼不得解脫呢？

由此可見，唯獨依照廣大宗軌將名言與勝義的無垢觀察量二理平等圓融的智慧火才能將二取所知的乾薪焚毀無餘，從而安住於離邊等性之法界中。正像燧木與燧墊摩擦生火最終它們二者本身也被燒盡一樣，以二諦圓融一味的智慧火最後也會焚燒分開耽著二諦的分別，進而真正安住在不偏墮現空任何一方、遠離一切所緣之邊的法界中。《般若攝頌》中云：「一旦有為無為黑白法，以智慧析塵許不得時，於世間界趨至智慧度，猶如虛空絲毫亦不住。」又云：「如是奉行明智之菩薩，斷除貪執於眾無貪行，如日離曜燦然昭然住，如烈火焚草木及森林，萬法自性清淨普清淨，菩薩如若證悟智慧度，不得作者不緣一切法，此乃般若度之殊勝行。」此境界唯一是遠離四邊戲論各別自證智慧的行境，而無法言表、不可思議。《華嚴經》中云：「猶如空中之鳥跡，極難言說無法示，如是菩薩之諸地，以意心境不可知。」意思是說，諸位聖者由獲得法界明現境界的不同而逐步跨地，最終現前遠離所有二障的法界，誠如《廣大遊舞經》中云：「深寂離戲光明無為法，吾已獲得甘露之妙法，縱於誰說他亦不了知，故當默然安住於林間。」

歸納而言，要明確了解修行三世諸佛菩薩之來源的智慧波羅蜜多的方法，即在薄地凡夫時先以聞思斷除增益，再唯一平等安住於正理引發的殊勝定解中。如是二諦的安立並不是各自派別的觀點，而是大乘共同的通衢大道，因為除了承認諸法自性空、名言萬法唯心造這一點外否認一切他因。關於此理，《楞伽經》中云：「無始心薰染，心如影像般，縱現外境相，如實見境無。」此偈已說明外境不存在唯識之理。又云：「餘說數取趣，相續蘊緣塵，自性自在作，我說唯是心。」這一頌

明確地指出了萬物無有其餘作者，唯一是心所造。按照後面的觀點，具有形形色色顯現的這個無始無終的三有輪迴並非是無因無緣自然產生的，而能作為此因者根本不是外道所許的時間、微塵、自在天、我等其他作者，而唯一是由自心所出生的，僅僅從這一點來講，可以說內道佛教大乘宗軌無有分歧。月稱菩薩也親言：「有情世間器世間，種種差別由心立，經說眾生由業生，心已斷者業非有。」

假設誰說世間的這一切顯現不是由自心所生的話，那麼就必須承認它的因是除心以外的他法，倘若如此，就已認可補特伽羅的心束縛或解脫輪迴的一個其他因，這無疑已經墜入外道宗派裡了。所以，無有其他作者且外境不存在唯是心之現相這一觀點也需要漸進而成，承許名言為唯識的此觀點成立是大乘的總軌。

有人心中不免會生起這樣的疑問：那麼，具德月稱論師等為什麼沒有如此安立名言呢？

在相應上述的真實勝義聖者根本慧定的行境進行抉擇時，現有輪涅的一切法在不經任何觀察的情況下只是按照世人的所見所聞作為所量⑭就已足夠了，並不必因為這一切本來安住於遠離四邊戲論的緣故而憑據宗派的觀察對現相名言深入細緻加以分析。對於這些顯現，以語

⑭所量：正量之所認識者。如一切瓶、柱等可知物，可以正量直接間接了知認識者。

言、分別來衡量而說有、無、是心、非心等等，無論是肯定哪一方，在實相中都是不成立的，以如是勝義觀察理的應成量便可推翻反方的顛倒妄執。而（應成派）自宗認為，任何有相的所緣都是不存在的，所以不管如何承認一概予以拒絕。

在這一問題上，對於有、無等任何方面的立宗，無需分開二諦即可一一駁倒。如果以二諦各自的任意一量來衡量的話，當然不加區分是無法進行破立的，這也完全是由於在此處是以真實勝義二諦雙運的實相觀察理智作為正量來衡量的。如《入中論釋》中引用教證云：「勝義中無有二諦，諸比丘，此勝義諦乃唯一也……」因此說，月稱論師一開始就著重抉擇了真實勝義，因而是將緣起顯現不滅這一點作為觀察對境或者以它是證悟勝義之方便或途徑作為辯論主題而抉擇大離戲的。這樣一來，在後得時，對道果的一切安立無論怎樣以二量來衡量，都不至於對破立的名言造成妨害。也就是說，名言中完全承認緣起顯現或緣起性。倘若以名言量來分析緣起顯現，則絕不否認以順行十二有支成立染污法以逆行十二有支成立清淨法的道理。通過心性清淨與不清淨依他起來說明緣起性恰恰使唯識宗顯得更為粲然可觀。

這位大師的此論著中，著眼點卻主要放在了相似勝義上，首先分開二諦來建立各自正量所衡量的承許是存在的，到最後，也必然契入遠離一切承認的真實勝義

中。這兩種（抉擇方式）相當於漸門派與頓門派。因而如果抓住了這一要點，也就掌握了應成派的究竟奧義。本論中「萬法之自性，隨從理證道……成俗非真實」的意義與具德月稱論師的意趣完全一致，可謂異口同聲。

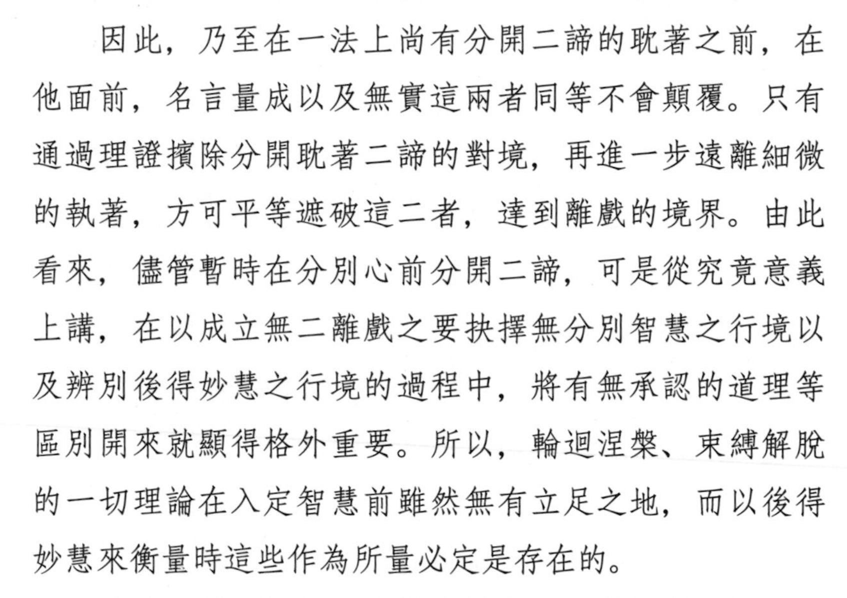

因此，乃至在一法上尚有分開二諦的耽著之前，在他面前，名言量成以及無實這兩者同等不會顛覆。只有通過理證擯除分開耽著二諦的對境，再進一步遠離細微的執著，方可平等遮破這二者，達到離戲的境界。由此看來，儘管暫時在分別心前分開二諦，可是從究竟意義上講，在以成立無二離戲之要抉擇無分別智慧之行境以及辨別後得妙慧之行境的過程中，將有無承認的道理等區別開來就顯得格外重要。所以，輪迴涅槃、束縛解脫的一切理論在入定智慧前雖然無有立足之地，而以後得妙慧來衡量時這些作為所量必定是存在的。

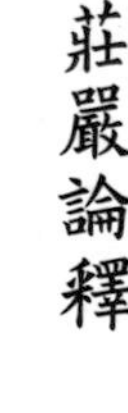

為此，月稱論師也並沒有說學道、佛果所有觀點只承認平凡世間眼前所見的名言，而平凡世間沒有共稱（即其他瑜伽世間共稱）的一切通通否認。實際上，如果將應成派依照世間共稱來承認這一點說成是與學宗派、未學宗派二者中未學宗派的平凡世間一模一樣，那簡直是離題千里，可笑至極。

這裡所說的世間必須定為入道與未入道二者，就像寂天菩薩所說的「瑜伽之世間，平凡之世間」。因此，對於入道世間與未入道世間，依靠清淨與不清淨緣起而

各自共稱成立的千差萬別之現相必然是存在的，而將自前的這些顯現直接抉擇為本來離戲，則不需要以宗派的觀察詳細分析緣起顯現的這一名言，只是按照未經觀察共同所許而承認即可。可見，經過以上這番辨別何等重要，否則瑜伽師在安立自宗的道果之理時，僅僅觀待其他平凡世間的分別心前而立宗那未免過於滑稽了。

我們應當明確：這只不過是抉擇勝義的一種方式，總的來說，諸位祖師入定後得的意趣是一致的。對於如此甚深之法理，即便是那些俱生智慧與修行智慧圓滿、逍遙自在的成就者們也難以大徹大悟，那麼像我這樣智慧淺薄的尋思者縱然歷經百年冥思苦想也實難窮究其堂奧，又怎麼可能憑藉自力來講解呢？然而，依靠具德前輩榮索班智達與全知法王龍欽巴的善說等持明傳承的教典而使智慧稍得展現，只不過是依此威力而作論述的。對於此等法理，入定於清淨離塵之境界的人以及探索深廣之處已至究竟者必定深信不疑。

稱廣述者雖頗多，明品深義寥無幾，
若具最深智勝舌，當嘗奧義此妙味。

此為暫停偈

關於唯識宗所許的觀點，後來的法師們說：這位大阿闍黎並不承認與六識異體存在的阿賴耶，本來意識所分出的最細微部分就是阿賴耶，這在個別大中觀與密宗相關內容中也曾多次出現過。

一般說來，這部論中的確沒有承認阿賴耶的明顯字眼，因而憑著自己的想法暫且如是安立也未嘗不可。但實際上凡是承許萬法唯心者如果堅決否認受持習氣的阿賴耶，則是絕不合理的。作為唯識宗的法師，倘若依據《楞伽經》與《解深密經》等教義而承認，那必然要認同阿賴耶，因為阿賴耶相當於是唯識宗的核心。如果它成立，染污意識才能無有抵觸而立足，為此必須承許八識聚。憑據本論（《自釋》）中所說「二理所攝之乘簡述即是如此……」以及引用的「五法三自性……」教證，我本人覺得：沒有任何理由認為作者不承認唯識總軌的阿賴耶。

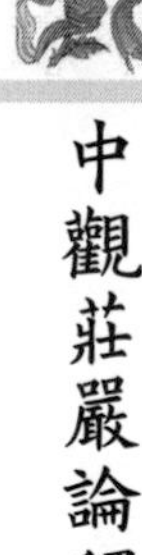

請問你們所說的密宗等中將細微意識稱為阿賴耶是什麼意思？與六識聚異體存在又是什麼意思呢？無論對意識如何加以分析，如果它具備能夠以所依與能依的方式受持習氣之識——阿賴耶的法相，那麼不管怎樣，這個細微意識實際意義上都超不出阿賴耶的範疇，只是名稱不同而已。（反過來說，）假設說它不具有阿賴耶的法相，則如同為馬匹取名犛牛一樣徒有虛名，根本無有任何必要。

再者，對於所說的與六識異體（阿賴耶不存在）的主張，請問你們究竟指的是本體還是反體？如若指的是本體，那麼到底是說相續異體的阿賴耶不存在還是作用

等異體的阿賴耶不存在？如果對方說，與六識相續異體的識不存在，那麼不僅僅是中觀，承認與六識相續異體之阿賴耶的唯識宗何處也無有。所有識如果在識之本體中還存在不同相續的話，那就有一個人兼具兩個心相續的過失了。倘若與六識作用等異體（的阿賴耶）不存在，那取阿賴耶的名稱又有什麼用呢？因為毫無用途嘛。

僅僅在名言中從反體的角度來考慮，只是說無有阿賴耶就可以，而所謂的「與六識異體」其實並沒有否定他法，因而再談論它顯然就成了多此一舉的事，原因是：假設單單從反體方面也沒有安立與六識異體的阿賴耶，那麼到底是給誰取名阿賴耶呢？因為甚至在名言中與六識聚異體的假立阿賴耶也是無有的。在此只不過是打開一個思路而已，請諸位公正不阿地進行分析吧。

我們自宗認為：這位親教師也是承認八識聚的，對於這一點，只要沒有遭遇棍棒等迎頭痛擊的災難，根本不必擔心會出現理證的妨害。正因為必然承許八識聚轉依的五智等，此論才成了大乘總軌的最妙莊嚴。名言中，不偏墮於染污意識及各自之識的明覺識本體、受持無始以來習氣的一個識【阿賴耶】存在非但毫不相違，而且必須存在，這一點以理成立。但我們要清楚，由於作為遍計所執之根本的依他起本體不成立實有，因此月稱論師等破遮的原因也在於此。

凡是否定自證與阿賴耶的這所有理證均是指向唯識宗承許自證成實的，何時何地都不是針對名言中承認阿賴耶與自證的觀點，誠如以破除蘊界處、道果所有成實法的理證並不會妨害中觀承認在名言中蘊界的安立及道果一樣。當然也要明白：像外道徒所謂的恆常實有的神我等在名言中也絕對是虛無的。

總之，如果在名言量面前成立有，那麼在名言中誰也無法遮除；倘若以名言量有妨害的話，誰也不可能建立它於名言中存在。同樣，依靠勝義量成立無有，要建立它於勝義中存在這一點誰也無能為力。這是一切萬法的必然規律。進行此番分析，對於整個大乘無論是顯宗或密宗都是一個重要環節。不僅僅是顯宗，就連密宗也是先抉擇一切顯現為自現，進而自現也抉擇為心性大樂。

總而言之，開顯所有大乘顯密觀點之根本的要訣就是此論。誠然，作為大乘行人都要按照佛陀所說整個大乘可包含在五法三自性等之中而如此承認，可是關於如何實修之道唯有這位阿闍黎所開創的宗軌。所以說，此論委實至關重要。

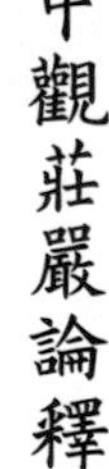

名言中承認實法存在並運用自續因而著重闡明有承認的相似勝義、建立宗派，從這一角度而言，阿闍黎可列於自續派的論師中。但萬萬不可認為其見解遠遠比不上應成見，因為就創立二理融會貫通的大乘總道軌而

言，與二諦雙運不住一切之法界要領始終一致，無有任何差異。

所以，具德月稱論師的意趣——所有顯現直接清淨本地而令名言假相悉皆消於法界的甚深見解，等同於大圓滿論著中抉擇本來清淨的道理，就此而論，其實就是持明傳承之自宗。我本人雖然自愧不如，卻對此嚮往不已。

這部論典堪為大乘總的通衢大道，將二大宗軌理趣匯成一流，尤其是勝義量遵循具德龍猛菩薩的觀點、名言量隨從具德法稱論師而承許，將這兩條支流融入一味一體的理證大海究竟匯集為遠離四邊戲論之大中觀的這部論已完整無缺地容納了大乘佛經教義以及六莊嚴等諸大祖師詮解的深要。對於大地之上無與倫比的這一偉大善說，偏執一方的人們為何不恭敬頂戴？望諸位千方百計研修悟入。諸佛出有壞密意的源流、殊勝宗軌交相匯集成的汪洋就是此論。

姑且不談安住一座相應法界入定的覺受，甚至聞思時也沒有掌握破立之理微妙的要點，卻一味高攀談論應成派，實在難有收益，因而理當由經此論的妙道對中觀要義通達無礙、瞭若指掌。

如果能自始至終精益求精地學修這樣的論著，那麼藏地共稱宛若雄獅交頸般的中觀與因明必然名副其實地一舉兩得。二諦理相輔相成的無比善說、能賜予語自在

勝果的寶論在印度聖地也僅此而已，原因是將各執己見的宗派合而為一理證的勝妙精髓絕無僅有，不可多得。關於本論如何宣說二理之義，以講論的攝義而予以闡明，即是此全論內容。

如果有人想：安立如是二理是追循龍猛菩薩而承認的嗎？

的確如此，《六十正理論》云：「佛說大種等，正屬識中攝，了知彼當離，豈非邪分別？」其中前兩句講述了世尊所說的四大種及大種所造，除識以外無有其餘外境，這些現相均是心識本身而安立的，為此可攝於識中。

如果又有人想：所有大種無論是外境還是非外境的心識之本性都真實存在。

彼論中的後兩句已明確指出心識的自性背離智慧之義，因為於真正的智慧前不現之故。你們的這種想法難道不是顛倒的分別嗎？

宗派二理之道軌，建立一理之論典，
凡是如理隨行者，必獲妙理乘王位。
隨聲附和是或非，迎合偏執者心意，
直抒宗旨之此語，擊中何人請寬恕。

此為暫停偈

五、有何必要：如果有人心想：如何才能對整個大乘之義生起定解？所謂的「輕而易舉」又作何解釋？如何依此而獲得大菩提呢？

（一）通常而言，「乘」是以能作為趨向三解脫菩提的乘騎而得名。以所緣大等七大⑮勝過小乘的宗派即是中觀與唯識宗。此二宗派並非各執一方、密意渾然一體即是「整個」之義。

對此等含義生起定解的方法：總的來說，以經久修習、親身體驗的智慧趨至究竟果法，其中必不可缺之因，即是通過如理觀察而獲得定解的思所生慧。思慧之因，就是聞受善說典籍。當然，只是聽聞經論、了解它的內容還不足以經行地道，而必須對真義如理生起定解方能徹斷自相續的顛倒惡念。故而，應當隨入三察清淨聖言⑯與依量成立的理證之道，自己生起殊勝的解信，以不隨他轉、不被他奪的廣大慧眼親睹過去未來諸佛出有壞所由經的通衢大道，義無反顧而踏入。其中，並非人云亦云、盲目隨從，而是憑著自己理證智慧的力量而堅信不移，無需依賴他人或仰仗他力，獨立自主，即是所謂的「不隨他轉」；由於獲得了解信，一切邪魔外道也無法使之背其道而行稱為「不被他奪」。具有如此慧眼

⑮七大：所緣大、修習大、智慧大、精進大、方便善巧大、果大及事業大。
⑯三察清淨聖言：如佛語量。三分宣說所量事物：於現前者，不違現量；於隱蔽者，不違比量，於最極隱蔽者，不與前後自語相違。現量、比量、自語三不相違，過患清淨，稱為三察清淨聖言。

的修行人，於正法得到更超勝的定解，擯棄假法非法，獲得辨別法與非法的智力，如同明目者現見色法一般。關於此理，正如怙主彌勒菩薩所說：「以理觀察妙法者，恆時不被魔所障，證得殊勝擯除他，不被他奪成熟相。」因此要明確，所有正道務必要先了知、現見，再實地修行。反之，自己尚未獲得定解的同時盲修瞎煉獲證果位的正道是絕不可能有的。由於此理是二量論證的核心，因而只要把握住這一要領，依此不假勤作自然而然便會對佛陀深廣經教的整個大乘生起解信，智慧將從方方面面得以增長，好似星星之火燎焚森林一般。

這部論著超勝一切不僅依理成立，而且依據教證也足可證明。《楞伽經》中的五法之義前文已引用過，而此經中廣述的結尾又云：「誰依理證測此理，信勤瑜伽無分別，已依不住之義者，享用妙法如純金……」二量圓融一味、依理抉擇的這部論前所未有，以顛撲不破的理證足可成立將此論讚為價值連城。詳細內容請參閱《楞伽經》、《密嚴莊嚴經》、《解深密經》、《父子相會經》、《月燈等持經》、《象力經》、《無盡慧經》、《攝正法經》、《海龍王請問經》、《寶雲經》、《般若經》等。如果對所有這些經典的無垢意趣深入細緻思索，必會更加深信不疑。

分別而言，對本論生起定解之方法：超勝其他中觀之此論自宗具有與眾不同的五種觀點：一、真正的所量

對境唯一安立為能起功用的實法；二、外境不存在，唯有自明自證之心識的獨特觀點；三、認為外境形形色色的顯現由自心所造，承許唯心；四、勝義分為相似勝義與真實勝義；五、在抉擇相似勝義時，認定各自正量所得出的意義互不相違。

於此逐一介紹它們各自的主旨：

其一、我們要了解，世俗中真正的所量對境唯一是能起功用之法，而所有無實法依靠自力無法顯現，是依賴有實法以遣餘的分別心而假立的，由此可確定觀現世量安立的合理性，依靠觀現世可抉擇觀現世對境中顯現的所知萬法為無常，同樣某些人自以為是地認為虛空等是恆常之法，實際上只不過是它的無實假名成立而已。倘若是有實法，必須是能起功用的法。如果是有功用之法，就可成立是剎那性，一切實法的無常性也可輕而易舉得以證實。如果懂得以顯現的方式取自相、以遣餘的方式取總相的道理，必會對此理解得極其透徹，這相當於是因明論的心臟與眼目。

而名言本身也分為真名言與假名言兩種，其中能起作用之法許為真名言，這與經部的觀點相吻合。法稱論師也說：「若入觀外境，我依經部梯。」對此，雖然不承認隱含的外境，但對於由心所呈現形態各異的現象必須如此進行名言分析。

其二、名言中有自證：儘管不是一體的自身分為能

知與所知之對境的覺知，然而從遣除無情法、生起明覺本體的意義上安立為自證的名言實屬合理，不會招致自己對自己起作用相違等任何過失。自證在名言中成立絕無妨害。依自證而建立萬法唯心，感受對境的名言無有妨礙而成立。如果不這樣承認，那就會由於毫不相干而不能實現領受外境等，結果一切觀現世量的安立都將土崩瓦解。由此可見，自證實可堪稱名言量的唯一關要。

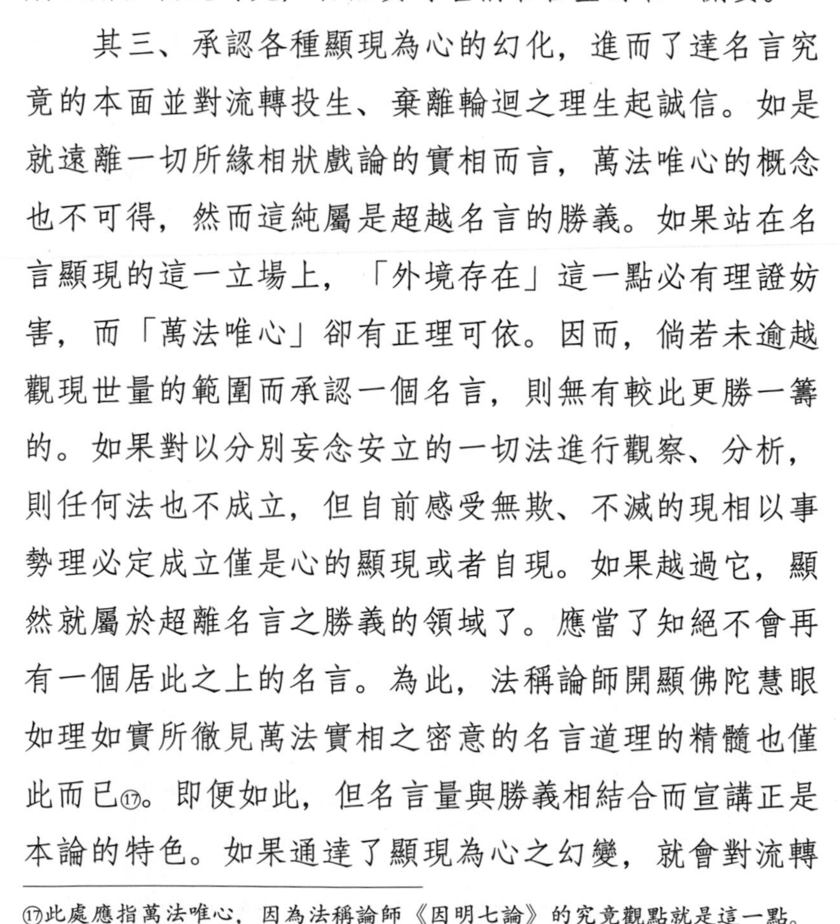

其三、承認各種顯現為心的幻化，進而了達名言究竟的本面並對流轉投生、棄離輪迴之理生起誠信。如是就遠離一切所緣相狀戲論的實相而言，萬法唯心的概念也不可得，然而這純屬是超越名言的勝義。如果站在名言顯現的這一立場上，「外境存在」這一點必有理證妨害，而「萬法唯心」卻有正理可依。因而，倘若未逾越觀現世量的範圍而承認一個名言，則無有較此更勝一籌的。如果對以分別妄念安立的一切法進行觀察、分析，則任何法也不成立，但自前感受無欺、不滅的現相以事勢理必定成立僅是心的顯現或者自現。如果越過它，顯然就屬於超離名言之勝義的領域了。應當了知絕不會再有一個居此之上的名言。為此，法稱論師開顯佛陀慧眼如理如實所徹見萬法實相之密意的名言道理的精髓也僅此而已⑰。即便如此，但名言量與勝義相結合而宣講正是本論的特色。如果通達了顯現為心之幻變，就會對流轉

⑰此處應指萬法唯心，因為法稱論師《因明七論》的究竟觀點就是這一點。

輪迴、了脫生死的道理獲得定解，也就是說，由心中所住各種各樣的顛倒習氣所牽引，接連不斷地湧現出形形色色如夢般的世間顯現。

萬事萬物除了心以外再無他因有著充分的理由：心被煩惱所左右而流轉世間這一現象即便是如來的妙手也無法阻擋。一旦自心獲得了自在，便可以隨心所欲駕馭萬法，根本不必觀待外界的大自在天歡喜以及由於時世混濁、環境惡劣而遠走高飛等其他因而獲得忍位以後不再墮落惡趣等顯現道果功德。反之，如果這一切不是以心來主宰的，而是以外界事物的威力所致，那麼由於千差萬別的好壞事物紛至沓來，層出不窮，結果修道的行人根本不可能徹底斷絕由外界所造成的痛苦等。只有了知萬法唯心者才能對流轉輪迴、了生脫死這一點獲得堅定不移的穩固定解。因此在自心上抉擇諸法，既是一切佛教宗派獨具的殊勝特點，也是萬法現象的本來面目，又是修道的微妙竅訣，依之必能鏟除三有的根本，好似屠夫精通致命的部位、樵夫精通伐木的要領等一般。如果以殊勝方便攝持，那麼在究竟金剛乘時竅訣的醍醐也僅此而已。

當今時代，未品嘗到正法的根本而一味糾纏詞句的人們竟然認為只是探索心的奧秘之法並不重要，應該修持相比之下更為關鍵的因明推理、能言善辯、講經說法、高談闊論之道。誠然，必須依賴聞思斬斷疑網，但相對而言，似乎實修更需要放在主導地位，在對正法瞭若指掌的諸位大德看來，恰如《般若經》中所說的「捨本逐末、獲得佳餚反尋粗食、已得大象復覓象跡，不乞求賜豐美物品之主人反討於施微劣物之僕人」等比喻一樣。意思是說，將正法之根本棄之一旁而津津有味地享受詞句之糠秕的傲氣十足者，反而對其他具有要訣之人輕蔑藐視，看來他們已經顛倒錯亂了法的輕重。一切顯現了知為自現這一點，凡是希求顯密任何正道之人務必深信，除此之外再沒有更重要的了。夜晚夢中所顯現的種種情景，如果著手依靠其他方法予以消除，那將無有止境，只要了知這一切均來源於心，頃刻間所有景象即會銷聲匿跡。我們要清楚地認識到，無有終點、無有盡頭的世間顯現與此一模一樣。

其四、將勝義分為相似勝義與真實勝義，實在是高超絕妙的立宗。如果首先未曾宣說無實，就無法鏟除無始以來久經串習的顛倒實執。假設將單空說為勝義，有些智慧淺薄之人又會誤解成遣除所破的單空就是實相，耽著空性而成為不可救藥的見解。耽著的方式也有耽著空性為有實與耽著空性為無實兩種。如果說任何邊也不能耽著的話，會導致他們拋棄三有一切「疾疫」之對治——甚深空性甘露源泉理證觀察引生的定解，認為作意什麼都不應理，以致陷入無所憶念迷茫黑暗的困境中，難以閱覽、思考、領受這一深法。誠如《中論》中云：

「不能正觀空，鈍根則自害，如不善咒術，不善捉毒蛇。世尊知是法，甚深微妙相，非鈍根所及，是故不欲說。」為此，首先以此相似勝義打破實執，接著闡明真實勝義也能遣除耽著無實的這一分。總之，不加成實等任何鑒別，具有輕易認定息滅有、無、是二、非二四邊此等所緣的大離戲、各別自證所悟之奧義的必要。

關於此等之理，應當依照寂天菩薩所說：「若久修空性，必斷實有習，由修無所有，後亦斷空執。觀法無諦實，不得諦實法，無實離所依，彼豈依心前？若實無實法，悉不住心前，彼時無餘相，無緣最寂滅」來理解。

如果有人想：假設不存在四邊以外的一個所思而遮止四邊，那與一切皆不作意的和尚宗又有什麼差別呢？

和尚宗等派並不是破除一切實執後未見任何所緣相而不作意的，他們只不過是制止了一切起心動念而已，不用說遣除一切邊，甚至去除有邊的理由也是立不住腳的，而真正的無分別並非如此，《辨法法性論》中云：「遠離不作意，超尋伺寂靜，自性執息念，五種為自相。」理當按照此中以不雜世間不作意等五種⑱方式所說的道理來了知。

⑱不作意等五種：即五種不作意的無分別。一、只是不作意世間名言，如嬰兒與牛犢；二、僅超越尋伺的不作意，如二禪以上；三、息滅分別念，如沉睡、麻醉狀態、入滅盡定；四、無分別自性，如色等境、眼等根均是無分別之塵的自性；五、執著「何者亦不執著」的息念，如什麼也不能作意其實也是一種執著。

如果以理分析空性後依舊具有（無的）執著相而修持，儘管能對治有的耽執，但仍然無法拋下無實的所緣，這樣一來，又怎麼能算是證悟離戲空性的智慧體相呢？如果耽著遮破成實的無遮單空，有些人就會指責說「這是斷見」。實際上具有實執的同時抹殺因果，才是人們公認的斷見，這種單空又如何能算為斷見呢？然而，雖然實有耽執之對治的執著相是合乎道理的，就像無常與不淨觀等一樣，作為初學者是應修的法門，但與遠離一切見解、承認的大中觀無分別智慧本性相比較而言就顯得頗為遜色了，因為它畢竟只是分別自性的單空見。

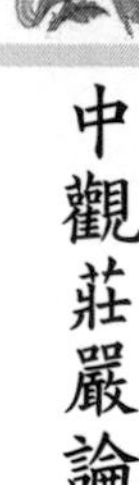

對於初學者來說，遮破所破的單空在心中可以浮現出，然而從依靠中觀理切合要點來分析的修行人善加辨別無自性與單空之差異的角度而言，無自性與緣起義無二無別的殊勝定解執著相，恰恰正是遣除懸崖峭壁般常斷二邊的對治。乃至具有破立的執著相期間，就不屬於遠離分別戲論四邊的自性，只有以各別自證的方式入定於依正理窮究四邊皆不住的定解所引發的法界中，才能消除一切戲邊。由此方可斷除增益，並對更無高超之真實邊、《般若經》中所說不作意的本義堅信不移。

如是就成為入定之行境的究竟實相而言，由於無有四邊的所緣，非為語言、分別的行境，因而全然否認一切，反之，明明存在所緣反而不承認純粹是虛偽之見，這兩者儘管同是不承認，但本質上卻有真假的差別，如同本是盜賊而不承認盜竊與原本不是盜賊而不承認盜竊一樣。

為了趨入入定境界無可言說之義，以後得的定解用名言的詞句來表示，在以借助無生、無自性、空性、離戲、無緣、離邊等名稱確立的方式進行宣說時，由於所有詞句都是以斷定自己所詮表之內容的方式而趨入的，因而永遠也不能表達出除此之外的意義。它的詞句表面上似乎已承認了那一含義，而且內心也隨之如是執著，但實際上此等詞句就是為了表明排除一切承認與所緣的行境，如（龍猛菩薩在《迴諍論》中）云：「若我宗有者（，我則是有過，我宗無物故，如是不得過）。」又如云：「佛智非為言思的對境。」本來，承許的這些詞句正是為了否定有承認與言思之對境而說的。可是諸如用手指指示月亮時不看月亮反瞧手指的愚昧之人耽著詞句而認為無承認本身就是承認、不可思議本身就是思維、無說本身即是言說，就像順世外道認為比量非為正量一樣將佛典中的此等詞句誤解為自相矛盾，這實在是大錯特錯，荒謬絕倫。對此，絕不可將無說之義與能詮言說的表示以及意義的無承認與詞句的承認這樣的兩者執為矛盾，而理解要點一致十分關鍵。同樣，依靠無生等詞來表明一切所緣的行境皆為空性，只是將對於本為空性的任何法去除耽著稱為無緣而已。因此，所謂的

「無實」這一名詞僅僅是說明萬法一經觀察絕不成立這一點，而並非是像瓶子等以所謂的其他成實所破等來空的，是指任何法不存在實有，必須遣除對它的耽著。因而，證悟了諸法無實後還要滅除一切執著相，如果仍舊存在耽著無實句義的妄執，那說明尚未息滅（具有執著相）見解。

在任何法上，對於彼等之空性，以遮破成實的理證足可確定執著所謂無自性的耽著對境也同樣不成立，雖然無自性也無成實，但如果無法息滅對它的執著，那麼瓶子等萬法也無不與之相同。如此一來，甚至觀察勝義的理證也只能遮破所謂的「成實」，卻連一個有法也不能破除。如果它的有境所有執著均不能予以摧毀的話，那麼空性也不可能打破能取所取的一切戲論。此外，聖者的根本慧定也成了毀滅諸法之因等（「等」字包括名言經得起勝義量觀察以及勝義中存在生等法）三大太過也必將落到頭上。如果存在一個以勝義觀察來分析仍舊不能推翻、破除的法，則顯然已變為成實了。所以，理當借助無生等詞而悟入息滅一切戲論之義。

由此看來，無有任何所緣的甚深智慧波羅蜜多，又怎麼能與和尚宗的見解相提並論呢？

遠離四邊之戲論就是指不偏墮有無二邊，唯是各別自證之行境，而語言分別無法如理如實表達，然而，為了予以詮釋而共稱現空無別、二諦雙運之中觀。執著相是指恆常帶有自己的所取境，如果離開了執著相仍不見真實義，那麼依靠如所有智的有境根本慧定，以盡滅一切二取的方式也不得徹見實相了。因此，凡是恭敬此佛教之人切切不可如此評說。

此處所講的內容極其關鍵，可是深奧難以證悟的本體縱然再如何講解都彷彿成了向空中射箭，在凡愚的心裡終究得不到領悟的機會，徒費唇舌又有何用呢？無謬觸及此理要害的方法就是要對二諦圓融之理生起定解。首先萬法抉擇為空性，其次對空性緣起顯現之理誠信不移，隨之，依賴空即是現、現即是空的緣起性空雙運之理，以無有體悟的方式領受此離戲等性。由此可知，正是為了遣除有的耽著，經中才宣說了外空性等；同樣，為了破除無實的耽著而宣說了空空等。通過此等方式而遠離一切邊即是此真實勝義。

對此，自續派諸論師以智力的不同首先耽著相似勝義，這是因為他們想到頑固的實執致使（眾生）在輪迴中蒙受欺惑、並且實執的對境也是虛妄的、勝義中本體無有任何成立，於是尤為偏重無遮的執著相。這一派系雖然遮破四邊，卻並非不加勝義或自性或成實的鑒別予以破析的，而是分開二諦對遣除有無邊之理等進行辨別來講的。鑒於此種原因而懷有勝義不成立之「無」的執著以及世俗萬法自相成立之「有」的執著，他們覺得：如果（萬法自相）不成立則成了誹謗世俗之顯現。

如果有人心裡想：相似的無生僅僅是生的反面，生與無生在一法上為什麼會不以互絕相違方式互相抵觸呢？

（這一點可以成立，）種子生芽也不存在實有的「生」，在名言中自相成立同樣不成實有。這是從現相為世俗、實相為勝義的角度來講的，所以非但不矛盾，而且極其合理，因為以事勢理明顯成立之故。此二理互不排斥，無論就任何一有境正量而言，都只是斷定各自的法相，永遠不可能確立與之相反的一方。因而運用各自的能立——自續因自然合情合理。我們要明白，正是因為分開耽著二諦而承認各自觀點，才有了自續的承認，也就是承許所謂的「勝義中無有、世俗中存在」。如此分開耽著二諦的這一分恰恰是應成派的不共所破，假設自續派已離開分別耽著二諦的所破，則應成派等也再沒有比此見解更為高超的了。除了遠離四邊戲論、無有一切承認以外還有一個要斷的戲論，依理證永難成立。

所以說，乃至具有執著、二諦尚未融為一體之前，就沒有超越分別心的行境，也無法獲得遠離三十二增益般若波羅蜜多的無分別智慧。為此，應成派首先即抉擇現空雙運離戲，正由於憑據理證擯除了認為雖無成實但世俗自相卻成立的這一分耽著，故而息滅將二諦執為各居自地之異體的耽著，進而二諦融合成一味一體，依此必能摧毀偏執有無等一切執著相。這一宗派（應成派）

對於四邊無需加上成實、勝義等二諦各自的鑒別，一併推翻四邊的耽著對境，從而有境之心相合聖者入定智慧而決定遠離一切所緣與承認的究竟大空性實相。而在後得時，道果一切法依據二諦量所作的分析，無有妨害而安立也就更富合理性。應成派對有無承認不是一概而論，而是加以辨別來講，這實屬全知龍欽繞降獨樹一幟的觀點，如果詳細分析破他生的《回遮論》等，必定生起誠信。

親教師的這部論中，最初以分開衡量二諦的無垢智慧建立二理，最終分開耽著二諦也予以破除，隨同入定無分別智慧遠離一切承認而抉擇真實大勝義。因此說，此二宗派（自續、應成）究竟意趣無二無別、平等一味。

如果有人想：這樣一來，應成派就毫無意義了。

並不會成為如此，因為應成派依理廣泛全面地建立了遠離一切承認的空性。由此可知，著重講解具有承認的相似勝義是自續派的法相，側重闡述遠離一切承認的真實勝義則是應成派。在安立此二派別的法相時，區分承不承認名言中自相成立以及應用正因的方式等差別來安立僅僅屬於支分的類別，可歸屬於上述的法相中。也就是說，有無承認、名言中是否承認自相成立、建立無自性採用應成因或自續因、對所破加不加勝義鑒別的這些要點都是從剛剛講述的道理而出發的。

因此，如果應成派站在相似勝義的角度而具有分開二諦的承認，那就與自續派無法區別開來了，在名言中也破自相成立的所有理證，與你們自宗【應成派】的世俗量成也就不分彼此了，因為同樣經不起觀察之故。在名言中也否定自相成立只是不便於名言的安立，除此之外不會獲得任何超勝利益。自續派也並不是建立自相成立經得起勝義觀察。所以，根本得不出任何令人感到切實可信的超勝實例。

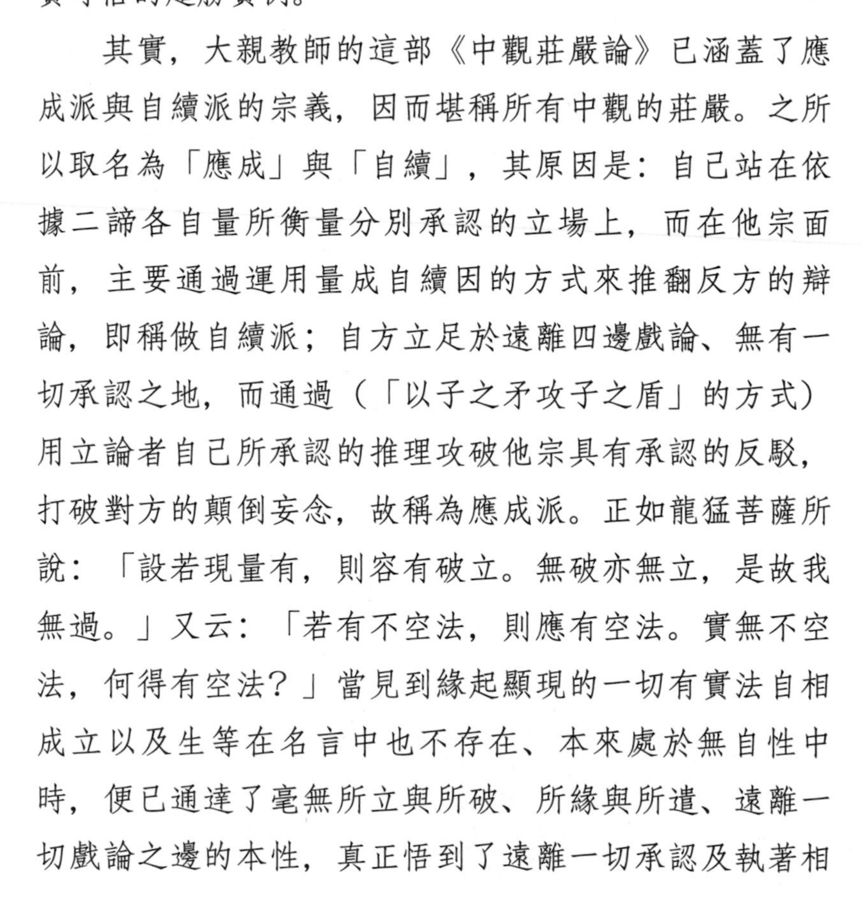

其實，大親教師的這部《中觀莊嚴論》已涵蓋了應成派與自續派的宗義，因而堪稱所有中觀的莊嚴。之所以取名為「應成」與「自續」，其原因是：自己站在依據二諦各自量所衡量分別承認的立場上，而在他宗面前，主要通過運用量成自續因的方式來推翻反方的辯論，即稱做自續派；自方立足於遠離四邊戲論、無有一切承認之地，而通過（「以子之矛攻子之盾」的方式）用立論者自己所承認的推理攻破他宗具有承認的反駁，打破對方的顛倒妄念，故稱為應成派。正如龍猛菩薩所說：「設若現量有，則容有破立。無破亦無立，是故我無過。」又云：「若有不空法，則應有空法。實無不空法，何得有空法？」當見到緣起顯現的一切有實法自相成立以及生等在名言中也不存在、本來處於無自性中時，便已通達了毫無所立與所破、所緣與所遣、遠離一切戲論之邊的本性，真正悟到了遠離一切承認及執著相

圓融雙運、不住諸邊之義，這也就是月稱論師的無垢教義。《中觀入慧論》中也說：「唯遣破立二，實無諸破立。」

通常而言，富含宣說本來無生、無有破立極其深刻意義的所有詞句的教義如實赤裸顯露實在是難之又難，因而必須持之以恆、經久修習。如果要受持真正的應成派，那麼望諸位學人依照剛剛講的這些偈頌之義掌握本空大離戲的道理。我們理當了知，應成派與自續派以側重講述入定二諦一味之智慧與後得分開辨別二諦之妙慧的方式就是如此⑲。

顯而易見，將勝義分為二種之此舉已將應成派自續派兩支匯為一流，依後得辨別的妙觀察慧所分析的結果，具有領悟入定不分別諸邊的智慧等眾多殊勝必要。以上述的內容為主，無論是何種宗派，如果抓住了要點，則如庵摩羅果置於手掌般抵至宗派的最深處，才能真正越過一切猶豫不決（的障礙），否則必將困難重重。我不時在想：在此藏地，承認應成派之意趣者也盤旋在自續派的領域內，難道是由昔日的特殊緣起所導致的嗎？

現量斷定竅訣理，文殊歡喜蒼鳴聲，
未辨宗派之迷夢，若逢此音頓喚醒。

此為暫停偈

---

⑲就是如此：是指麥彭仁波切以上所說的這些。

其五、二諦各自承認互不錯亂之必要：正由於入定智慧超離言思，因而完全超越了語言、分別之境。在尚未如理生起二諦量無垢妙慧之前，也就不可能悟入這樣的智慧境界。就算是諸位聖者，在後得時進行的有無是非等一切破立也絕不會超出言語、思維的行境，因此關於為他眾傳授、開示，口出與反方辯論之語等所說的「這種情況下有、那種情況下無……」的所有意義，一律是依靠不混淆、不錯謬而辨別法的妙慧觀察而表達的，所以業因果、道果之一切法理的破立無一例外均能無有妨害地安立以理而成的真實名言。依於獲得無餘辨別所知萬法的妙觀察慧眼，必將自在享受現見遠離一切戲論、等性義之智慧所見的境界。

就衡量現空大等性離四邊戲論之真實勝義的理智而言，分別耽著二諦也僅是分別念而已，為此在名言中也遮破世俗自相成立。相反，站在相似勝義的單空這一角度，以名言量得出的「世俗法相成立」的結論永遠也不能否認。假設破除而修持單空，勢必會偏墮二諦一方，誹謗顯現一面。正是考慮到（此種修法）與天神派⑳修世俗也不存在等《禪定七信論》雷同的這類現象，（全知法王無垢光尊者）才在《如意寶藏論》中說：「不知此理斷空者，雖稱遠離有無邊，不曉離基有頂見，背離佛教成外道，灰塗身成虛空派。」

⑳天神派：即是順世派的異名。

相續中生起遠離四邊戲論的方法，以初學者循序漸進而悟入為例，以無垢正理首先遣除對一切有為法無為法執為實有的耽著對境，隨即遮止「無」等剩餘三邊的耽著對境，接著相應不住單方面的耽著對境的殊勝定解而修行，一旦無有輪番同時遮破一切戲論之邊，即獲得法界明相的境界。正如全知索南桑給尊者親言：「觀察實相凡夫慧，不能頓破四邊戲，然輪番遮四分已，如理修生見道時，即稱通達法界見。」對此遠離四邊戲論真實無二的實相，前譯的諸位智者成就者視之為清淨無垢的自宗，通過具足金剛乘的甚深竅訣要點而現前真如的方便——依靠四證因㉑等確鑿理證的途徑生起定解，加以修行，最終對本來清淨、任運自成真實無二之義已穩操勝券現證的成就者可謂接連不斷湧現。從他們智慧中流露出的伏藏法數量極其可觀，證得通徹虹身果位者也屢見不鮮、紛紛現世，如同嚮導一般可作為正果因㉒。

若有人問：那麼，這是寧瑪派別具一格的觀點嗎？

並非如此，佛陀在所有甚深經續中再三宣說、六莊嚴等諸位智者以直接間接的方式廣泛弘揚的遠離四邊戲論，實是大成就持明者身體力行的實修法門、一切智智必經的唯一大道，所以她是一切新派舊派的意趣核心。

下面引用（前輩大德的教言）教證簡要說明此理：

㉑四證因：一因、現量、文字相、加持。

㉒正果因：真因之一，能證成有所需三相完全具備之因。（此處意思是說，通過這些成就者足可證明遠離四邊戲論真實無二的實相為自宗）

大譯師吉匝親言：「究竟殊勝見，雙運皆不住，三世佛密意，許智悲脫離，墮邊應遮故。……」藏地成就之王笑金剛也言：「現空若無別，見解至究竟……有顯現實法，無空性法性，無別一味體，自他證非有……」

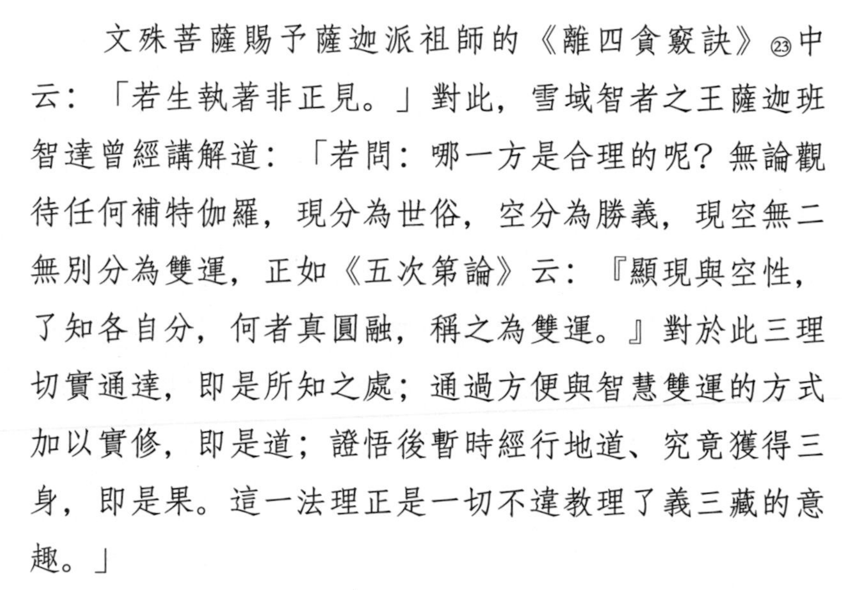

文殊菩薩賜予薩迦派祖師的《離四貪竅訣》㉓中云：「若生執著非正見。」對此，雪域智者之王薩迦班智達曾經講解道：「若問：哪一方是合理的呢？無論觀待任何補特伽羅，現分為世俗，空分為勝義，現空無二無別分為雙運，正如《五次第論》云：『顯現與空性，了知各自分，何者真圓融，稱之為雙運。』對於此三理切實通達，即是所知之處；通過方便與智慧雙運的方式加以實修，即是道；證悟後暫時經行地道、究竟獲得三身，即是果。這一法理正是一切不違教理了義三藏的意趣。」

至尊宗喀巴大師也正是為了用慈悲之手救護不具備以理觀察的定解而一味迷失在離戲的字面上結果對實執無有任何損害導致誤入歧途的那些初學者，才暫時強調說以觀察所引發的無自性執著相極為重要，而在最究竟的教言中寫道：「何時分別各執著，無欺緣起之顯現，遠離所許之空性，爾時未證佛密意。一旦無有輪番

㉓《離四貪竅訣》：此乃文殊菩薩賜予薩干.貢嘎寧波的四種教言，全文為（他譯：若執著此生，則非修行者；若執著世間，則無出離心；執著己目的，不具菩提心；當執著生起，正見已喪失。）

時，現見無欺之緣起，斷除一切執著相，爾時見解即圓滿。」

吉祥自生金剛尊者親口說道：「非有佛亦不照見，非無一切輪涅基，非違雙運中觀道，離邊心性願證悟。」

證悟自在者多羅瓦大師也曾這樣說過：以辨別後得的妙慧觀察時，最終果位身智自性如來藏常有、穩固、寂滅、永恆的本性，即是無欺勝義諦。在決定入定時，修持遠離一切戲論。這也是極其深奧的要訣。

此外，密主珠瓦滾波怙主親言：「如是世間愚昧眾，於如兔角無所有，抑或諦實作假立，墮入常邊與斷邊。緣起離斷空離常，緣起而生故空性，空性之故現一切，空性緣起無有二。」

以上述教言為例便可知曉，諸位大德所說與佛陀、成就者的意趣完全一致。然而，側重有無之一方的所有論著實是摧毀染污法與建立清淨法的殊勝善巧方便，就究竟實相而言，並非如是成立。比如說，畏懼三有痛苦、喜樂寂滅的這兩種心對初學者來說需要生起，可是作為諸大菩薩，徹見有寂等性時，懼怕輪迴、喜愛涅槃的心念也務必斷除。

因此，當分析究竟實相時，具有四法依㉔的行人，修

㉔四法依：學道時應當選取或依從的四事：依法不依人、依義不依句、依了義不依不了義、依智不依識。

成遠離四邊戲論本性後，能打破與之相違的一切。也有個別大德內心已達到究竟遠離四邊戲論的境界，但鑒於某種必要顯現上卻著重於有無的單方。另有一些遠離四依之人，將偏執一方之道誤認為是究竟實相，無有絲毫入定境界，只是耽著詞句的破立戲論，如此定會招來經中所說的喜歡言談的諸多過患，甚至捨棄正法，誹謗自方他方所敬仰的大德，造下彌天大罪。

如果有人想：誹謗他人倒也是在所難免的事，又怎麼會誹謗自方的諸位大德呢？

帶有片面性眼光的那些人，表面上吹噓自方的補特伽羅至高無上，實際上卻是莫大的詆毀。為什麼呢？譬如，諸外道徒對於各自所推崇的本師自在天、遍入天等，大肆讚歎他們享受美女、摧毀他眾的嗔怒猛烈無比、狡詐手段如何高明，這在智者看來，完全是出於煩惱污垢的驅使而評論的，因此純粹是詆毀之舉。同樣，此處所說的這些人，其實已承認了自方的那些修行人並沒有通達佛陀在所有最深經續中再三說的「以觀察究竟實相的理智無有欺惑、不可否認而成立的離四邊戲論之本性」。正是為了遣除曾出現、將出現的如此劣道，（全知法王無垢光尊者於）《如意寶藏論》中云：「論說修勝無念智，深寂離戲之實相，違其劣道今猖狂，欲解脫者當棄之。」

（二）所謂的「輕而易舉」到底是什麼意思呢？

是指能夠迅速引生定解。換句話說，不費吹灰之力對大乘教義獲得定解，即稱為輕而易舉。這部論典詞句簡明扼要，意義博大精深，也就是說，觀待極其豐富的內容，此論實在是短小精悍，卻如同火上加薪般能無餘掃除包括唯識宗在內的內外道假立宗派的所有過失，以極其尖銳、勢不可擋之理證、觀察二諦之正量，對諸如《中論》與《釋量論》所包括的細緻入微、最為甚深的一切法義精髓無不予以闡明。其中的推理與詞語極其分明，因此說輕而易舉便可通達，誠如《中觀莊嚴論自釋》也說：「以明確的教理在此宣說，能點亮如牛王般佛陀之妙語明燈……」

總的來說，中觀論中共稱有五大因或四大因，居於榜首的理證之王要算是大緣起因，其餘因雖說可歸屬其中，然而離一多因之理在這所有理證中恰似劍之鋒與矛之尖，正是由於離一多之理富有簡明易懂、便於思量、堅不可摧等多種特色及超勝之處，因此阿闍黎才唯一憑藉此理將一切萬法抉擇為實空。此種抉擇方法，猶如對症下藥或刃中要害一般，達到最為關鍵的深處。誠如《中論》中薈萃其餘二十六品實修精華的第十八品中宣說了離一多理、中觀的攝要《入慧論》㉕等中也唯以離一多因建立諸法無實，諸如此類，這一因堪稱是《俱舍論》等一切論典的理證中最為銳利的鋒芒。由於一切萬

㉕《入慧論》：乃月稱論師所著的一部中觀論典。

法均為緣起性，故是離一與多。正因為離一與多，因此不是獨立自主成立，依緣而造如幻顯現，故是緣起；如果非為緣起，而是本性成立，那麼不可能存在離一與多；假設一多實有，則緣起也不可能有立足之地，所以其餘一切（因）實際上均可攝於此離一多因中。簡言之，如（《迴諍論》）云：「佛說空緣起，中道第一義，最勝無等佛，於彼稽首禮。」

認清建立空性的所有因中能以一概全的要點歸根結底就是緣起，這是諸位中觀論師極需明確了知的要點。對此，本論《自釋》中云：「宣說緣起道，解難忍念網，彼等如來前，恆常敬禮拜。」此論是切中二量精要的論著，因此已凝聚了點綴贍部洲之六莊嚴及追隨者所有善說的要義，只是通達此論，數十萬計的論著之難點便可迎刃而解，（修學此論者的）語言智慧蒙受文殊語獅子的加持，大大增上智力，如同妙藥與明咒的功效一樣，具有智慧者必會現量起信，何需再多繁述。如《本論自釋》中也云：「受持此尊者，傳授與智者，自他普殊勝，皆令得滿足。有緣魯莽者，除自命清高，依辯無礙解，傲然居高處。深法真實性，宣說大能仁，聲譽傳諸方，廣弘一切處。」自己對正道獲得誠信後以攝受具緣者，以折服反方的辯才力勝諸方，弘揚佛法。

（三）如何獲得大菩提：駕馭著大乘道軌圓滿的坐騎，便可抵達菩提果位。也就是說，於三寶獲得解信，

通達無自性，從而斷除畏懼三有、喜樂寂滅之心；以如幻的悲心與等同虛空的珍寶菩提心作為因，孜孜不倦修行無垢二資糧道；最終成為圓滿自他二利的法自在如來，這是無欺的因果規律。如此究竟果位，也是以修、思、聞慧次第相聯為因果的。聽聞時也必須要依靠這樣無垢正理的途徑獲得定解，準確無誤加以抉擇。因此，聞受如是論典，思維所聞之義，再進一步串修通過深思熟慮所得定解的意義，逐漸對深道生起法忍，正像《月燈經》中論述三安忍時所講的那樣。

對於以上所有的必要，本論直接、間接加以明示的情節在解釋正文時將會了知。

關於如此著論五本，有的論著中直接完整說明，有的論典中並未全面宣說，各不相同。但此論中，關於作者在跋文中已指明，「為誰而著」通過受持深廣教義的法器已間接說明了，因為本頌中有「乘二理妙車……」。其餘三本是正論的直接意義。如是通過五本之方式深入淺出地闡述了總義、辯論、必要等諸多內容。依靠以上文字也可對本論的絕妙之處略知一二。

時惡境劣然我等，於大祖師無垢軌，
未染傾向自宗過，明說微妙最深要。

今士寡聞智慧淺，偏墮嫉妒慢心高，
是故實難成利他，為自心修善說著。

金糞等同聖者前，供四洲富有何用？
受持彼心銘刻法，必定滿足其意願。

雪域一目彼怙主，暫時雖示圓寂相，
大悲明眸永關注，苦難重重之蒼生。

勝妙剎土寂靜眼，如蓮瓣飾笑盈盈，
現量照見何者前，供此善說音令喜。

甲二（所說論義）分二：一、真實分析所說論義；二、如是分析之必要。

乙一、（講述開顯二諦真如之此中觀莊嚴論真實分析所說論義）分四：一、名義；二、譯禮；三、論義；四、尾義。

丙一、名義：

梵語：瑪疊瑪嘎阿朗嘎繞嘎熱嘎

藏語：哦莫堅戒策累哦雪巴

漢語：中觀莊嚴頌

如果將梵語藏語對應起來，則瑪疊瑪嘎為哦莫（漢義為中觀），阿朗嘎繞為堅（漢義：莊嚴），嘎熱嘎義為策色嘉巴或策累哦雪巴（漢義：偈或頌）。

所謂的「中觀」是不住任何一邊的名稱，如果對由此名稱所趨入的意義進行分類，則有所詮義中觀與能詮

句中觀兩種。其中所詮義中觀又分為基中觀、道中觀與果中觀；能詮句中觀包括《般若經》等經典以及詮釋此等密意的《中論》等論著，又通稱為文字中觀。

「莊嚴」的意思是指美化或顯揚。

那麼，此論是如何成為中觀之莊嚴的呢？

所詮義中觀相當於俊美之人的身體，而能詮文字中觀恰如作為裝點的珠寶飾品。由於通過這種方式來加以開顯，所以此論好似能映出佩帶裝飾之身像的明鏡一般，起到點睛修飾㉖的作用。這部論典實是整個中觀的莊嚴，而並非是片面性的點綴。

如果有人想：那麼，此論是否成為中觀應成派的莊嚴呢？如果成為，就必須承認這是應成派的論典；倘若不成為，顯然就與肯定是整個中觀之莊嚴的說法相違了；尤其中觀最究竟的意趣就是應成派的觀點，如若不作為應成派的莊嚴，也就很難談得上真正成為中觀的莊嚴了。

這部論著雖然能成為應成派的莊嚴，卻不會具有是應成派論典的過失，因為此論是重點講述以理建立後得有承認的相似勝義之論的緣故。如果抉擇後得二諦各自的實相，那麼依此便可輕易地確立二諦雙運、遠離承認

㉖點睛修飾：在詩文的前中末句裡用一個表明事物類型、動作、功能或屬品的言詞，使前後文含義全部明白突出以修飾其詞句。分為十二類：首句類型、首句動作、首句功能、首句屬品、中句類型、中句動作、末句類型、末句動作、連珠、矛盾、一事和雙關。

的中觀，為此只是泛泛宣講真實勝義這一點與應成派意趣是一致的。有關它們的要點在總義時已經宣說完畢。雖然我覺得有許多需要進一步分析的問題，可是對於具有智慧的人來說，只要籠統說明要義就足夠了，因而在解釋本論頌詞的此時只想以簡短的詞句加以講解。

總而言之，懂得應成派與自續派僅是著重強調入定、二諦平等一味之階段與後得二諦分開顯現之階段尤為關鍵，並且意義重大。切合中觀究竟的入定智慧決定為應成派的觀點；切合後得二諦理的實相為自續派的宗義。一切佛經也不例外，有些經中宣講遠離有無等一切邊、不可言思的真實勝義；有些經中宣說所謂「無色、無識」無遮單空的相似勝義。

阿闍黎龍猛菩薩依照佛經的密意而建立一切因緣果法不存在實有，最終依理建立遠離諸邊之大離戲的本性。同樣的道理，應成派、自續派的諸位阿闍黎也是由分別著重強調入定與後得中觀而取名的，並非自續派論師沒有如實詮解經論的含義。

如果一開始未曾依賴分開辨別後得二諦的這一中觀，則由於無因而難以獲得果入定中觀，也就是（《入中論》中）「名言真諦為方便，勝義諦由方便生」，以及（《中論》中）「若不依俗諦，不得證真諦」所說的意義。不要將這裡所謂的名言當作是與相似勝義之對立的世俗，其實它是指心名用㉗之語言、分別的行境——二

諦分開的這一顯現。為此，相似勝義也包括在名言世俗的範疇內。

觀待通達如是二諦之理的名言來說，遠離一切名言、不住一切的雙運大中觀或超心離戲中觀才可稱為勝義諦或勝義也就是真實勝義。無論任何情況下出現「勝義」的字眼，那些長久聞思潛心專研論典中二諦法語等的人很容易理解成一個無遮，致使迷茫困惑，因此務必要分清不同的場合。勝義有真正勝義、假立勝義、大勝義、小勝義、相似勝義、真實勝義等諸多名稱，這與阿羅漢和涅槃相仿。此外也應當明確無生、空性等所有名詞。

著重強調如是遠離一切名言承認的大勝義是應成派獨具特色的宗旨，但此論《自釋》中說：「無生等雖已歸屬在真世俗諦中，然而……」關於「生等無有故，（無生等亦無）……」前釋中說：為什麼不直接說是勝義呢？勝義本是斷除了有實、無實、生、無生、空、不空等一切戲論網。由於無生等隨順趨入勝義，因此相近命名為勝義（命名為相近勝義）……」這其中已明顯地指出了（無生等也是真世俗的道理）。如此我們便可明白此論為整個中觀之莊嚴的道理。

有些人會產生這樣的想法：對於龍樹菩薩的意趣，如果應成派與自續派各方阿闍黎解釋的方式迥然不同，

㉗心名用：使用名言的三種情形：「此乃柱子」之想，為分別心；呼「柱子」之聲，為名言；「是柱子故能營造家宅」為功用。

那麼沒必要將此二者結合起來吧。

對於那些能夠證悟諸大祖師之意趣毫不相違的智者們來說大有必要，因而一定要結合起來講解。

所謂的「頌」是指組合成偈文、非為散文的含義。

丙二、譯禮：

頂禮文殊童子！

這是大譯師智慧軍於翻譯之初，在此勝義對法論的開端，遵循國王規定而作的頂禮句。何者之意與法界平等、遠離一切戲論之荊棘，即是「文」；以（具如所有與盡所有）二智的智慧身乃至虛空際恆常周遍任運饒益眾生，也就是圓滿二利的「殊」。

這樣的「文殊」儘管是一切如來無分別智慧的本體，但行相卻現為十地大菩薩，乃至輪迴未空之間以永恆穩固、無老無衰的童子身相住世，故為「童子」。在如是怙主前，譯師三門畢恭畢敬膜拜，即為「頂禮」。

丙三（論義）分二：一、抉擇所知二諦之義；二、以讚如是二諦之理而攝義。

丁一（抉擇所知二諦之義）分三：一、認清二諦之理；二、遣除於此之爭論；三、如是通達之功德。

戊一（認清二諦之理）分二：一、宣說勝義中萬法不存在；二、宣說世俗中有實法存在。

己一（宣說勝義中萬法不存在）分二：一、立根本因；二、建其理。

庚一（立根本因）㉘分二：一、真實立根本因；二、旁述。

辛一、真實立根本因：

自他所說法，此等真實中，
離一及多故，無性如影像。

如此自宗內道佛教、他宗外道所說成實的一切有實法，這些在真實義中，依據正理認真細緻加以分析時，遠離一與多的自性，一切萬法絲毫也無有自性成立，猶如現而不實的影像一般。如果對此進行推理，則自宗他派所說真實存在的內外一切法【有法】，均無真實自性【立宗】，遠離一多之故【因】，猶如鏡中影像【比喻】。也就是說，自宗所說的蘊等、他宗所謂的主物等假設真實具有，那麼必然是以一體或多體的方式存在，一體與多體是互絕相違關係，而非為這兩者的第三品成實物在萬法中是不可能有的，所以此因是能遍不可得因㉙。

辛二（旁述）分三：一、分析有法；二、分析真因；三、闡明喻理。

在此略微宣說插述內容。

壬一、分析有法：

如果有些人懷有這樣的疑問：這裡遮破宗派所說的

㉘此處科判在藏文原文中沒有再分，但譯者為了讓讀者容易理解而根據下文的內容加以補充分類。

㉙能遍不可得因，可現不可得統一因之一，依於同體相屬關係，以能遍不可得之能破因，破除所遍之所破法者。如云：「對面的石寨中，無沉香樹，以無樹故。」

一切有實法，由此又如何能妨害無始以來久經串習的俱生我執呢？

（下面對此進行答覆：）

本論中將自宗他派所承許的常恆實法、無為法、補特伽羅、遍、粗、細與識一切法作為有法，因而這其中已囊括了常無常、內外、境有境、遍不遍、粗細、能知所知等一切有為法與無為法。為此，只要依理證明（這一切）無實，就必定能根除兩種俱生我執㉚。

本來，一切眾生由相續中俱生愚癡㉛的牽引而對瓶子等一切有實法執著成立這個、那個。依賴有實法也可形成無實法的名言，對有實法與無實法執著為此，依於自相續的五蘊而認為是我，未經詳察細審而執著的俱生壞聚見也就由此產生了。如此看來，耽執似乎成立的法與補特伽羅【人】之此等本體的設施處就是蘊等。此外，（眾生）還對於名言中本來無有之法而以顛倒理由妄加執著為有。也就是說，以趨入、耽著自心強行假立的常有實法、神我等種種想的鎖鏈將所有凡愚緊緊束縛住。

遮破此等一切的「一」而能否真正破除「一」之理：憑藉能破的正理儘管能推翻耽著常物的一切對境，但由於這所有對境並不是俱生我執的所依，因而依然打破不了俱生我執；而一旦認識到俱生我執的所取境

㉚兩種俱生我執：即人我執與法我執。

㉛俱生愚癡：即俱生無明。

「我」不存在，即可推翻被承許的常我、作者等一切遍計所執法，如同了知石女兒不存在便可斷定他的容顏色澤也絕對無有一樣。如果以真實的離一多因而證實補特伽羅【人】、有為無為一切法無有自性，那麼怎能還會產生二我的執著呢？因為已將所知萬法抉擇為無自性之故。由此可知，將遍計所執法與俱生所取境綜合起來作為有法，目的在於：不僅僅包含世間無害之識前顯現的有實法，同時也涵蓋外道所承許的遍計所執法等。

壬二（分析真因）分三：一、分析是應成因抑或自續因；二、分析是證成義理因㉜抑或證成名言因㉝；三、分析是無遮抑或非遮。

癸一、分析是應成因抑或自續因：

如果有人心裡思量：這裡安立的因是應成因還是自續因？倘若是應成因，此因必須為對方所承認方可成立，而此處對方並不承認離一多因，所以立為應成因顯然不合理；假設立為自續因，必須要以三相齊全為正量來證實，而在這裡，有法的常我與常有的大自在天、無分微塵與無分心識這一切均不成立，因而有法不成，如果有法不成立，那麼宗法㉞也就無法得以證實，由此三相

㉜證成義理因：單獨證成義理，即因與法二者無所表、能表關係之正因。
㉝證成名言因：單獨名言證成之正因，即因與法二者有所表、能表關係之因。如云：聲是無常，是刹那性故。以所表之性相即刹那為因，證成所立之宗。
㉞宗法：因法立量中之第一支，於宗所有無過欲解前陳之上，依理立量，確立有此因者，名為宗法，如雖未能現見火、水，但由見有煙及水鷗，故知其地有火有水。比量中有，或於所諍前陳有法之上，定有此因能以成立。

則成了殘缺不全。

（對於這一問題，）雖然印藏的有些智者說，非為共稱的他宗假立法，運用應成因建立，對於共稱的所有本體，使用應成因與自續因均可。但是，按照《中觀顯現論》等中所說，無需進行辨析，無論依照應成因還是自續因安立都可以。

從立為應成因的角度而言，儘管對方並未直接承認說有實法離一與多，但鑒於對方承認所遍㉟實法，便可運用應成因來建立，故而除了此（離一多）因以外無需觀待他因，致使對方不得不承認離一多因。例如，雖然（有外道）承認自在天常有，可是由於承許它的所有果為多種，因而依靠承認「多」果足能推翻大自在天是「一」的立宗。如果破除了是「一」，顯然「多」也就不攻自破了。實際上，這就是以反方自己承認的因建立起了「離一」，由於承許「多」故成立「離一」，其餘一切破析均可依此類推。

再者，運用自續因也同樣應理，有法——恆常的自在天等，其實是不可能存在的，然而在分別心前以遣除自在天非恆常的遣餘概念可以成立，為此，通過無實的名言成立也能打破外境中存在恆常實有之自在天的耽執。常有之聲立為有法等也與之相同，無論各自分別心

㉟所遍：內涵，意指差別，即總體中之部分，如金瓶是瓶之所遍；所作性是無常之所遍，非所作性是常之所遍。

如何安立，對此進行破除都極富合理性。自己分別心前通過遣餘的方式取總相以及通過顯現的方式取自相這兩者渾然合一而取境、進行一切名言的破立正是因明的微妙總軌。由此而觀，對於實際不可能存在的一切有法來說，所觀察的外境自相雖然無有，但對於耽著似有之心目中的某一對境，通過無實的名言量成足能了知它實際不存在。

癸二、分析是證成義理因抑或證成名言因：

如果有人想：此（離一多）因到底是證成義理因還是證成名言因？假設此因是證成義理因，則無自性之義理僅是所破自性的無遮，因為遮破之餘不再引出他法。如果依此僅能建立這一點，勢必導致所立的一切有法如空中鮮花一般不可得。這樣一來，法與有法㊱也成了無二無別。如若說此因是證成名言因，那麼無自性的名言在一切有實法上建立時，恰似無瓶的地方一樣，顯然已成立了具有無自性的特法。

（下面對此進行回答分析：）

雖然此因是證成義理因，但不至於造成一切所立法不存在的結局。其原因是：僅僅對感受者由無始以來的實執所牽而實執的一切有實法建立為無自性，而本體可得的他法塵許也未建立，然而，針對世間一致共稱的實執者前所現的這一切，無自性的有法與所立的名言實屬

㊱法與有法：法是指無自性；有法指所立的一切法。也就是有法與立宗。

合理。將一切所見所聞顯現的內外如幻的有實法作為有法，通過正因的途徑建立無自性的語言、分別之名言，就像集聚項峰垂胡等而假立為黃牛的名言一樣。對於已明確者能起到督促再三憶念的作用，而對於尚未了知者，則可通過正因加以比量推理。本來法與有法就是無二無別的，因為無自性而顯現其實並不矛盾，這就是有實法的必然規律，法與有法二者的比喻即是水中的月影。

關於這一問題，在其他所有書籍中只看見偏執一方的觀點，但如果按照上述之理而了知，則對於理解總的尤其是此處的內容，顯得格外重要。

癸三、分析是無遮抑或非遮：

如果有人想：因與所破二者是無遮還是非遮？假設是無遮，則除了遮破所破以外，（因與所立的）自本體不存在的無實單空不可能有關聯，如此一來，所立無法作為所知、因也無法作為能知了；倘若是非遮，則遮遣所破之餘為什麼不承認尚有所立的有實法呢？

對此問題，雖然諸智者加以分析而各自分開建立，但實際上，離一多因與無實所立二者是無遮。儘管是僅僅否定所破的無遮但絕不會導致因與所立成為毫不相關，因為從遮遣所破的遣餘角度來說，（因與所立）這兩者同樣是無我的本體，所以成立一本體的關係。

由此看來，（建立）林林總總的這些觀點（的論師

們）儘管飽嘗了破立的千辛萬苦，但事實上，如果認真分析現量取自相、遣餘取總相的道理，重重的疑暗自會消失得無影無蹤。否則，再如何加以分析，也難以得出如實的定論。本來，在此精通因類學㊲中所講的遣餘、三相、破立的道理極為重要，但恐繁不述，詳細內容當從因明論中得知。

壬三、闡明喻理：

現而無實之比喻即為影像等，誠如《父子相會經》中云：「如極潔鏡中，如實而顯現，無有自性像，炯巴知此法。」影像等這一切雖然顯現卻無實有，這只是按照所有世間人無不承認而作比喻的，依靠因推理便能了知諸法均與之相同。明鏡與面容互相依存之時，就會現出面容逼真的影像，身相所具有的色澤、體形等真真切切、毫不混雜現量可見。如果在未經詳察細究的情況下只憑眼見而安立這一點，似乎與真身無有差異。然而，倘若加以分析，則作為面容等的真身微塵許也得不到。不僅如此，而且親身感受的不滅顯現許也是同樣。如果予以觀察，影像在被見的位置——鏡子的外中內、識與境之間的空間、內在識本身的一切部位均不存在，又豈能容身於他處？明明未得而執為有也是不合道理的，假設沒有得到也可以執為有的話，那為何不執著石女兒也存在呢？因此應當領會現而無實比喻的道理。此外，

㊲因類學：敘述關於論證量學理路中正因與似因等種類的著作。

《三摩地王經》中也說：「秋季夜晚之水月，澄清無垢河中現，水月空虛所取無，一切諸法如是觀。」

下面，對顛倒分別此處之比喻的觀點稍作駁斥：

伺察派等外道說：「眼見如是影像，只是自己的眼光照射到鏡面反射回來而如此緣取自己的面容等，才假立為影像的名言。」他們認為，名言中所謂的影像只不過是依於看法而立名的，實際上其本體與真實的色法是同體相屬㊳的關係。

這種說法是不合理的，如果按照他們的觀點，那麼當鏡面朝向北方時，不見影像面朝南方，如此一來，色法與影像二者方向相違；又由於小小的鏡面也能現出自己大大的容貌，可見量已不同；而且因為影像已到鏡中顯現，所以位置相異。再者，清澈的湖畔多種多樣的山川樹木枝葉頂峰向上聳立，而其影像的枝葉頂峰卻倒映水中，因此它們的方位恰恰相反。這樣一來，取影像的識與取色法的識二者的所緣就截然不同了，如同聲識與色識一樣行境是各不相同的，而取影像的識並非取自己的面容等真正的色法。這一點我們務必要清楚。

此外，有部宗論師發表看法說：「影像是鏡等之中出現的一種極為清淨的其他色法。」

事實並非如此，原因是：由於色法是微塵的自性，

㊳同體相屬：相屬之一種，體性同一關係，如實有法與瓶和瓶與瓶之反體，皆體性同一而反體各異。若無實有法則無瓶，無瓶則無瓶之反體。

而一切色法相互不可能不障礙共同出現在同一位置上，因此對境是互絕相違而存在，否則就必須承認，它們已占據同一個位置，變成相互不可分割、融為一體的自性了。此處由於影像能在鏡子等表面方位被見到，結果影像也成了色法。倘若如此，則兩種色法（鏡子與影像）又怎麼能處於同一位置上呢？就像兩個瓶子不可能占據一個瓶子的位置一樣。

如果對方說：「此因（的推理）也是不一定的，因為風與陽光等（明明可以與其他色法並存）。」

其實不然，風與陽光等所有微塵雖說可以（與其他色法）像灰塵與糌粑一樣混在一起，但由於對境是以互絕相違的方式存在，而絕不可能變成一體。

可見，如果對於伺察外道與有部宗將影像執為色法的這一觀點未能推翻，那麼安立具有所立與能立二法的比喻影像就不成立了，因而務必予以破析。

再有，承許影像為識的經部宗等的論師則說：「只是憑藉有實法不可思議的功用力加上鏡子等為緣，而由識本身產生顯現為那一影像的行相罷了。」

駁斥：既然承認說此影像實際是無有對境而由識如是顯現的，那麼為何不承認所許的色等真實之法也在無有對境的同時而顯現呢？因為你們承許色法與影像二者的顯現同樣僅是行相之故。

假設對方認為，影像作為能指點出行相的對境是不合道理的，由於影像本身尚不成立，因而對境的確不存在，唯一是識。

倘若如此，則依靠破析極微塵也不成立等所取的正理便可推翻你們所承認的能指點出行相的對境——外界中存在的色法等，結果色法應成與影像無有差別了。同理，幻術、夢境、陽焰、尋香城、旋火輪等比喻也可通過這種方式予以證明。

關於這一問題，雲尼瑪吝派等外道聲稱：「幻術等並非不真實，到底是對泥塊取名為幻術還是說它是能如此顯現的識呢？如果按照第一種答覆，則顯然就是色法；如果依照後一種答案，也就是心識，結果無論如何都不能成立幻變的馬象等不存在。同樣，由於作為因的色或識都實有存在，為此夢境等一概不能充當無實的比喻。」

這種論調絕不合理。關於如是幻物等顯現，不管承許有相現為識之行相還是承許無相而直接了知對境的宗派，一律是在識前如實顯現的所緣境上安立的，而並非僅在它的因上以幻術等來安立顯現的，原因是：如果僅僅在因上安立，那麼眼根等也是因，所以它們也應成幻術等了。因與所緣是完全分開的，成為幻術等之因的色與識雖已存在，但並非是將它們作為比喻的，譬如說，儘管泥塊已經具備，但如果尚未見到馬與象等，則對泥土根本不會稱作幻變的顯現，也不能作為比喻。而當泥

塊本身被見為象馬等時，方能立名為幻物，並可充當比喻。

一般來說，由於外境與心識這兩者本來就成立無實，故而單單依靠所謂的因真實是不足以建立其真實性的。

即便暫且讓你們承許作為因的色與識實有，但是幻物本身是假的，根本無法變成真的。譬如，儘管眼睛被魔術迷惑，但作為明明知曉是魔術的人，面對眼前呈現的幻變景物，絕不會生起一絲一毫「象馬等真正存在」的執著。絕不會因為它的因——泥塊、眼識及魔術師等樣樣齊備而持有「幻物也是真實」的念頭。所緣境幻物本身在當時當地似乎的的確確存在，然而對於了知似現而不成立者來說，可當作比喻，因此比喻並非不成立。

這以上已明明白白地分析闡述了《自釋》中所說的內容。

庚二（建其理）分二：一、建立宗法；二、建立周遍。

辛一（建立宗法）分二：一、建立離實一㊴；二、建立離實多。

壬一（建立離實一）分二：一、破周遍之實一；二、破不遍之實一。

癸一（破周遍之實一）分二：一、破別能遍之實

㊴指實有的一體。

一；二、破虛空等總能遍之實一。

子一（破別能遍之實一）分二：一、破常法之實一；二、破補特伽羅之實一。

丑一（破常法之實一）分三：一、破他宗（外道）假立之常物；二、破自宗（內道）假立之常法；三、如是遮破常法之結尾。

寅一、破他宗假立之常物：

果實漸生故，常皆非一性，

若許各果異，失壞彼等常。

上述的離一多因在自宗他派所說的欲知物——一切有法上成立，即稱為第一相宗法；此離一多因如果具備，則彼所立無實必然存在，此為第二相同品；所立無實如果不存在，則離一多因也就不存在，這是第三相異品。

由於所立與因這兩者同品與異品的特殊相屬關係已確定，是故憑藉此因決定【遍】能確立某一所立法，即分別稱為同品遍與異品遍。周遍成立之因如果對於欲知物——任何有法來說成立，則依之所立便可無欺被證實，由此也已排除了二相與六相等過多過少之邊。正如（《集量論》中）所說「三相因見義」以及（《釋量論》中所說）「宗法彼分遍」。

為此，想逐步論述一下在立根本因時所講的離一多因在自他宗派所說之一切有實法上成立的道理。本論

《前釋》中說：「切莫認為此因不成立。」

如果有人想：離一多因到底是如何成立的呢？

首先建立離「實一」，因為「一」若不成立，「多」就不可能成立，「多」的組成基礎即是「一」，故而才最先確立離實有的一體。

總的來說，在所知萬法當中，如果存在一個自始至終成立實有的法，那麼必然是不能分為現與不現等部分、獨一無二的本性，並且何時何地都不會消失。如此一來，最終時方[40]所攝的一切萬法必定各自消逝，都成了唯一虛空般的一個整體。而事實並非如此，時方中無量無邊、各種各樣、色彩斑斕、現量而現的這些景象由於無一實有，才絕對顯現的。凡是現有輪涅所攝的諸法，不可能有離一多理不涉及到的[41]。

所以，此處次第宣說此離一多因在自他所說的一切有實法上成立的道理。當然，如果就科判而言，將常與無常、外所取境與內能取心或所知對境與能知心識作總科判都未嘗不可，但這裡按照《難釋》中所說的「遍即我與虛空等，無常攝於不遍之蘊中」而以遍、不遍此二者作為總科判。聲稱常物與補特伽羅存在的宗派的（常物等）這些對境如果是各自分開的，則會偏袒而不能徹底涵蓋，於是歸屬在周遍的範疇內。

---

[40] 時方：指三時十方。

[41] 意思是說，諸法均可依離一多因遮破。

《自釋》中云：「『異體方……』頌詞中的異體絕對是指遍與不遍」，這裡說的顯然是就真實周遍而言的。

因此，關於在別周遍之中第一類聲稱常物的諸外道徒所說的有實法上離實一成立的道理，前文中講的偈頌已予以說明了，也就是說，有些外道憑心假立而認為：自在天等本身常有，並非像虛空等那樣不起作用，而是一種能發揮作用的有實法。作為因的大自在天等在三時中一成不變，而在長存的同時彷彿陶師製瓶子般造出器情萬物。

器情萬物永遠不會同時出現，具有次第性而顯現這一點是無法否認的，因此你們承許為恆常的任何因都不會同時生出這一切果實，由於是一環扣一環循序漸進而結生或生起的緣故，所以被承許為常有之事物的大自在天等一切均不是實有唯一的本性。

倘若唯一、無分、一個整體的常因能產生這一切果，則在此因上就必定具備出生所有果無不齊全的能力，既然如此，為什麼不在同一時刻產生苦樂等捨等一切果呢？因為一切果在因不齊全的情況下不生，一旦因的能力無所阻礙，當時豈能延遲果的誕生？如果耽擱（果的產生），果顯然就不會隨著因而生滅了，由此一來，安立是那一因的果也就無法實現了。

對方辯駁說：之所以一切果在同一時間不產生，是

由於受俱生緣的不同所控制。

身為恆常的任何一法，不可能由一個階段而變成無常，可見觀待俱生因是不合理的，因為它不會依緣轉變之故，就像用染料塗抹虛空一樣。如果有了觀待與轉變，顯然已失去了恆常的身分。就算是觀待，那麼具備俱生緣時的常物與遠離俱生緣時的那一常物是否有差別？如果有差別，顯然失壞了常有的立宗，假設無差別，正如最初階段一樣，後來也不會有離開一切俱生緣的自由㊷，好似頸上繫繩子一般必由俱生緣的力量牽引而住，因此無論是前者所造的任何果，由於因完整無缺而終究不會消失。借助這種方式而將俱生緣立名為因——大自在天等的能力，依此也能駁倒「由自在天次第造作一切果」的論調，其原因是：自在天自身的本體與能力二者若是異體，則僅是將俱生因取上能力之名而已；假設是同體，則如剛剛論述的那樣，以「果恆常不滅」等必有妨害。

因此我們應當明白：只要承認次第生果，無論是任何常因，都不可能存在實有的「一」；只要前後一體無實，就必定不是常有。

倘若對方發現剛剛所說的這些過失不可避免，於是主張說：「因雖然是恆常的，但並非唯一，對於各個果來說，這些因的自性均是以次第相異的方式而存在於他

㊷意思是說，後來也一定具備俱生緣。

法中的。」

駁斥：如此一來，為什麼不會失壞自在天等那些實法是恆常的觀點呢？因為已變成不同階段的他法之故。

對此，外道認為：（自在天等）儘管不是一個整體，但是自性或相續是一個，因而甚至在不同階段也是恆常的，又怎麼會矛盾呢？比如說，世間上舞蹈家雖然身著各式各樣的舞裝，但上午與下午本是同一個人。

如果對此加以分析，只要不是唯一無分的法，是常有就不應理。因而，頌詞的前半偈已遮破承許常有的「實一」。後半頌則破除了「非一」是常有。

關於這一問題，雖然有各種各樣的解釋方式，但真正的無謬論義就是這樣。這裡只是將相同的自性或相續假立為「一」而已，實有的一個「一」始終不會成立。如果是真實的「一」，就不會避開前面的過失，而假立的「一」並不是此處所破的。當然，假立的「一」實際也不存在，因而也就不存在安立常有之說了。由於不同階段的「一」非為實有，所以對它分析而另立常一的因終究不可能存在。

寅二（破自宗假立之常法）二：一、略說能破之理；二、廣說彼理。

卯一、略說能破之理：

說修所生識，所知無為法，
彼宗亦非一，與次識繫故。

自宗佛教的有部宗諸論師認為三種無為法是常有的實法。（三種無為法）即是虛空、抉擇滅與非抉擇滅。其中所謂的非抉擇滅，並不是指虛空以及憑藉分別觀察抉擇的力量而遮遣，可是對由於自性的外緣不具足而不生的某法它不生的這一部分，即稱為能障礙其有實法產生的一種無為法非抉擇滅。他們認為這種無為法非抉擇滅是實體法。憑藉修道的力量而遠離煩惱的這一分，稱為抉擇滅。此宗耽著這種抉擇滅也是實體法。在此三種無為法中，這裡要破的是抉擇滅的「實一」，依靠此理其他兩種（無為法）的「實一」也就不攻自破了。

對此，有部宗承許說：「成為依靠修行力所生的瑜伽現量識的對境、遠離一切有為之法相的抉擇滅無為法在勝義中存在，由於它是瑜伽正識之對境的緣故，雖說它於勝義中也有，然而對於它自性的存在，瑜伽識僅僅能了知，而抉擇滅本身絕不會產生緣自己的意識，因為生果是有為法的特徵，而此抉擇滅純是無為法。」

他們的想法是這樣的：如果是對境，則並不至於變成唯一因的本體。於是他們認為，識雖然按照先後順序而了知對境抉擇滅無為法，但由於此無為法與識之間無有關聯，因此抉擇滅自之本體即無為法本體的「實一」是恆常存在的。

對此駁斥：承許由修所生的那一瑜伽現量識所知的抉擇滅無為法成立實有的彼宗派的觀點也是同樣，如果

依理觀察，則對境某無為法並非存在實有的「一」。為什麼呢？因為作為對境的這些無為法與具有前後次第的識有所知與能知的關係之故。所謂的「亦」是說不僅主張常法產生瓶子等果的外道宗不合理，而且承認雖不生果但自性常恆的有部宗也同樣不應理。這是承接前文而說的，同時也表達出了「無論生果也好、不生果等也好，常法的『實一』永遠不會有」的語義。

其實對方的想法是這樣的：如果對境本身常有或者是實有的一法，那麼其本體與有境的識就毫無瓜葛了。單單有所知與能知的關係，只是依靠有境的力量又怎麼能使對境變成無常與多法呢？這是自宗佛教承認法性常有的宗派；而他宗外道則承許有法瓶子等乃至毀滅之因尚未出現之前是常有的。諸如此類，凡是認為某一對境常有之宗派的主張本質上都是一致的，如同執著昨日見到的瓶子與今天見到的瓶子這兩者的有境心識儘管不同但對境瓶子卻是同一個一樣。

關於有境如果互為異體則對境也不會成立「實一」的道理，有必要詳詳細細加以說明。

卯二（廣說彼理）分二：一、以前識之境跟隨後者不合理而破；二、以前識之境不隨後者不合理而破。

辰一、以前識之境跟隨後者不合理而破：

前識所了知，自性若隨後，

前識亦變後，後亦成前者。

承許無為法常有的宗派，請問你們成為前識之對境的無為法是否變成後識的對境？

關於這一問題，他們認為：對境無為法存在的這一點，除了以識來緣以外不可能有其他正量，而識決定是次第來緣的。既然有次序，要麼承認前面的對境跟隨後識，要麼認可不跟隨，再不可能有其他承認。如果認可前識的對境跟隨後識，也就是說，前面的識所了知的對境無為法之自性如若跟隨後識，或者說（前識的對境）在後面的時刻也存在並且（後識也）緣那一對境，則（前後識）就同緣無有絲毫差別的一個對境了，由此取它的心有差異顯然不合道理，原因是：無論任何對境與識，都是相互對應而安立為某一對境的某一識，否則根本無法安立識的多種類別。如此一來，一個人的相續中取受瓶子的刹那識就不會有瓶子多種不同的有境心了。

實際上，只是在了知無為法的前識自之本體上安立為緣同一對境無為法之識的，而不能安立為他法的有境識，因而那一識上不會有一分為二的情況。同樣，這裡的前後二識的同一對境本體如果實有，那麼前面的識也必須變成後識，後識也同樣必定成為前者。

因此，說「前識的對境無為法在後時也存在而當時前識不存在，以及後識的所知在前時存在而後識不存在」均不合理。

如果對方認為：假設某一對境有時間先後的差別，

則前後是一體當然不合理。而對境雖然無有差別，但由於有境心是剎那性，因而前後多體屢次三番緣那唯一的對境。

駁斥：成為各自識之所緣境的那一部分在有境尚未存在之前以及有境已滅之後如果存在，那麼它的有境又怎麼會沒有呢？因為不同的所緣對境與能緣心識相互脫離以後不可能再取受對境之故；而且不是各自之對境的其他「實一」絕不會存在，假設存在，則有不是剎那識之對境的過失了。我們要明白，倘若如此，那個「實一」在識前也不可能得以成立。

對於這一點，並不是指僅以對境同一個就確定取它的識不可能有次第性，而是說如果對境是實有的「一」，那麼取它的識就不會次第性產生。如果自以為是地說「對境同一個瓶子昨天也了知、今天也同樣了知」，事實上，這只是將瓶子相同的自相剎那接連不斷產生誤認為是一個而假立稱之為「一」的。如果認為實際上「一」是實有的，則依靠此（離一多）理證可以破析，由此使不觀待因與有害因等多種因通過這種方式也可輕而易舉被證明。

因此，無論是無為法還是有為法，如果承認「實一」真正存在，則憑藉成立緣它的心不會次第產生的這一理證便可推翻，而假立的一體與多體在何時何地也不是遮破的對象，這是自宗也承認的。辨別這其中的法理

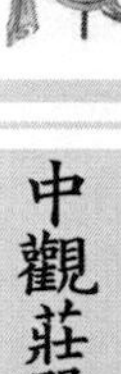

隨時隨地都至關重要。

與此相同，破除恆常實有這一點，在其他論中也有宣說，《釋量論》中云：「堅石金剛等，境不觀待他，故眾生之識，應成同時生。謂俱生緣助，故彼次第生，各剎那說他。」正如此中所說，要建立對境的實一，務必要以識緣他方能安立。當緣對境時，依靠所緣緣產生取受它本身的識，而自之本體不會有任何不同時間、不同地點的分類。可見，由於實有的一體是不觀待的（即獨立而存），為此也就不可能三番五次地生起多種不同的有境。

上述的這些內容雖然已妥善地予以了證明，但由迷亂之因所遮障，對方仍舊緊持「緣對境實一之識有所不同怎麼矛盾呢？如緣同一個瓶子的若干識一樣」的妄念。

這種耽著實在難以去除，因此再進一步對上述的意義詳細加以分析：如果存在於前識之時的那一所知，正當前識了知的那一階段，後識到底了知還是不了知它？了知是不可能的，因為當時後識尚未產生；如果不了知，那就需要有已成前識之所知、尚未成為後識之所知的一個階段了。這樣一來，在後識的當時也不能了知（對境）了，因為承認那一對境是唯一、無分的常法，如此開始怎麼存在，後來也必須是那樣，如果存在除此之外的一個他法，那麼顯然已失壞了無分與恆常的特性。

再者，同樣分析後面的時刻前識是否了知（那一對境），從而也能遮遣前後對境是一個的妄念。

所以，前後識之自時的那兩個對境是截然不同的，因為存在後識不知前面對境、前識不知後面對境的差別。如果沒有進行這番辨析，（而認為）後識了知前面的對境、前識了知後面的對境，則由於是了知後面對境的識，因而前識也應變成後識；同樣，因為是了知前面對境的識，所以後識也應變成前識，如此一來，次第性之識、過去未來、境有境等一切安立都將土崩瓦解。因此，我們應當清楚：只要對境的無分一體實有，那麼緣它的識也必然是獨一無二的，絕不可能存在多體。

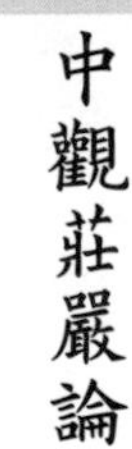

對於這一問題，如果極其愚笨之人固執地說：「識前所現的對境雖然是不同的，但外境的確是一個。」

這也絕不應理，原因是：有部宗承許以無相的方式取境，因而與此立宗相違；其他常派如此承認倒也勉強，但（按照經部宗的觀點來說）能指出外境行相之法是一體的，為此眼前的對境又怎麼會出現不同景象呢？出現異樣顯然不合理。

他們會有這種想法：就像許多人的識緣同一個瓶子那樣，雖然心識是分開的，但對境是一體又怎麼相違呢？

所謂的一個瓶子只是對現出大腹行相的物體以遣除

其餘非瓶的心而立名為瓶子的，對諸多微塵聚合的自相法假立謂「一」的，而並不是實有的「一」。如果是實有的「一」，那麼不可能用眾多人的不同心識來緣，因為以此（離一多）理證有妨害，故而那一例子實在不恰當。

總而言之，以不同時間、不同地點的心識緣一個有為法，就是將微塵與剎那等眾多部分聚合而執謂「一」，進而自以為緣它。認為許多心來緣同一無為法實際上只不過是對否定所破的無實部分耽著為它而已，再別無他境可言。

然而，將否定有實的遣餘之心所假立的無為法等名言耽著為對境，從此之後，每當想起它的名詞，心中就會浮現出與之相類似的對境，只不過對此執為實有的一體罷了。諸位智者眾口一詞地說：對於法性常有、成實、次第淨垢、前後識之對境的觀點來說，再沒有比這一理證更有妨害的了。正如他們所說，不管是法性也好，（還是其他也好凡是要破）恆常實有這一點，大親教師的這一理證委實富有無比的說服力。正由於本體為空性，因此堪為所知萬法之最、無欺微妙、趨入無量時空等如來身智的所有功德以理無害均能安立。此論中，雖然只是依靠「若成為觀待時間的次第性前後識的對境則實一即不成立」對無為法成實予以了遮破，但實際上，對於成不成為觀待不同十方三時的一切識的對境加

以分析，無論有為法、無為法還是除此二者以外的法，凡是成實的萬法無不破除。無論何時何地，只要說「一體」都不可能是實有的「一」，只不過將數多法假立謂「一」而已。遣除非所知後安立一個所知、否定有實的無實、否定無實的有實等均是如此。

總之，以否定非為本身的語言與分別念固然可以安立謂「一」，可是各自的「一」內部也都存在許多分類，仍舊可對每一類別立名為「一」，直至最後無情法的無分微塵、識的無分剎那之間，（每一法）均有許多分類，而終究得不到一個獨立的「一」。無分微塵與無分剎那也是同樣，乃至沒有離開能緣（它的識）之前，實有的一體絕不成立。因此，對於所安立的任何一個「一」加以分析，都只是假立名言而已，除此之外始終不會成立一個實有的「一」。比如說「前識的對境是這個、後識的對境也是這個」，這只是將剎那的許多法假立為一罷了。再如說「你所見的是這個、我所見的也是這個」，而將同一時間，不同方向的心識的對境看作一個，其實也只不過是將那一對境的設施處的諸多法假立為「一」而已。

一言以蔽之，無論是何時何地之識的任何對境，都不可能存在實有的「一」。

如果有人想：那麼，無實法該不會有所分的部分吧。

總的來說，無實具有無瓶與永無等類別，分別而言，以無瓶為例，也同樣具有無金瓶等相同於有實法的數目。（無實法）只不過對於僅僅遣除各自本身所破的這一分，心如是取受而已。就拿心中顯現的對境來說，除心之外，在外界中獨立自主存在的法一絲一毫也是沒有的。

所以，我們要知道：無論是有實法還是無實法，只要成為不同識的對境，那一對境成實或者唯一的本性就是無實的。

從假設的方面而言，倘若有像極微塵那樣的一個法的「一體」實有，那麼在它自己的位置上細微的實有也不存在，（假設存在，）必然要在它的本體上有一個不可分成他法的法。這樣一來，僅此以外一切其他所知都必定不存在。在所知萬法當中，任何法實有存在均與之一模一樣。比方說，在微塵的一法上安立實有，從方向的角度來說，凡是可以安立的眾生相續所攝之不同識的名言當中，有多少不緣那一對境的識存在，在那一對境的上面就會有相同於不緣之識數目的法之分類；再者，如果從時間方面來看，一切有情的劫、年、月、日、時、剎那的無量心之中，有多少心不緣它，（這一對境）就要分成等同不緣之心數量的法。非識非瓶等非本身的所知部分有多少，就能分為數目相同的法。

反過來說，以多少不同方向、不同時間的識來緣對境，也同樣可以安立盡其各自能緣數目的微塵法，是細、是微、是所知……心假立的部分有多少，對境也將變成同樣多的數目。

既然已剖析成了許許多多的法，那麼，到底該將這其中的哪一法認定為實有的唯一呢？

如果不是這所有法之中的任何一法，而另外承認一個實有的「一」，那麼何時何地的任何識都不能認知它。為此，所謂的「實一」難道不也是單單的立宗嗎？由於這一切多不可量，這所有的法又怎麼可能在一法的本體上存在實有的「一」呢？隨隨便便在這其中選取一法說「這個」，對於它來說，不可再度分割的一個部分始終不可得。如果不是將有多種分類的法立為「非一」、無可分割的法取名「實一」的話，那麼安立一法的其他因在萬法當中不是很難以找到嗎？

概括地說，在所知萬法的這一範疇內，不論本體怎樣也好，如果存在一個真實獨一的法，則十方三時的無量諸識只能唯一緣它，除此之外一法也不可能再緣。並且，除了唯獨它以外十方三時的其他法一個也不該存在。到最後，連認知這個所謂的「唯一」、與其本身[43]異體的有境也需化為烏有，原因是，假設（這些有境）依舊存在，則唯一的對境就有非它本身的部分可分了。緣自身對境的識如果也不存在，那麼究竟由誰來緣那個實

[43]其本身：指此唯一的對境。

有一體的對境呢？根本不可能緣。如此一來，萬事萬物形形色色的顯現都將如同兔角般變成子虛烏有。正因為在萬法之中實有唯一的一個法過去未曾成立、現在不可能成立、未來也絕不會成立的緣故，十方三時中形態各異、豐富多彩的這些顯現才合情合理。

萬法若有一成實，諸所知成永不現，

萬法無一成實故，無邊所知了分明。

奇哉！徹知諸法之法性不可思議、妙不可言的如來所演說的等性獅吼聲，一經傳入耳畔，便使智慧的身軀力大無窮，似乎無邊無際的虛空也能一口吞下。但願如此身強力壯的我們，手中緊握可頃刻斬斷現有一切戲論深不可測之正理的文殊寶劍，能令眾生對一法不成實有而現一切的殊妙空性緣起現相生起不退轉的誠信。由本論的理證加以展開，憑藉自己的智慧發揮而對諸位具緣者講述了大實空的這一道理。

辰二（以前識之境不隨後者不合理而破）分二：一、對境無為法有剎那性之過，二、若如是承認則有過。

巳一、對境無為法有剎那性之過：

前後之諸位，彼體若不現，

當知彼無為，如識剎那生。

假設承認第二種觀點，在前識與後識的一切分位中，某一對境獨一無二的本體如果始終不出現，前識自時的對境那一無為法在後識的階段不存在，後面的對境在前識（的分位）也無有。簡言之，緣自境之不同識的對境顯然是分開的，如果一個識的對境不跟隨另一個識，那麼具有智慧的諸位應當了知：對境那一無為法也如同生立即滅而不停留在其他時間的識一樣，絕無法超出於剎那之自性中產生的範圍。

巳二（若如是承認則有過）分二：一、若觀待緣則成有為法；二、若不觀待則成恆有或恆無。

午一、若觀待緣則成有為法：

設若依前前，剎那威力生，

此不成無為，如心與心所。

不同有境的對境無為法成立各自分開，因而可證明是剎那性。既然如此，那麼在此向仍舊自命不凡地說「無為法存在」的那些人提出這樣一個問題：作為如此各自有境之對境的所有無為法到底是否觀待緣？按照第一觀待緣的答覆而言，也就是說，假設對境無為法依靠自身的前前剎那次第而生的威力而產生所有後後剎那，那就說明它是因緣所生的法，所以此法顯然就不成無為法了，已變成如同心與心所一樣的有為法了。

午二、若不觀待則成恆有或恆無：

若許諸剎那，此等自在生，

不觀待他故，應成恆有無。

如果承許不觀待緣：即對境無為法的所有剎那在緣

自境之不同識的自時等這些時間裡不需要觀待前剎那等外緣自由自在而產生，則由於絲毫不觀待其他因的緣故，應成恆時有或者恆常無。如果承認一個無因的有實法，那麼必然成為恆有、恆無其中之一。（關於這一道理下面稍作闡述：）

作一假設句：假設一個無因的有實法會存在，那麼為什麼不成為永不泯滅而存在，要是先前存在、後來消失的其他一切有實法，隨著因消失果即滅亡而會存在有、無的階段，由於此法無有因，當然也就不會有它的滅亡，自本體已一次性出現，因此未來也就不可能再度消逝。再者，對於此法來說，它的未生之時也不可能存在，作為其他有實法，未生完全是由於因不齊全而延誤的，既然此法不需要因，那為什麼不永久存在呢？而且，也需要在一切方向都存在。或者說，一切有實法都是由各自的因所造，就像未播撒種子也就不會有五穀豐登而盡情享受的結局；倘若播下良種自然會現量出現莊稼豐收的場面。同樣，凡是觀待因的有實法依靠因的力量可以使得現量存在、呈現。相反，無因的任何法由於不隨著因而行，所以要做到永久恆存實在無能為力，就像兔角等一樣根本不可能存在。

由於（對方）擔憂所有剎那性的無為法都變成有為法，於是便承認不觀待因。這樣一來，他們就不得不承認諸多恆常有的剎那或恆時未曾有的剎那，恐怕再沒有比這更大的矛盾了，實為可笑之處。

事實上，只是將唯一排除有實法的遣餘分別心的影像稱作對境無為法，並自以為它是實有的「一」而已，而對境自身的本體甚至在名言中也不具備起作用的能力，更何況說在勝義中成立了。為此，對於在無害根前現量顯現的、能起功用的一切有實法，眾生各自耽著也是理所當然的，而對明明見所未見、以量不成的常有實法等，心裡一直念念不捨實在太不應理了。

寅三、如是遮破常法之結尾：

非具功用力，許彼立何用？

論黃門俊醜，欲者觀何益？

常我、自在天、無為法等，只是有些人想當然而安立的，其實對境本身並非具有絲毫起功用的能力，而以認為這樣對境是作者等的心強行假立它存在到底有什麼用途呢？譬如，緣一個不能依之行淫的黃門，而談論品評這位黃門相貌英俊還是醜陋，作為具有淫行欲望並百般希求的女人，觀察那一對境又有何利益呢？如果她們想要實現的願望就是交媾的話，則因為黃門根本不具備交媾的功用力，故而無法如願以償。同樣，作為常有實法這樣的對境，無有功用可言，雖說認可它，但依照所認可的意義將永遠不會得到收益。因此，具有智慧的人們將有功用的一切有實法作為破立的基礎，並非是對原本無有的法強行假立、枉費心機加以建立，（這些本無

的法）就像健康無病無需服藥般也就不存在破立的問題，因而不置可否、持中庸之道為妙。

如果有人問：那麼，前文中不是破斥了常法嗎？

那純粹是為了打破他人的顛倒分別，假設他眾沒有這樣妄加計度，也就無需予以破除。為此，務必要清楚，所進行的遮破完全歸咎於他們自己。有功用被稱作有實法的法相，在這樣的有實法上，可以正確無誤地展示出人無我與法無我等二量的能立，並能破除與之相反增益的有實法。以能起作用作為觀察的對境，而按照破立的正量進行判定，結果必能無欺達到目的，就像具有貪欲的女士觀察男人一樣。

如果有人認為：那麼，僅僅在有實法上建立無我，並未說明一切萬法無我。

事實並非如此，所謂的「一切」已不折不扣地說出了想要表達的全部內容，而想要表達的無非是有功用的有實法。如果理解了有實法無我，那麼怎麼還會不通達無實法呢？無實法也就是指排除有實的無遮，除此之外別無其他。因此，甚至以名言量在不具功用的法上建立獨立自主的對境，也決定無有絲毫成立。如果將獨立自主的無實法本身立為對境（甚至在名言中也）無法破立，那麼在勝義中不成立就更不言而喻了。對有實法經過一番審慎觀察而否定有實的那一點，即立名為無實法。除此之外，所謂的無實主動現在心中始終是不可能的。既然如此，諸位智者又怎麼會執著它獨立自主存在呢？如果不加執著，又有何必要攻破它呢？建立又到底建立什麼呢？對於像石女兒等一樣的法，理應不置可否、保持中立。（要清楚的是，）無實法等的名言是存在的，並且是依賴有實法而產生，除此之外，沒有必要在這上面花費精力。

因此，世俗唯一安立為有功用的有實法，由於它是有功用的緣故，決定【遍】是剎那性，原因是，非剎那性與次第性相違，無實法與起作用相違。這一法理在講世俗時極其關鍵。

對名言進行這般分析之後，對於將實有㊹執為世俗的宗派來說，由於假有㊺不具備獨立自主的本體，也就無需另立名目，如瓶子與瓶子的總相等一樣。我們要認識到，雖然在勝義中常無常何者也不成立，但在名言中一切有實法必定是無常的，恆常的名言僅是就遣除無常而安立為常的，只是將接連不斷的同類相續而命名為常有。

為此，我們應該了知，在分析實相的智慧前，一切萬法僅僅依緣假立才得以立足，緣起性的一切現相在本不成立的同時不滅而現，如水中月一般，因此不容有成實的一體。可見，此離一多因在何時何地都是否定

㊹實有：體外實有，不需觀待別的事物確定以後，自身始能確定的事物。
㊺假有：僅由照了自境之名言及分別心安立為有的事物，如時間、補特伽羅等不相應行。

實有的「一」，而並非破斥名言假立的「一」。假立的「一」只不過是將多法取名為「一」而已，實際上「一」絕不成立，所以假立的「一」對實有的「一」並無妨害。同樣，辨別真正的成實、名言假立的成立等在一切時分都異常重要，就像桑達瓦的名稱一樣，如果沒有懂得辨清不同場合，一概直接從字面上理解，那麼即便傳講、聽聞、思維論典，也會如同菟絲草一樣雜亂無章，勢必造成對一切問題分不出個所以然，因而理當詳加辨別。

丑二、破補特伽羅之實一：

除非剎那性，無法說人有，

是故明確知，離一多自性。

成為輪迴連續不斷、束縛解脫名言之設施處的一切眾生相續被耽著為一，於是便有了補特伽羅的名言，因為將眾多前後剎那綜合一起而安立謂「補特伽羅漂泊輪迴、獲得解脫」的緣故。對於凡是以心來緣進而借助我與士夫等異名來表達並屬於自相續的某法，眾生未經觀察分析而妄執是我。

也就是說，諸如所有外道徒固執己見地承許我具有食者、常物、現象之作者等的法相，本體也是無生固有的。在他們當中，有些認為我是能遍、有些視為不遍、有些看作無情法、有些說是心識，在諸如此類眾說紛紜的俱生鐵鐐上釘上各式各樣遍計所執法的釘子，立宗創派。犢子部認為：那個我存在於有實法中並且是業果的依處，它與蘊既不是一體也不可說為異體，常、無常等何者也不可言宣。

所有真正秉持佛教宗派的佛教徒，也僅是將五蘊的聚合及相續認為是我而已，其實我本來絕不成立。下面依理抉擇這其中的道理：

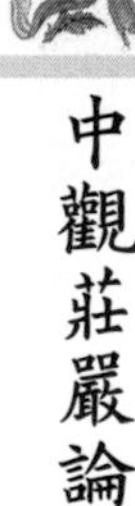

除了是剎那剎那性生滅的這個近取五蘊以外，絕對無法說所謂的補特伽羅有塵許合乎道理之處。因此，凡是具有智慧的人都會極其明確地了知，所說的補特伽羅只不過是依賴設施處的五蘊而假立的，實際上遠離真實的一與多之自性，由於與蘊異體的「我」不成立，而且蘊是眾多、無常之法，因而「我」不應是真實一體的自性。

再者說，如果我是剎那性，則一再形成其他自性，而將變為多體，如此一來，作者與受者也成了截然分開的；假設我不是剎那性，則因為前不滅盡、後不產生而成為永恆、唯一的自性。這麼一來，束縛解脫、痛苦快樂等均成荒謬，也根本不會出生，而且有實法也不可能有得以存在的時機，都成了石女兒一樣。

一般來說，（人我）要憑藉破常法的理證予以推翻。

作為無可言說的「我」，真實的能遍一旦消失殆盡，真實的所遍豈能留存？由於一體與異體始終不存

在，猶如空中鮮花等一般，也就無需煞費苦心加以證實。如果在名言中是有實法，那麼觀待一個對境決定【遍】可以安立一體或異體。但因為我原本就不存在，而說我實有存在的立宗，無有能遍而承認所遍，顯然是極其愚昧之舉，如同承認無樹的同時認可沉香樹存在一樣。因而，正如世尊親口所言：「如諸支分聚，承許名謂車，如是蘊為因，世俗說眾生。」由於所謂的補特伽羅遠離一體與多體的自性，因此在勝義中真實不存在。然而，在世俗名言中，以五蘊作因而視為「我」，僅是未經細緻分析而將五蘊執為一體立名為補特伽羅【人】的，將五蘊的所有刹那相續執為一體而叫做相續，並非是分析成方向、時間的部分。當然，將屬於其相續的一切法假立為一體完全可以談論說「這個人昔日從此離世，後來投生於此」。

依賴俱生我執的五蘊而視為假立的「我」，並不是將五蘊剖析為部分而明明確確認定的，因為不是將所緣相一一分析而僅是以串習力來取境的緣故。然而，由於假法補特伽羅【人】的設施處是五蘊，故而單單的五蘊可以立名為補特伽羅【人】。如果觀察所緣相，那麼必須這樣安立：僅僅是取瓶子之識的所緣境——假立的瓶子也必須要緣設施處色等自相來安立。為此，在觀察成為業果之依處的那個我到底是什麼的過程中，有些人認為它是意識的相續，有些人則承許為蘊的相續，雖然觀點各不相同，但實際上業只會成熟在作者身上，而他者不可能受報應，所謂造業的作者也只是將眾多聚合的一法稱為作者而假立一體的罷了，在勝義中，作者與業果等絕不存在成實。正因為成實不存在，業因果才會毫釐不爽，也就是說，已做不虛耗，未做不會遇。假設說這不是假立而造業的作者確實存在，那麼它就成了常有，這樣一來，造業成熟果報都將成為非理；如果是無常，那麼作者與受者顯然就是各自分開的，所以感受果報也不應理。只有將若干法假立為一的我才既可以充當作者，又合乎作為報應的受者。比如，口中說「我以前作過此事，現在播下這一種子，等到秋季便可享用」，這完全是以未剖析時間的部分而耽著為一體、未經觀察分析的我為出發點的，也就是經中所說的「自作自受」。然而經中又說在勝義中現在的這個我也是不存在的。可見，這裡業果之依處（的「我」）並不是依靠觀察理證而得出的結論。

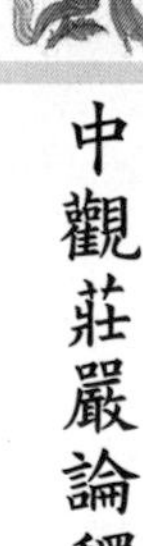

認為我往昔飽嘗了這種痛苦、現在享受安樂的想法其實也是未分析以前的五蘊與現在五蘊而假立為一個的，如此直至無始無終的三有之間統統假立為一個整體而認為是我，從這一角度而言，未經觀察分析時間、地點等各個部分的我立為業果的所依是天經地義的事。如果加以分析，則因果同時是絕不可能的，如此一來，報應成熟在造業的作者身上這一點恐怕也無法建立了。把

以前的造業者與現在的受報者以及未來將受報應者假立為一個「我」，這個「我」實際上是將若干法假立為一個的。如果詳細分析，那麼過去、現在、未來的所有蘊除了次第為剎那性以外不可能是一體，因此從這一分析的側面而言，業之作者與受者的相續可以假立為一個。雖然只是安立相續，但由於同為一種衡量方式，因而不存在相違之處。可是，如果對所謂「單單相續」的蘊再加以分析，也同樣僅是假立而已。不是對若干法假立的「實一」終究得不到。

簡而言之，實有一體的補特伽羅【人】不可能有，他只不過是將若干法假立為「一」的補特伽羅【人】。依靠此理我們也可明白業果的安立法等諸多要義。

此處是觀察業果的所依也就是經中所說的自作自受「我」到底是什麼，千萬不要理解成是薰染習氣的根本等。

子二、破虛空等總能遍之實一：

異方相聯故，諸遍豈成一？

一般來說，所謂的遍，有一體遍與異體遍兩種。一體遍：是指若干法以一體的方式跟隨著它的自性，諸如總法與別法。異體遍：指在某一法的整個範圍內，以他體的方式普遍存在，諸如染料遍及衣服。對於這其中的虛空、時間、方向能周遍一切的總能遍，以廣大、無量的這一心識耽著為有實法，從而便出現了時因派等外道的主張。

然而，勝論派等認為：自身隨行眾多「別」法的「總」法是以周遍、恆常、不現的自性而存在的，它就像用一根繩子拴起許多犛牛一樣貫穿存在於一切「別」法之中。

「總」又分為大總與小總兩種，所謂的大總是指周遍一切，如「有」；小總則指（遍於同類事物的總法），如「牛」。

這一勝論派認為總法與別法實體是互異的；數論派則主張總法與別法為同一實體。諸如此類，各說不一，但無論（他們所許的）能遍是任何一法也好，都可以依據這一理證而破除。

正因為與具有不同方向的樹木等各不相同的所遍有實法相聯的緣故，所許的一切能遍有實法又豈能成為實有的一體？假設說虛空與「總」法等能遍的這些有實法與時方所攝的那些所遍有實法毫不相關，那麼根本不能安立為「遍」。如果二者緊密相聯，則遍於東方樹木的部分與遍於西方樹木的部分到底是不是一體？如果是一體，則正如能遍的有實法是一個那樣，與它渾然融合、不可分割、緊密相聯的所遍別法——那些樹木也將無有差異，均成為一體；再有，如果所遍別法一棵樹木生長，那麼不同時間、不同地點的所有樹木都需要同時生長出來，（承認為一體）顯然以此等理證有妨害。如果各自的能遍部分非為一體，那麼能遍又怎能成為一體？它也將變成與所遍別法異體同樣多的數目。

在「總」法與「別」法等這一問題上，儘管眾說紛紜，莫衷一是，但實際上，如果這兩者毫不相干，則根本不能作為所遍與能遍；假設相互聯繫，則依靠這唯一的理證便能將一切遍的實有一體盡破無遺。

所謂的總能遍即是否定非其本身的一種遣餘，在外境上並不成立。譬如，當看見有枝有葉的物體時，否定非其本身後而取名為樹、假立「總」的名言，「總」法隨行於不同時間、不同地點的一切別法之中。將那一「總」法耽著為自相而以現量及遣餘二者相混合的方式進行破立。只要遮破「總」法，「別」法便不攻自破，如此也將避免這兩者是一體與異體等的過失。

對此，遣除他法而顯現的獨立反體即是總相，遣除異類與同類的這兩種反體兼而有之即是自相，也就是別相。這兩者也都是將多體假立為一體而已，因此不可能存在真實的一體。虛空不成立為有實法的道理，在下文中再給予論述。

癸二（破不遍之實一）分二：一、破實一之外境；二、破實一之識。

子一（破實一之外境）分二：一：破粗大之實一；二、破微塵之實一。

丑一、破粗大之實一：

障未障實等，故粗皆非一。

所謂的粗大實際上是數多極微聚合的部分，也就是說，內在的身體等、外界顯現的瓶子、氆氌、住宅、山川洲島、妙高山王直至大千世界之間，這其中無論是任何事物，由於存在用衣物等遮障未遮障、互為異體的有實法等的緣故，一切粗大之法也都不會變為成實的一體。以身體為例，被衣物遮障的部分以及「等」字所包括的運動靜止、染色未染色、焚毀未焚毀……具有迥然不同的許多法，這些法又怎麼會變為一體的自性呢？

假設有人說遮掩未遮掩等指的是手足等分支，而不是說的有支。

你們到底在說什麼呀？請問，所謂的有支與所有支分究竟是一體還是異體？如果是一體，那麼所存在的若干不同法都將變成有支一樣。如果說是異體，則依靠可見不可得因便能推翻；再者，有支與分支應成瓶子與柱子一樣毫無關係。

如果對方說：有支與分支這二者是依靠聚集的法相而緊密相聯的，因此無需單獨得到。

倘若以「聚」相聯繫腳的有支與聯繫手的有支二者是異體，則所有粗法不可能成為一體；如果它們是一體，那麼由於明明見到了多種多樣法的緣故，就使矛盾顯得更為突出了。因此，所謂的有支只不過是以將眾多分支聚合耽著為一體的心來假立的，成實的一體絕不成立，如此一切名言才富有合理性。相反，如果有支是的的確確存在的一法，則不可能避免一體、異體等理證觀察的妨害。

丑二（破微塵之實一）分二：一、闡明破微塵之理；二、說明以破彼微塵而破多有實法。

寅一（闡明破微塵之理）分二、一、宣說對方觀點；二、駁斥。

卯一、宣說對方觀點：

許粘或環繞，無間住亦爾。

五境與五根這十種色法中的任何一種，凡是現為粗大的法都可剖析成多法，相互之間一法的位置障礙另一法存在，由於是若干法積聚的自性，因而直至極微之間這些法都可以一分再分。譬如，瓦瓶碎成瓦片，瓦片磨成粉末，粉末也有粗細之分。通過這種方式來說明一切色法可以分割得支離破碎。

從名稱上來看，所謂的「色」即指可插入、可轉變毀滅的法。從意義上講，帶有阻礙的意思，因此與心識截然不同，只要緣取它就始終是所破的對境，為此取名為「色」，例如說「刀刺」。

如果有人想：可是，這一法相在極微身上並不成立。

因為（極微的）粗法具足這一法相，所以並無過失。按照承認無表色的觀點而言，在所依上存在所害，

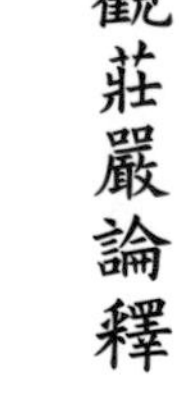

因此可以得名。

一般來說，名字有釋詞、說詞[46]兼具以及只具其中之一，共有三類。有障礙性雖可說是色法的法相，但實際上是將比這一「色」更為粗大的眼根對境分別立名為色法。這樣粗大的無情法一分再分，一細再細，直到終極的細微才不可分割，稱為極微，再無有較它更小的微塵，堪為微塵之最或者究竟細微，它的七倍則為微塵等等。按照順序，鐵塵、水塵、兔毛塵、羊毛塵、象毛塵、日光塵、蟣塵、虱塵、直至指節之間呈七倍遞增。

我們應當知道，在欲界中，能現於根前的一個小微塵最起碼也具有不包括根塵與聲塵的八個極微塵，如果有根塵等，則再累加。最終的無分微塵是從大種與大種所造的每一微塵特意分開確定而言的，而不存在各自分割的部分。所有粗法根據大小的不同，其中含有的極微也具多少的差別。

雖然藏地的有些智者認為微塵無窮無盡，但這樣一來，以粗法就無法得以建立等理證有妨害，因此與事實不符。

總之，粗法存在許多可分的部分，逐漸分得越來越細，到最後，如果基礎已杳無蹤影，那麼粗法也將化為烏有，（有部宗為主的宗派）正是考慮到這一點而主張

---

[46]釋詞、說詞：釋詞是從解釋的角度而命名；說詞是指口中所說的名稱。例如：青蛙雖可以釋為「水生」，但它的說詞並不是「水生」。

極微是最極微小、不可拋捨而存在的，這是承許極微派的總軌。

諸外道一致認為此微塵是常有的，佛教的所有宗派則認為它是剎那性。內道與外道有此分歧。

此極微在組成粗法的過程中，這些微塵必須要通過有間隔或無間隔中任意一種方式來組合。在這一問題上，出現了三種不同的觀點：

一、食米派發表看法說：「（這些微塵）必須要相互接觸聚合一起才能組合，如果不相接觸，那麼粗大的實法不可能成為一體，因此所有微塵絕對要一個粘合一個而存在。」

駁斥：如果在無分微塵上，以不同方向來粘合，那麼就存在粘合與未粘合的部分了。如此一來，甚至無分微塵也已無法站得住腳了。如果未粘連的部分永遠不可能存在，那麼這兩者怎麼會有不同的位置呢？顯然已融為一體，最終須彌山王也將變成一個無分微塵了。因此，（這一派的觀點）實屬謬論。

二、此外，有部宗等承許說：大多數法相互之間依靠引力而沒有東離西散，像前面所粘連在一個微塵上是不合理的，因此其餘微塵帶有間隔而圍繞一個微塵，好似牛尾毛或青草一樣存在著。

這種說法也不合理，其原因是：如果（這些微塵相互）有間隔，則明暗的極微就有鑽入那一位置的機會，

由於其餘微塵與中間的微塵相互不會接觸，因而在它們之間還需要有其餘微塵存在，最終兩個極微聚合的中間甚至整個三有都將容納在內了。

三、經部等宗派則認為：接觸是接觸，但並不粘連在一起。他們說：按照前面粘合不粘合的說法都不應理，因而眾多微塵實際上互相接觸，或者說雖然不粘連在一起，但彼此無有間隙，由此人們也認為這是接觸。

駁斥：一個微塵如果毫無間隔地接觸另一個微塵，則與粘連是同一個意思，沒有一絲一毫的差別。乃至沒有融為一體之間，無有空隙是絕不可能的事，因此接觸與粘連實際上是一模一樣的，這一點諸大祖師早已經建立完畢了。所以說，只要相互接觸或者無有縫隙，就不可能不粘連。倘若未粘連，絕不會存在接觸或無間隔的可能性。因此，（經部的）這一觀點，依靠上述的接觸未接觸的觀察便可推翻。

承許組成粗法之基礎的這些極微塵相互粘連的那一觀點，或者認為未粘連而有間隔環繞的主張，或者認為未粘合而無有間隔存在，這三種觀點無論任何一種，都同樣可憑藉觀察方分的這一理證予以否定。

卯二（駁斥）分二：一、說明若無分則粗法不成；二、說明若有分則微塵不成。

辰一、說明若無分則粗法不成：

倘若有者言：位中之微塵，

朝一塵自性，向餘塵亦然。

若爾地水等，豈不得擴張？

觀察方分的方式：假設對方有人這樣說：在組成粗法之時，位於中間的微塵，需要由方方面面的若干微塵匯集凝聚在一起。比如說，一間房屋朝向東方的部分以及對著其餘方向的任何一面，都可以說這是朝此方彼方的一面。同樣，若干微塵聚集而組成粗法時，位於中間的那一微塵，唯有朝向東方一個微塵的自性，除此之外不會有其他部分，結果面對剩餘方向的其他微塵也同樣絕對要朝向東方的一面或者唯有那一分。

倘若按照你們所承認的那樣，難道你們已肯定地水等這些無論如何也不會得以擴張、增長了嗎？但實際上，你們既然承認由微塵累積致使地水等越來越擴展、增長，那麼還是捨棄「朝向一個微塵的某一面也要對著其餘微塵」的立宗為好，因為這兩者相違之故。是如何相違的呢？在組成粗法的過程中，位於中央的那一微塵同時被十方的十個微塵環繞的當時，由於無有分割若干部分的情況，因而除了一方的微塵以外其餘微塵根本得不到其餘位置，結果剩餘的方向均成枉然，而將變為同一方向。再者，無論有多少微塵聚合，都只會一如既往，絕不會有組合成粗法的可能性。

如果再進一步細緻入微地分析，對於占據了一個微塵位置的前一微塵的所有部分，後一微塵的所有部分如果不遍，那麼（前、後微塵）這兩者已經失去了微塵的身分，因為它們已成遍與不遍兩部分了。如果（後一微塵的所有部分）遍於前一微塵的所有部分，則它們相互無有絲毫的空隙間隔，如此就成了一體。雖說是變成了一體，但不會越來越大。如果變得越來越大，顯然就不是無分了，結果一個無分遍於另一個無分也不合道理了。因此，如果有一個成實一體的無分微塵存在，那麼縱然取來整個大地之土、所有大海之水的微塵聚合一處，無論有再多的微塵，也不會有擴大、增長的情況，都將變成一個微塵的量。

這裡所說的微塵，需要理解為極微的無分塵，萬萬不要誤解成是七個極微累積的微塵。一般來說，微塵與極微有著顯著的差別，微塵有七個部分，而所謂的極微是微細的極點或者終極。但是，「細微的塵」以及這一名詞簡略的「微塵」是指總稱，因此必須要分清在不同場合運用的情況。

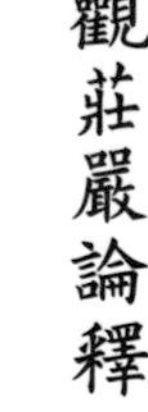

辰二、說明若有分則微塵不成：

若許朝餘塵，面另居他處，

極微如何成，無分唯一性？

如果對方面對以上的分析而誠惶誠恐，於是承許：住於中央微塵並非只朝向唯一自性的其他微塵，而朝著其餘微塵的一面另外居於其他處。

倘若如此，則極微又如何能成為無分唯一成實的自

性呢？因為具有十方分之故。

所以，我們要清楚地認識到，一切細微均是觀待粗大而安立的，而且它的設施處也同樣要緣多法而確立，而成實無分一體之自相絕不可能存在。

寅二（說明以破彼微塵而破多有實法）分二：一、安立因；二、建立遍：

卯一、安立因：

微塵成無性，故眼實體等，
自他說多種，顯然無自性。

正是由於微塵成立無自性的緣故，眼與實體等自宗他派所說的多種多樣的法顯然都無有自性可言，就像無有泥土就不會造出瓦罐一樣。

佛教中（的有部宗）認為眼、色及其識等為勝義；食米派等外道則聲稱實與德等（為勝義）。

卯二、建立遍：

彼性彼組合，彼德彼作用，
彼總別亦爾，彼等與彼聚。

以微塵不存在便可證明眼等這些法無有自性的合理性。到底是怎樣的呢？

佛教的有部宗認為，十色界是由微塵積聚的，因此是微塵的自性。外道所許具有兩個微塵等之有支的諸實體也是通過直接或間接的方式由微塵組合而成；色、香、味等絕大多數是微塵的功德；抬放、伸縮事宜由

於依賴身體而進行故是微塵的作用；「有」等大總與「牛」等小總、分別或特殊的地等多數也都是與微塵相互依存，因而無論是微塵的總法還是分別的微塵也都是同樣；那些微塵與另外的彼有實法聚合一起者也不例外。凡是直接或間接與微塵相聯的這一切法均是以微塵為基礎，因此必然隨著微塵的消失而消失。由於極微塵不存在，成實的十色界也必定無有。如此一來，以五根作為增上緣、五境作為所緣緣產生的眼識等五識也不成立實有。如果它們不成立，那麼以等無間緣明確建立的意識顯然也無法被證明是成實的。如此六識聚倘若未得以證實，那麼輕而易舉便可了知彼後無間的意根也同樣無實，並且無實的心、當時與它成住同質的想、受、思等一切心所一概無有自性。直接或間接與色等相聯的所有不相應行也同樣成立無實。這些不相應行僅是以心假立的，實際並不存在。關於這一點，諸位智者已經百般破析得七零八落，在死屍上無需再用利刃奮力相擊。如果說無表色均是以諸大種為因而成，那麼只要大種不存在，無表色自然也就銷聲匿跡了。關於虛空等無為法，前文中已經破析過。

由於已闡明了十八界均無自性，因此自宗所說的多法成立無實的道理就是以上這樣。

他派聲稱的諸多有實法成立無實的道理則如下：

將兩個等若干微塵聚合而假立為有支，只要根本的

微塵不存在，有支便無有立足之地；聲是虛空的功德，除此之外的色等許為四大的功德，如果四大不成實有，那麼色等也就無法成立；抬舉等事宜是依賴於身體，身體的組成基礎——微塵如果不具備，這些也不會存在；大總的「有」與「黃牛」的小總也是與色等相關的「總」法，凡是屬於色法範疇內分別的樹、土等一切也都依賴於微塵，它們彼此之間是能依所依的關係，承許相互聚的觀點多數也依賴微塵。因此，（只要破除微塵，）此等外道的所有觀點將無餘瓦解。

略而言之，如果詳盡分析，則正由於能知與所知相輔相成、互為緣起，因而以微塵不成立才可證實無情法不成立。依此也能領會心同樣無有成實。最終，對諸法的實有耽著也能崩潰無遺，譬如，如果從細枝所成物中取出任意一條，都會致使其餘細枝鬆鬆垮垮，逐漸東離西散。

子二（破實一之識）分二：一、破認為外境存在宗派所許的實一之識；二、破認為外境不存在宗派所許的實一之識。

丑一（破認為外境存在宗派所許的實一之識）分二：一、破不共各自觀點；二、以說共同實一之識不容有而結尾。

寅一（破不共各自觀點）分二：一、破自宗有實二派之觀點；二、破外道之觀點。

卯一（破自宗有實二派之觀點）分二：一、破無相有部宗之觀點；二、破有相經部宗之觀點。

辰一（破無相有部宗之觀點）分三：一、建立自證合理；二、說明境證非理；三、說明無相觀點不合理。

巳一（建立自證合理）分二：一、認識自證之本體；二、說明彼為自證之合理性。

午一、認識自證之本體：

遣除無情性，識方得以生，

凡非無情性，此乃自身識。

總的來說，有承認外境與不承認外境兩種觀點。承認外境的觀點又包括無相與有相兩種。

第一承許外境無相的有部宗諸論師認為：外境雖然存在，但它是依靠根而見聞覺知的，而識就像玻璃球一樣不取對境的行相，如是色等是憑藉有依根清清楚楚、直截了當地緣取自己的對境，而在對境與有境之間又怎麼需要有一個連接紐帶的行相呢？諸如，當見到瓶子時，只是認為現量看清了處於外境那一位置的瓶子自相。

這種觀點與諸世間人的想法倒是很相符合，因為世間人們口中說「我親眼看見了瓶子」，耽著能見唯是眼睛、所見只是瓶子，心裡也認為已經看清了明明顯現的這一對境本身的體性。因此，當一百個人看同一個瓶子時，所有人所見的就是唯一的那個瓶子。

關於這一問題，經部等宗派如此加以分析：一切對境絕對是顯現於自識前而取的，如果不以識來緣取，那麼又怎麼能認知那一對境呢？無情法不可能了知對境，所以並不是依靠眼根來見的，因為眼根是無情法而不能充當能見，並且即便被玻璃等透明的色法阻隔依然能看得見之故。無論是任何對境均是由識而現見、了知的，離開了識又如何能了知呢？絕不可能了知。因此，眼根只不過是眼識趨入對境的助緣也就是取境的一種輔助力量，取境能否成功也取決於它的存在與否。譬如，鏡中映現出影像只是在鏡子裡產生一種與所現色法相同的像，又怎麼會是真正的色法呢？同樣，顯現在識前的一切部分僅僅是識浮現出外境的行相而已。一百個人看同一個瓶子時，各自不同的識現出瓶子的行相，好似一百個鏡子中分別顯現同一個瓶子的影像一般。否則，一百個人截然不同的相續中，如果沒有一個了知瓶子的現分或識分，則無法了知瓶子。如果有（現分或識分），那麼各不相同之心識前的那一現分不可能現於另一者前，因為相續互為異體之故。

所以說，只要是顯現就一定為自現，這一點雖然不可推翻，但顯現的行相無因無緣不可能產生，因而能指點出行相的外境是存在的，由外境產生它的行相，猶如印章中現出印紋、色法中現影像一樣。例如，鏡中照出色法的行相時，真正的色法始終不可能顯現在鏡子中。

然而，如同按照色法如何存在而如何顯現一樣，自心中的某一顯現也只是外境的行相，但那一行相有多少外境也需要不增不減有多少。如是將自己的心識前顯現的行相以及能指點出行相的外境這兩者誤認為一體，實際就是顯現的這一行相，而並非真正的外境。因此，真正的外境似乎以隱蔽的方式潛伏在某一行相的背後而不被發現。

只要是承認外境存在者就不得不接受極其富有合理性的這一觀點。

以比喻來說明這些道理，以染料改變的真正玻璃作為現量，真正玻璃取的是染料的影像㊼。同樣，現量顯現唯一是識，呈現顏色、形狀的基礎是與識異體的極微聚合的外境，因此（經部宗論師）認為外境不是以根來取而是以識來取的。

對此，有些人則口口聲聲地說：「如果外境根本不顯現，那麼食肉鬼等的行相為什麼不被取受呢？因為瓶子與食肉鬼這兩者是隱蔽分㊽這一點無有差別的緣故，第一剎那顯現外境，從此之後便是隱蔽分。」

這說明他們對經部宗的觀點一竅不通。如果第一剎那直接取對境，那麼第二剎那等為何不取？雖說是隱蔽分，但任何外境能指點出本身的行相，就緣取它的行

㊼此比喻中，染料——外境；真正玻璃——識；染料的影像——行相。
㊽隱蔽分：三所量分之一，領納體驗所不可知，但借因由之力可以推知者。如身內有色諸根、無我、聲是無常、有煙山中之火等。

相，除此之外不可能再緣取別的，鏡中現出真正的色法是永遠不可能的事，然而任何事物面對鏡子時，只會現出它的行相，絕不會隨隨便便顯現。

此處所講的影像之比喻，只是為了通俗易懂而列舉的。

儘管唯識與經部一致主張識為有相的，但他們之間卻有承不承認外境單獨存在的差異。有相派觀察所取境行相與能取之識有（相識等量㊾【གཟུང་: ཛིན་གྲང?་མཉམ】、異相一識㊿【སྣ་ཚོག?་གཉི?་མེད 】、相識各一(51)【སྒོ་ང་ཕྱེད་ཚལ】）三類觀點，在下文中將逐一予以論述。

如果有人問：本論在名言中認可這三類觀點中的哪一類呢？

雖然格魯派的諸位智者無論是在因明還是中觀之中，一致承認「異相一識」的觀點，但一般而言，如果從內觀自證的角度出發，就心識為一相續這一點來考慮，那麼形形色色的顯現與心無二（即異相一識）。這種說法縱然在名言中有他合理的一面，可是在三種類別的這一場合卻不盡然，由於需要根據對境的不同來理解取相的方式，因而（這種觀點在此處）極不合理。此處的觀點，以名言量成、無有妨害的絕對是「相識等量」，我本人也唯一依照這種觀點來講解，這也是《中

㊾相識等量：也叫能所等量，即承認能取識與所取境為多種，但數量相等。
㊿異相一識：承認所取境千差萬別，但能取識是獨一無二的。
(51)相識各一：也叫能所各一，即所取境與能取識各自分開、數量各一。

觀莊嚴論》的意趣所在。在破唯識宗所承許的「相識等量」的過程中，前輩的有些論師認為取藍色等的若干同類識全部一併生起。

如果這樣，顯然與教證相違，因為世尊明明在經中說「無有前後而生二心，無有是處」以及「一切有情即識之一相續」。

對方為了遠離這種過失而辯解說：「這一教證的密意是指異熟的阿賴耶識。」

這種說法也同樣不應理，其原因是：如此一來，則有阿賴耶因為顯現處所、身體、受用千差萬別的行相以致成了多種的過失。再者，以前代的法稱論師親口所說的「彼等中同類……」也能說明佛經的密意是指同類的兩種識不可能俱生。因此，放棄你們的觀點如此來解釋，才符合佛經的含義。

我自己依憑理證明了清晰地解說也可以：經中所說的二心不俱生是從違品與對治的角度來講的，所謂「識之一相續」也並非是指數目當中的「一」，而是唯一的意思。即便解釋說「外境不存在而遠離我、我所、能取所取的唯一心性卻存在」，也是合情合理的。

如果有人問：縱然這種解釋無有不合理之處，但有什麼必要呢？

異熟阿賴耶識因為顯現處所、身體、受用各種各樣的行相千差萬別而成為迥然不同的過失絕不會產生，因此與你們的觀點比較起來，顯然更勝一籌。

如果有人又問：雖然破了對方承認的（「相識等量」的觀點），但你們自己受持這一觀點又怎麼會是無垢的宗旨呢?

所謂的「非為而宣稱」中說的破「相識等量」的這一理證否定了其他相識等量的觀點，間接已說明自宗承認相識等量的觀點具有合理性。

對於「相識各一」的觀點所說的過失，不僅於勝義中甚至名言中也在所難免；「異相一識」的觀點也不例外，以「你們的這種觀點難道是空衣派嗎」這般諷刺的反駁言詞，在名言中也能駁倒對方；而遮破「相識等量」的正理在勝義中方可成立，僅在名言中是不能破除的。因此（在名言中）承認（「相識等量」）這一觀點實屬合理。

關於這一問題，大多數論師將分別與無分別的作用混為一談，真正如理如實講解的人可謂屈指可數。

實際上，無分別識前不同對境的行相不會現為一體，一體也不可能現為異體，倘若顯現，則心境就互為矛盾了。故而，外境如何顯現，識也需要如是跟隨。比如說，當見到瓶子的自相時，必須要以時間、地點、行相毫不混淆來取這些自相，因此按照瓶口、瓶腹、瓶底等各個部分所指定的行相而取，不可能混為一體來取。取瓶口的識與取瓶底的識這兩者不是一個，所得出識之

名言的結論也是若干個，豈能只得出一種名言的結論？然而，將這一切綜合起來，取瓶子的識就只有一類而別無其他。

分別而言，諸如識緣取瓶口，也只是隨同瓶口來取而不可能隨同其他。瓶口也是如此，緣取上下各個部分之內部的不同類也都可以充當瓶口之一識的設施處……如果普遍推及，則同類的兩個識始終不會同時生起。假設要緣對境同一個瓶子時，取瓶子的同類無分別識或者有分別識二者無有前後產生，那麼有境就成了兩個，致使相續也必然變成異體。事實上，即使產生多種不同類別，但相續與識不至於變成異體，對此道理要深信不移，如果理解成取瓶口也就是取瓶子的同一個識，取瓶腹也是那一個識，那簡直是謬以千里、離題萬里了。認知瓶口與了知瓶腹等所見的行境圓滿綜合為一，安立為取瓶之識，識不至於變成不同他體，就像輪胎、中軸、輪輻等（組合一起）立名為車時，這所有的零件內部彼此之間不是一體，但整體的車絕不會因此而變成兩個。

當心裡分別「瓶子」時，如果沒有遣除一切非瓶的行相，那麼就無法形成瓶子的概念，此時除了獨一的瓶子本身以外，不可能與其他分別念同時並行不悖。同樣，僅是取花色的識、取花色內部的藍色，再取藍色內部中央的藍色……乃至以心識能夠分析之間均可以同樣了知。如果懂得了這一點，那麼識安立為一相續與一本

體的方式也是如此。相反，如果在內部安立一個無有若干分類的法，那麼除非承認一個成實無分的對境與成實無分的識以外又該如何進行建立呢？請你慎思！

再者，瓶口與瓶腹等對境是各自分開的，如果說有境之識是同類，那麼取瓶與取水的識也應成了一個，到最後，只要是有境之識必然相同，結果認知聲音的識、認知色法的識等凡是識均成了一體。如此一來，不同類的識也無有立足之地，由此阿闍黎（法稱）的「分析同類、異類識」也成多此一舉的事。

所以，在「相識等量」的觀點上，蝴蝶花花綠綠的色彩被同時見到才有可能，而在用其他兩種觀點來解釋，則成了不現實的事，原因是：如果次第性見到，那麼（本論下文中）對「相識各一」所說的藤條聲等理證有妨害。儘管同時見到，但如果各自行相的能取不存在，則有識與行相二者成了毫無瓜葛等等過失。由此可見，異相一識的觀點也就更不恰當，而且最終，顯現的對境「藍色」一者也具有中、邊等分類，原原本本取它的有境性質不可能毫無差別，如果有這種可能性，那麼無分（之識）取有分之相怎麼能適合充當正量呢？而承許「相識等量」的這一觀點在名言中實可堪為取所量的正量，如同所有承認瓶子為多塵自性者否認「無分」之瓶子的理由完全是以識前顯現「有分」而安立的。在此「相識等量」的觀點中也是同樣，所取能取同類的兩個識不會在同一時間生起，因為這兩者只是在假立名言中分的，實際上無有異體。

以上這些道理雖然在其餘（論典中）未曾見過，但即使是我孤身一人也可無所畏懼地說：「在名言中絕對要承認這一道理。」並且具德法稱論師的究竟立場也是站在那一方。事實儘管如此，但到底有誰恰如其分、如理如是地明確了這一點，諸位具有智慧者只要拜讀一下印藏的論典便可一目了然。關於這一問題，雖然有許許多多需要闡述的，但暫且簡略說明到此。

如果有人認為：要體現出無相（有部宗）的觀點毫無關聯（的過失），首先必須建立起自證的合理性，也就是說，所取顯現的某一行相就是識，能取也同樣是識，如果能取所取這二者是一本體，那麼自己對自己起作用顯然矛盾，因此自證是不合理的。

儘管從如是所量形形色色之現境、能取之有境各自存在的現相這一角度而安立了所取與能取，但實際上，任何識只有遣除了車、牆等無有明覺的無情法自性，具有明覺法相的識方能得以產生，凡是非無情法的自性，這就稱為自身識或者自明自證。

午二、說明彼為自證之合理性：

一無分自性，三性非理故，

彼之自證知，非為所能事，

故此為識性，自證方合理，

所謂的「自證」必須排除其他有實法而成為一體，並且是一個除了自身以外的無有其他分自性，由於（此自證）具有直接能生的作者這一觀待因——所證知的對境、由彼所生的證知者與所生之果或自證也就是所作、能作與作業三者的自性不合理，是故，所說的識之本身證知自己，並非承認是像用斧頭砍木柴一樣，真正產生有別於自己的取自之識，或者是由識所證知的對境以及能證知那一對境的事物，故而這是識的自性，這樣一來，自證的名言方合乎道理。

直接而言，如果承認所謂的「自證」是有境、對境與所生、能生的自性，則不應理。其原因是：如果它產生有實法本性，那麼是產生未生者還是已生者？假設說是生未生者，則不合理，因為在產生之前自證還不存在，因而不具備生的能力；如果是產生已生者，則在已經產生之後具備能力的時候，與之同體的所生也已形成，而自己對自己起作用顯然相違，就像寶劍不能砍割本身等一樣。

由於瓶子等對境是無情法，因而它們不可能有明覺，它們的本體必須觀待自身以外明知的能證之識，而這個識自本體不像無情法那樣，自體無需觀待其他所證的外緣，為此安立說自證是最恰當不過的名言了。自證一經產生以後便具有明覺的自性，因而它雖覺知他法，但其本身卻無有其餘覺知者，如此也並非不覺知自己，就像人們通常所說的「船夫自己將自己渡過了江河」以及「燈自身照明自體」一樣，意思是說，漆黑暗室內的瓶子等是依靠燈而照亮的，但燈本身即可照明自己而不需要其他因，由此可見，所謂的「自明」只是名言的假立，就像燈不是自己作為自己的對境而明的，因此是對生起明覺感受的本體立名謂自證的。

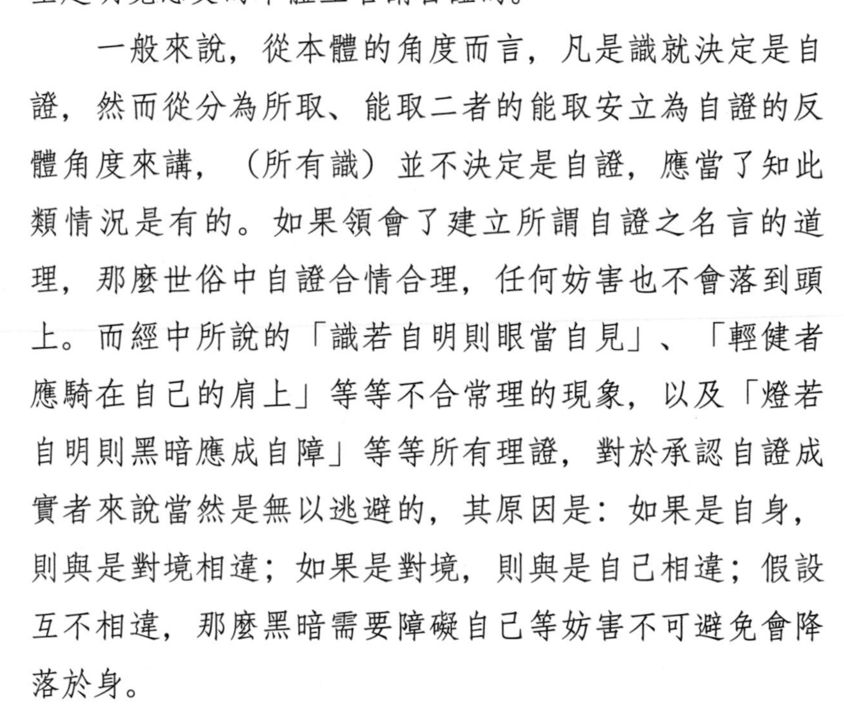

一般來說，從本體的角度而言，凡是識就決定是自證，然而從分為所取、能取二者的能取安立為自證的反體角度來講，（所有識）並不決定是自證，應當了知此類情況是有的。如果領會了建立所謂自證之名言的道理，那麼世俗中自證合情合理，任何妨害也不會落到頭上。而經中所說的「識若自明則眼當自見」、「輕健者應騎在自己的肩上」等等不合常理的現象，以及「燈若自明則黑暗應成自障」等等所有理證，對於承認自證成實者來說當然是無以逃避的，其原因是：如果是自身，則與是對境相違；如果是對境，則與是自己相違；假設互不相違，那麼黑暗需要障礙自己等妨害不可避免會降落於身。

雖然由感受對境的現相而假立為「所取」與「能取」，但實際上，從二者非為異體角度而安立的名言的確立方法無有任何過失，譬如，夢境之心前的對境馬象似乎於外界存在，而取它的根識於裡面存在，實際上這只不過是顯現於那一識前的明分而已。由於現為所取分

與能取分這些並不是識本身以外的他法，並且明顯感覺也是存在的。由此可知，所謂自證的名言是合理的，比如，儘管自己與自己不可能存在聯繫，但不同反體的某一行相在某一外境的本體中是一體而安立謂同體相屬。因此，凡是感受所知行相全部可產生明覺感受的本體，因而在名言中識感覺所有對境可以說是天經地義的事，僅是相互觀待而假立為境與有境，實際上自證最富有合理性。也可以說，比量歸根到底要攝在現量中，現量境證最終也是歸屬在明覺的自證之內。所以，如果承認觀現世量的安立，那麼自證是必不可缺的。關於破斥不許自證的觀點以及承許自證真實成立的所有道理，當從理自在（法稱論師）的論著中得知。

巳二、說明境證非理：

境自性他法，彼將如何知？
彼性他無有，何故知己彼？
能知所知事，許為異體故。

由於自證是明覺的自性，因此可以了知自己。如果成為識以外非明覺外境之自性的他法，那麼識將如何了知呢？因為（它們彼此之間）毫無關係之故。如果具有明覺感受法相的識之自性在其他外境上無有，則那一識憑什麼如同了知自己一樣可以直接感受、認知其他對境呢？因為你們境證派明明將能知與所知的兩種事許為異體之故。

所謂的「肯定對境」即是識的特色，由於能親身體驗快樂等，因而它在外境中存在是不應理的。無論任何法，只要是以識來感受或於識前顯現，就必然是以明覺而了知的，如果離開了明覺，又怎麼能了知呢？

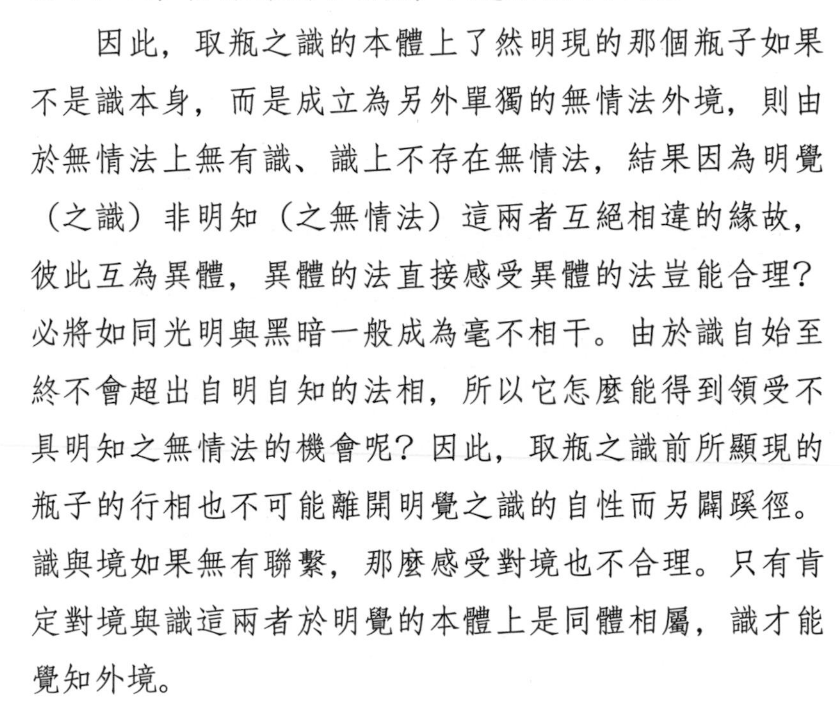

因此，取瓶之識的本體上了然明現的那個瓶子如果不是識本身，而是成立為另外單獨的無情法外境，則由於無情法上無有識、識上不存在無情法，結果因為明覺（之識）非明知（之無情法）這兩者互絕相違的緣故，彼此互為異體，異體的法直接感受異體的法豈能合理？必將如同光明與黑暗一般成為毫不相干。由於識自始至終不會超出自明自知的法相，所以它怎麼能得到領受不具明知之無情法的機會呢？因此，取瓶之識前所顯現的瓶子的行相也不可能離開明覺之識的自性而另闢蹊徑。識與境如果無有聯繫，那麼感受對境也不合理。只有肯定對境與識這兩者於明覺的本體上是同體相屬，識才能覺知外境。

儘管事實原本如此，可是對於被固執外境的毒素弄得神志不清的宗派者來說這是不可能的，因為他們承認境識異體之故。所以，只要無有同體相屬的關係，領受對境就不合理，要感受識前所顯現的一切絕對需要是明覺領受自性的識。單單以彼生相屬[52]無法實現領受外境，

[52]彼生相屬：相屬之一種，此從彼生的關係即因果關係。如火與煙，實質各異，無火則無煙，是為緣起。

其原因（有二）：如此一來則有同時的眼根等也被感受的過失；而且無相對境所生的果如若是無相，那麼到底產生什麼呢？這是不可能的。

外道不僅承認某一外境的行相無有覺知並且還承許自證也不存在，這樣一來，境識二者的名言也不存在了，因為識需要是明知的法，如果它不是明知的法，那麼如同別人現前的對境不會成為自己的行境一樣，甚至連處於自前的外境也無法現見了，因為境識無有瓜葛之故。

所以，與現量見到外境「瓶子」相比，在自識前更是毫不隱蔽這一點如果不是自證的本性，那麼識覺知或感受對境也成了不現實的事。由此可見，自證極其合理。

巳三（說明無相觀點不合理）分二：一、說明有相感受外境名言合理；二、說明無相感受外境之名言亦不合理故極低劣。

午一、說明有相感受外境名言合理：

識有相派許，彼二實異體，
彼如影像故，假立可領受。

雖然承認外境卻聲明識有行相的宗派，承許境識這兩者實際上互為異體，但由於外境與它的行相二者猶如色法與影像一樣，因此僅從假立而言可以安立識了知或領受那一對境，儘管並沒有親自領受，但領受相似的對境，可以作為見到瓶子、聽到聲音等的名言。

午二、說明無相感受外境之名言亦不合理故極低劣：

不許以境相，轉變之識宗，
彼覺外境相，此事亦非有。

對於不承許以瓶子等外境行相轉變之識的無相有部等宗派的那一觀點來說，由於境識之間存在聯繫不合理，因而承認外境而覺知說「這是藍色」、「這是黃色」等的現量行相，這種事在一切時分也是不會有的。譬如，假設玻璃球無法以染料改變，那麼無論在它上面如何塗抹藍、黃等色彩，它都會始終如一保持本色而無有變動。同樣，如果按照這些宗派的觀點，則由於外境是無明覺的無情法、識是明覺者，而致使境識二者大相徑庭，結果非但（識）不能親自感受（境），並且因為對方也不承認這二者聯繫之因——如影像般行相的緣故，甚至在名言中耳聞目睹等也成了無法實現的事。如果詳細觀察，則在承認外境存在的觀點之中，（承認境識）毫不相干（的無相觀點）顯然比有相的觀點更為遜色，已成了抹殺現量的事實。

如果對方認為：雖然這些行相不存在，但現量顯現是存在的。

（這種想法不合理，）如果行相不存在，那麼現量

感受外境也必然泯滅，這一點依理可成。如此宣說完無相之識不可能之後，接下來根據各自不同的觀點依理抉擇而破斥「異相一識」等之「實一」的道理。

辰二（破有相經部宗之觀點）分三：一、破異相一識之觀點；二、破相識各一之觀點；三、破相識等量之觀點。

巳一（破異相一識之觀點）分三：一、以如識相應成一而破；二、以如相識應成多而破；三、否則以相識成異體而破。

午一、以如識相應成一而破：

一識非異故，行相不成多，
是故依彼力，境則無法知。

有相的觀點也有承許所取相為一與所取相為多的兩種，承許所取相為多又分承許相、識同等為多【相識等量】與不許相識等量為多而承許「異相一識」兩類，總共只有此三類而別無其他觀點。

在此三種觀點中，第一「異相一識」：承認行相雖然多種多樣但只生起獨一無二之識的論師們認為：雖然顯現與對境藍色成住同質的所作、無常等所有行相，但只能生起唯一具有藍色行相的有境識，取花色的眼識雖說認定對境藍、黃等多種斑駁花色，但不會生起與之相同數量的眼識，僅僅生起取花色的唯一眼識。

駁斥：如果多種行相均變成了有境一識的本體，那

麼這一觀點也該命名為「異相一識」。如果按照他們宗派的觀點，則唯一的識與行相二者由於實體非為互異的緣故，行相也應成了一個，而不會變成藍、黃、白、紅等多種多樣，而必須成為一法。正因為行相不會變化多端，故而依靠各不相同、各式各樣的行相之力，外界中所存在的藍黃等五彩繽紛、各種各樣的境也就無法了知了。當看見色彩斑斕的畫面時，如果心不分開而跟隨那一畫面上具有的藍、黃等顏色，則心境將互為矛盾，如此一來，說「這是藍色、這是黃色」安立千差萬別行相之因也無有置身之地了。

午二、以如相識應成多而破：

未離諸相故，識不成唯一。

如果對方認為：倘若承許各種各樣的行相不存在，那顯然與現量相違，最終將毀壞一切名言，因此必定要承認（有相）。

倘若如此，則由於未離開具有豐富多彩、各式各樣本性的所有行相，因此識也不應成為獨一無二，而要等同行相的數量變成紛繁眾多。

午三、否則以相識成異體而破：

非爾如何說，此二為一體？

略而言之，如果承許「相識一體」緊接著又許「異相一識」，則或者放棄多相的觀點，或者捨棄一識的觀點，必須選擇其一，這一點以剛剛講述的理證可以成立。

如果不是像剛剛所說的那樣，則你們如何能說識相這二者是一本體呢？由於識是唯一、相是多種，一體與異體這樣相違的法上如果有是一本體的可能性，那麼你們的宗派還有什麼實現不了的事呢？甚至連石女的兒子等也有現世的可能了。

巳二（破相識各一之觀點）分二：一、說此觀點；二、破此觀點。

午一、說此觀點：

於白等諸色，彼識次第現，
速生故愚者，誤解為頓時。

主張「相識各一」的宗派這樣認為：對境藍色並不能分別指點出與其成住同質的所作無常等行相，只是指點出總藍色的行相，並且也是唯一生起具藍色相之識。對於取花色的眼識來說，對境也不會同時為它指點出花色中藍黃等五彩繽紛的多種行相，只能指出總花色的行相而已，有境也同樣產生唯一具花色相的識，因而在一個識的本體上所取相與能取相各自為一，相對存在。因此，是與所謂的「割蛋式」相類似作為原因而取名（「相識各一」或「蛋割兩半」派）。

如果有人認為：這樣一來，與眼識可以同時見到蝴蝶的斑駁花色及布面上絢麗多彩的各式圖案明顯相違。

對方則解釋說：對於黃、白等一切顏色，與之相應的有境之識並不是同時取受它們，絕對是逐一分別開來次第而現出的。然而，表面似乎同時見到，實際上，正如青蓮的一百個重疊花瓣用針穿透一樣，由於識取對境極其快速而生的緣故，凡夫愚者心裡錯誤地理解成藍、黃等色彩是頓時見到的。比如說，當飛速旋轉火爐[53]時，可以清晰地呈現出火輪相，但事實上，火爐只不過是一短小的一節，本不該在四面八方出現連續不斷的光環，之所以出現這種現象完全是由於人們將緣火爐之前後剎那的所有心識綜合在一起，自以為呈現出火輪一樣的一種錯覺。

午二（破此觀點）分二：一、破意義；二、破比喻。

未一（破意義）分三：一、以緣文字之心而不決定；二、以唯一意分別取境之方式而不決定；三、以諸心而不決定。

申一、以緣文字之心而不決定：

藤條詞等心，更是極速生，

同時起之心，此刻何不生？

如果僅僅因為是快速就能生起同時所見的顯相，那麼取藤條之名詞等的心則更是極其迅速而生起，由於特別疾速的緣故，同時產生的心在此時此刻為什麼不生起呢？應該生起。

次第快速而緣對境藍、黃等顏色既然如此，那麼緣

[53]火爐：一端燃著的火光木柴或線香等。

對境文字名詞也需要與之相同，例如，「拉達」是藤條的名稱，「達拉」是達拉樹名。雖然心依次專注於這兩個詞，但由於趨入的速度極其迅猛致使似乎現為同時了一樣，由此「拉」在前與「達」在前成了無有差別。無論如何，這兩者都正像同時見到藍黃圖案那樣，顯得無有前後，結果緣「拉達」的心很有可能被誤認為「達拉」，緣「達拉」的心也同樣會被理解成「藤條」，這樣一來，文字的順序就毫無意義了。或者說，這兩者都無法被理解清楚。同樣，所謂的「薩繞」是大海的名稱，「繞薩」則是味道的意思。諸如此類文字的次序交織錯亂，勢必導致一詞誤解成另一詞，結果一切（名詞）都成了一味一體，因為無論怎樣說都似乎無有先後之故。

由此看來，比次第而緣零零散散的文字之心更迅速的一個次第性法尚且難以感受說「如此如此」，那麼明明未曾親自領受而說「是次第性」就更無有實義了。同樣是快速產生，但如果（有者生起同時之相而有者）不生起同時的顯現，那麼快速作為同時顯現的因也不可安立了，因為只要是因，果決定隨其而存滅。

申二、以唯一意分別取境之方式而不決定：

唯一意分別，亦非次第知，
非為長久住，諸心同速生。

如是思維對境之本體、分析彼之特徵、思索修心之意單單的意分別念，與眼識等不相混雜、接連不斷而產生，（按照你們的觀點，）這些都生起前後現為同時的識，而不會次第性生起來了知的。為什麼呢？由於剎那剎那生滅而不是長久住留，使得所有心都毫無差別同樣是快速而生的緣故。

對方也是承認所有識無一不快速滅亡。

申三、以諸心而不決定：

是故諸對境，不得次第取，

猶如異體相，頓時取而現。

由於所有心無有差別同為迅速而生，因此識的一切對境也不會有次第而取受的情況，猶如互為異體的黃、藍等行相同時取受而見到那樣，是在同一時刻一併取受而顯現的。而對境豐富多彩的畫面上黃、藍等顏色雖然確確實實並存，但識除了次第取受以外不可能頓時而趨入，結果與緣文字等無有差異。趨入文字也是同樣，緣前面文字的心已滅至後心生起之間只是一剎那性，而不可能長時間停留。

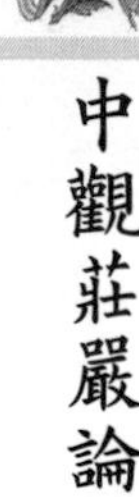

如果依照此理而觀察次第性之識前後的連接狀況，則能徹底了解這其中的含義。只要是在識前有先後順序而顯現，就已排除了頓時顯現；同時顯現也絕不會有前後出生、見到的可能。因此，對於識前次第性顯現而說成頓時呈現依靠現量永遠也無法被證實，乃至普及到萬事萬物，都不可能超越這一性質，（超出這一性質）終究找不到比量的推斷與切實的比喻。

未二（破比喻）分二：一、安立因；二、建立彼之遍。

申一、安立因：

火燼亦同時，起現輪妄相，

了然明現故，現見非結合。

你們所運用的比喻也是不貼切的。原因是：火燼其實也是在同一時間裡現為火輪的一種虛妄顯相，由於這是在無分別識前了然清晰明現的，因此純屬現量見到。現量見到絕不可能將前後時間銜接、結合成一體。火燼被快速旋轉本身就是一種能使隨之趨入（的識）在同一時刻產生錯亂為火輪的虛妄顯相，並非是前後對境的若干剎那依靠分別心連接而錯亂為輪相的。

申二（建立彼之遍）分二：一、說明見憶對境相違；二、故說明若是結合則不應明現。

酉一、說明見憶對境相違：

如是結諸際，由憶念為之，

非取過去境，故非依現見。

如果有人問：明現與結合二者相違嗎？

答案是肯定的，相違。如是連接前後的一切分際的事先前已經過去，要由憶念才能將它們結合起來，未曾回想則無法連接，可見是由憶念來作結合之事的。由於現見所趨入的是當下的對境而並非取過去之對境的緣

故，顯然不是憑依現見來銜接的。

酉二、故說明若是結合則不應明現：

成彼對境者，已滅故非明，

為此顯現輪，不應成明現。

火爐現為光環相這一點如果按照你們的觀點來說，是由前後的諸多刹那銜接起來而顯現為一體的，那麼這必須要借助憶念來連接。成為憶念的任何對境先前已經滅亡，因此只能對它進行回憶，而不能明顯領受。由此可見，憶念只是過去的有境，就算是擺在面前格外顯著的事物也無法了別，因為它不是現在的有境之故。鑒於此種原因，如果需要結合，那麼當下所顯現的輪相僅能作為不明顯追憶的對境，而不應該成為在眼前這般了了分明呈現。

了知穿透一百片青蓮花瓣的那一識並非是像見到旋火輪等一樣同時明見的，由於不可能在同一時刻刺透，因而一切智者能確定這是次第性的。再以鑿穿銅製薄板為例，當一位作者戳穿上下層層累疊的許多張銅製薄板時，同一時間頃刻鑿穿顯然以正量有妨害。如果穿透青蓮花也是由同一個人來進行的話，則依靠比量可以推斷。

巳三（破相識等量之觀點）分二：一、說此觀點；二、破此觀點。

午一、說此觀點：

倘若如是許：現見畫面時，

盡其多種識，同一方式生。

承許「相識等量」的宗派如果這樣主張：對境藍色能指點出與其成住同質的所作、無常等盡其所有的行相，有境也同樣生起具等量相的識，對境花色也為取自身的眼識指點出藍色、黃色等盡其所有的行相，有境也同樣生起盡其所有具相之識。例如，當現見色彩斑斕的畫面時，等同那一對境藍黃等盡其所有行相的許許多多的識也以頓時或同一的方式產生。這以上已闡述了對方的觀點。

在此對他們的這一觀點慎重加以分析：儘管等同可以分開呈現出現境實體行相所有部分的數目而生起識，然而與實物本體不可分割的所有反體，在對境本體正在顯現時，從未增違品的角度來說，它的有境也僅僅是以反體而區分為具某一行相之識的。

對此，主張「能所等量」或「相識等量」的這些宗派基本上都認為，同類的此等識也像不同類那樣生起眾多並無相違之處。凡屬於心的範疇無一例外，都不會有若干同類俱生的情況。能取識與所取相雖然多種多樣，但多種同類絕不會同時產生的自宗觀點在前文中已論述完畢。

午二（破此觀點）分二：一、建立諸識具多相；二、宣說無分實一不可能。

未一、建立諸識具多相：

若爾雖認清，白等一分相，
上中邊異故，能緣成種種。

如果事實的確像剛剛所講的觀點那樣，眼見花花綠綠的底色，藍、黃等豐富多彩的行相也該是同樣，雖然認清了它的內部對境白色等單一的行相，但由於上上下下、這邊那邊以及中央邊緣的部分互為異體的緣故，能緣（之識）也將成了種種，所謂的「一體」不可能真實存在。

未二（宣說無分實一不可能）分二：一、觀察所緣無情法則唯一能緣無有之理；二、觀察能緣識則彼無有之理。

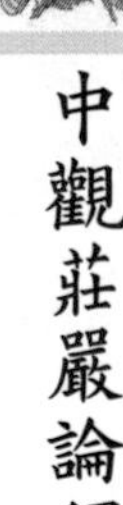

申一、觀察所緣無情法則唯一能緣無有之理：

微塵性白等，唯一性無分，
呈現何識前，自絕無領受。

對於這樣的一個行相來說，如果有許許多多分類，那麼合而為一者到底指的是什麼呢？顯然不合道理。如果認為僅有無法分割之極微的所緣相是唯一的，那麼自己無論再如何認認真真、勤勤懇懇地觀看它，但作為與具有微塵自性的白色等其他相毫不混淆、唯一本性的它，自身無有可分的方分，無論顯現在任何識面前，自己絕對不會有「此法」的領受。一言以蔽之，現量感受無分極微在何時何地都是不現實的。

為此，諸位有智之士承認存在的因必然以量可得方

能確立。如果明明以量不可得，卻一口咬定說存在，何苦這般自我欺騙呢？因此，人造的花色布品等以及天然的蝴蝶斑駁花色等行相原本就是千差萬別的，而識也絕不存在實有的「一」。

申二、觀察能緣識則彼無有之理：

五根識諸界，乃緣積聚相，

心心所能緣，立為第六識。

有境的心也就是眼等五根識的一切界，它們是緣極微積聚之各自對境的具相有境，因而盡其所有行相而變成多種多樣，意識也與之相同，因為它與有境的心是成住同質之故。法界(54)也不例外，其中無表色、無為法不應是另行存在，僅是假立而已，因此是以否定的方式而緣它們的名稱；受想行也就是三蘊的本性，緣它的意也並不只是取心所，而是緣心王與心所的群體。心與心所並存聚合的能緣即安立為意識或第六識，或者說作為它的能緣者。

這以上是自宗的觀點。由此看來，緣「一」的識也不可能存在。

卯二（破外道之觀點）分二：一、總說破明智派(55)；二、別破各自之觀點。

---

(54)法界：《俱舍論》中承許有受蘊、想蘊、行蘊、無表色與三種無為法共七法界；《大乘阿毗達磨》承許五種法處所攝色，受想行三蘊及八種無為法。

(55)明智派：本來，藏文「རིག་པ་ཅན」本是吠陀派的名稱，但是勝論派的別名也叫此名，故為了分別開來而按藏文的意思譯為「明智派」，也就是勝論派。

辰一、總說破明智派：

外宗論亦許，識不現唯一，

以具功德等，實等所緣故。

置身於佛教之外隨行食米派、淡黃派等人稱為外宗或外道。由於人們的顛倒妄念無邊無際，宗派的劣見也是林林總總，但通常而言，絕不會超出常斷的範圍。其中常派也有五花八門的多種類別，因此見解共有三百六十，六十二、十一門類等，分門別類雖然多之又多，但概括起來，可以歸屬在論議五派(56)之中。

一般說來，所謂「外道」從釋詞的角度而言，內道外教中凡是有實宗均可運用，但大多數共稱為總的外教或外道。當名稱出現抵觸等情況時，所謂的「外道」應理解為常派。順世派也是如此，總的指外道，分別則是指斷派等。同樣，數論派等各派不同的名稱也都是以總別的方式來運用的。在各自論典中，有些名稱完全一致、有些則稱呼不一，可謂名目繁多。因而，要了知總的相同、分別有細緻入微的觀點門類等不同點，以及釋詞與說詞的不同情況等。在未能根據適當場合靈活運用之前，如果一直困惑在一個名稱上執迷不悟，那麼講論也將雜亂無章，對一切問題分辨不清。因此，務必要加以辨別。

(56)論議五派：古印度哲學派系中五教派：數論派、順世派、勝論派、吠陀派和離繫派（即裸體派）。

推崇食米齋仙人為本師的宗派，共稱為勝論派或鵂梟派、明智派等的諸教徒主張六種句義，地等九「實」、色等二十四「德」、伸屈等五「業」、存在於此三者中的能遍大「總」與小「總」、總中的別或者內部的「別」、諸如頭上之角的異體「合」與諸如海螺白色圓形的同體「合」。他們認為以如是六句義涵蓋萬法。

（此派的由來是這樣的：）食米齋仙人通過艱難苦行而修大自在天，結果看見一隻貓頭鷹飛落在修行所依的石質男生殖器的上面。仙人認定這就是自在天，於是向牠請教「實存在否？……」六個問題，在每提出一個問題時，那隻貓頭鷹就點一下頭，到最後就騰空飛走了。仙人因此認為萬法只有這六種句義。

這一派的教徒將自在天看作是本尊，認為那位自在天具足常有等五德或細、輕等八德，居於他化自在天界中。如果首先初步了解六句義再進一步修行則獲得解脫，解脫時的那個神我遠離了有無等一切邊。他們依靠《寂靜續》等論典而承許神我是常有的無情法。

（一）、九實：我、時、方、虛空、極微即是五常實；地、水、火、風為四無常實。

（二）、二十四德：一等數目、長短等計量、互遇、分離、異體、同體六種是共同總德；聲是虛空的功德、所觸是風的功德、色是火的功德、味是水的功德、香是地的功德，此外境五德是大種各自的別德。以聲為例，聲音雖然恆常存在於虛空的範圍內，但由於被潮濕的風所遮蔽而未能被聽到，比如，當人念誦「嗡」字時，只有體內空間的風排除後才能聽到，當風再度進入空隙中以後就常常聽不到了。存在於神我中的十三德：即眼識等五根識、苦樂、貪嗔、法與非法、勤作、功用力。神我的這些功德通過所緣的方式而證明神我存在。

（三）、業：業可以是任意的有實法，包括伸出去、屈回來、抬上去、放他處、越過一處而行五種。

這些德與業的所依即是實。

（四）、總：能遍於此等名義的「總」作為相同趨入同類「別」的名詞與識的根本。

（五）、別：是具有分開辨別作用的所遍；

（六）、合：作為相互關聯的紐帶。

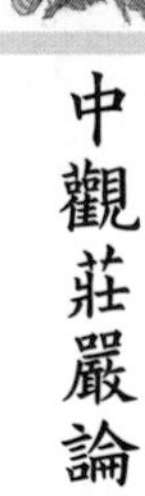

這一勝論派承許樂等是住於內在我中的無情法，而數論派則認為在外界的無情法上存在著它的自性樂等，因而他們承許樂等是外界的無情法。但實際上，他們都承認在享受快樂等之時，神我心裡萌生享受的想法，也是通過與識混為一體、不加辨別的方式而享受的。也就是說，儘管我本身無有識，然而因為我與識德攸息相關的緣故，將我分別為識。

對於這一外道宗派所謂的無情法不能一概理解成是塵成的無情法，只要不是識，就必須理解是總遍。因

而，勝論派承許的那個神我是周遍於虛空四面八方等處、本體不是識之自性的一法，諸如此類。

凡是屬於這其中外道的所有論典中也承許：識不可能顯現為獨一無二的本性。這是什麼原因呢？因為這些外道無不承認具有德、業、分支等的「實」、現象、身體等是所緣境之故。外道的所有論典中說：「某法的所緣境無論是實等何者，它都同樣具有德等諸多特徵，而不可分割、獨一無二的一個法絕不會顯現，因此唯一的識也不可能存在。」

辰二（別破各自之觀點）分四：一、破勝者派與伺察派之觀點；二、破順世派之觀點；三、破數論派之觀點；四、破密行派之觀點。

巳一、破勝者派與伺察派之觀點：

如貓眼珠性，諸事視謂一，

取彼心亦爾，不應現一體。

一、勝者派：這一宗派由於推崇勝者婆羅門為本師，因而叫做勝者派，他們將《能勝論》等論典作為正量，具有能盡派、離繫派（裸體派）、梵天派、周遊派等多種名稱。他們將梵天當作本尊，認為我束縛、解脫之因唯一是業，當業窮盡之時即得解脫。此派論典中承許七句義涵蓋萬法。七句義即是苦行、律儀、煩惱、束縛、解脫、命與非命。

（一）苦行：一絲不掛裸體而行，不進飲食依於五

火，受持畜生之禁行……

（二）律儀：為了制止漏法、不積新業而奉行十善，擔心腳下踩死生靈的罪惡，於是在腳上繫帶叮叮噹噹作響的鐘形鈴和裂口小鈴，並且不砍伐樹木；身在空曠無人的山谷中如果無有他人前來送水，則終不飲用；害怕口出妄言而持默默不語的禁行……

（三）煩惱：三毒等這些是律儀的違品。

（四）束縛：也就是由於業尚未滅盡而致使停住在輪迴中的意思。

（五）解脫：業窮盡之後便得解脫，此時此刻在位居一切世界之上，成為狀如倒置之傘的圓形，顏色如乳酪、白雪、草木犀花等潔白的色法。

（六）命：承許具有心者為命。他們認為：其中的四大具有心與它上面唯一的身根；芭蕉樹則有耳根，因為當聽到轟轟的雷聲時便萌生……具有不同根的樹木。同樣，昆蟲、海螺、牡蠣等具有身根與舌根；螢火蟲與螞蟻等具有身、舌、鼻三根；蜜蜂、長喙蚊蠅等具全除眼以外的四根；人馬等也具備眼根，因而五根完整無缺。

（七）非命：無心的聲、香、味、光、虛空、影、彩虹、像等。

此外也有九句義的說法，也就是指命、漏、律儀、老、縛、業、罪、福德與解脫九種。然而，老屬於損惱

身體的磨難，因此包括在苦行當中；雖說有感受業、名稱、種性與壽命四種，但基本上都與束縛是同一個含義；漏法與煩惱意義相同；福德與律儀也相類似；罪可以包括在漏與縛之中。可見這九種句義實際與前面的七句義是一致的。

此派的外道徒主張萬法的共同實相時間、地點、數目多種多樣，而自性卻是獨一無二的。

二、伺察派：這一派將勝量婆羅門認定為本師，承許遍入天為本尊，遵循《饒益分別枝葉秘語論》等而奉行，被人們普遍稱為吠陀派、遍入派等，聲論派也是這其中的一個派別。這些吠陀派的觀點雖然不乏其數，但歸納而言，他們所追求的果位就是當見到、證悟吠陀中共稱的那一士夫時，就已榮獲了無死的果位，也就是說，居於完全超越地輪的黑暗世界（壇城）中，宛如日光般，持有白藍紅、石黃、薑黃、鴿茜草、嘎布匝拉的顏色。它的別名也叫梵天、我、自在、周遍、常有。

再者，他們分別著重鼓吹梵天、帝釋天、遍入天等，自以為他們是萬物的作者，也有供施、寂猛、觀風、禪修等為數不少的道法。最主要的觀點就是承認由十種誓願中修成解脫。

（一）一致認同具有魚等十法入世[57]的遍入

[57]十法入世：遍入天所變化十種以入世濟人的神物，即魚、龜、野彘、獅面人、侏儒、十乘子.羅麻尼、瞻阿達阿尼子.羅麻尼、噶納、釋迦牟尼佛和聖種婆羅門子.迦吉尼。

天為本尊。

（二）將不是由士夫所造的《吠陀》[58]作為正量。

（三）用恆河水進行沐浴可以淨除罪惡。

（四）女人如果有子則上生善趣，因此需要生兒產子。

（五）奔赴沙場是福報廣大的表現，捐軀戰場，投生善趣，因此尤為重視武力，依守衛軍事而得清淨。

（六）保護生命，譬如，在遭遇災荒、面臨末日之時如果偷盜行竊，依此可清淨罪業、獲得收益，這是因為對生死攸關的性命加以保護的緣故。

（七）承許無實法無因而生。

（八）如果殺了陷害婆羅門、吠陀與上師者，則可清淨罪業，這是以護持教法而得清淨的。

（九）轉生到革日地方等或者說甚至只是接觸到該地的塵土也能投生善趣。

（十）識不能證知自己。

共有以上這十種主張。

這些外道耽著各自的論典而以相似因加以建立，即便對大多數都依賴賤種婆羅門之秘訣的這些教徒說：你們的這種觀點是矛盾重重的，但對方卻義正詞嚴地說：「現量見到的諸位仙人的詞句，以比量無法推翻。」這

[58]吠陀：也叫明論，有祠祀明論、禳災明論、讚頌明論及歌詠明論，為古印度婆羅門所傳達四種經籍。

種荒誕不經的論調已將他們愚昧至極的本相暴露無遺。這些外道內部細緻入微的看法極其繁多，但這一切外道的觀點、增益的原因、依之而產生宗派的主張，不合情理的所有觀點如果詳細闡述，可能有利於打開思路。儘管明確分析數論派等的主張對我來說也是力所能及的事，但在此唯恐文字繁冗而置筆。宗派的觀點如果隻字不提，也顧慮不能指明對方立足於何地，因此關於論議五派及密行派的大概觀點寫在介紹各自派別的行文中。

在這裡，主要是在識取境方式的上面進行遮破的，而勝者派與伺察派這兩派別一致是如此說的：比如，正像具有各種色彩的貓眼珠的本性一樣，對境的一切事物雖然行相各式各樣，迥然不同，但均是一個本體。他們將對境綜合起來而耽著、看待說是一個。對於這樣的宗派來說，取受形形色色對境事物的那些心也同樣不應當顯現唯一的本體，原因是：如果對於千差萬別的對境不視為千差萬別，則識又怎麼能與對境相符合呢？如果與對境不相符合，以其認知對境也就無法安立了。

其實，他們的主張是說：所知萬法自性為一個整體，就像寶珠或總的花色一樣。如果對他們說：「既然如此，那麼一切人所通曉的都應該一模一樣了，因為所緣境是一體之故。」

對方則辯駁說：並不會變成這樣，因為這一問題有語言表達與識取受兩種方式。其中第一語言表達方式：

對於具有多種本體的那個獨一實法，想將唯一的事物說成多種，因而承認或安立為藍色、黃色等各自不同、這樣那樣的本體，除非頓時說「眾多」或「一切」以及次第說色、聲等實法這兩種方式以外再不存在其他的表達形式了。所以，無論是次第說出還是同時說出想表達的事物每一種類別，實際上事物的自性都超不出那個「唯一」。

第二、識取受的方式也是同樣，譬如，雖然同為對境一個花色的本體，但是，對於它的顏色，分別隨著自己的意願而另外取它內部的藍、黃等每一色彩，如此一來，那一事物顯然也就不再是一個了，已具有各種各樣的自性，由此便出現了識不分開而執為一體取受與分開為異體而取受的兩種方式。這是裸體外道等聲稱的。本論《自釋》中列舉了兩個宣說對方觀點的偈頌所指的也是這一點。

他們宗派的主張是這樣的：所謂花色是一個自性，那一花色如果不具備各種各樣的色彩，也就不能稱其為花色了，正如將具有五彩繽紛顏色的花色安立謂「一個」那樣，將具有各種各樣法的事物看成是「一體」。

他們由於未通達這些道理僅是將假立的「一」視為實有的「一」而已。因此，如果實有的一體中會有多體，那麼就沒有什麼不可實現的事了，諸如此類成百上千的理證利刃必會頓時擊中（對方觀點的要害）。

有些人從這一頌詞的字面上入眼而說（其中的貓眼珠）是指「珠之貓眼」，認為這是對境多種多樣的比喻。這種理解明顯不合適，因為與對方的觀點毫不相干之故。

巳二、破順世派之觀點：

於許地等合，立為諸境根，

彼派所立宗，不合一法入。

往昔，天界與非天之間發生戰爭時，諸位天人由於秉性善良、喜愛白法，而不願意浴血奮戰。正當天人即將慘遭失敗之際，天神造了無有前後世的論典，漸漸地被蟻穴師等人在人間傳播開來。將此類的論典作為正量，被人們共稱為天神派、順世派、現世美……

如果歸納他們的觀點，即一口否定前後世、業因果、遍知佛陀、未見的眾生等，僅僅為了現世這一輩子的利益。此派將帝釋天、日月視為本尊，將《見精華續》、《天神六續》等執為正量，依靠一理證門、三比喻、四理論而通曉宗派。

一理證門：前後世等不存在，因為自己的根之行境前見所未見之故。

三比喻：一、無因之比喻——草地上長蘑菇；二、無果之比喻——風吹灰塵；三、本性而生之比喻——太陽升起、水向下流、豌豆圓形、荊棘尖銳等等。

四理論：一、（現世有理論：）雖說前後世是不存

在的，但現今世間的苦樂等卻是存在的；二、（俱生理論：）心識並不是像神我、主物那樣由前世遷移到後世，但在身體突然形成時同時存在；三、（新生理論：）地等大種所具備能產生識的因聚合之後，就像酒麴中生出陶醉的能力般識得以重新形成；四、（非枉然理論：）雖然依靠苦行修道無以解脫，但如果自然死亡，則一律安住於唯一解脫的法界中，而業果絕不存在。倘若了達這一道理而為了解脫，不依賴於疲憊戰術等順世派的論典並非枉然無義。他們安立宗派的根本因就是後世現量未見，所以他們想當然地認為它絕對不存在，而唯獨有當下的現世。

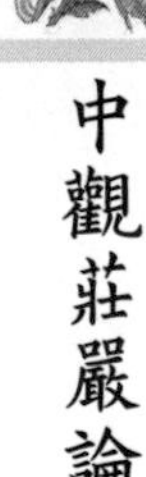

可憐啊，這些愚笨透頂的人！如果凡是沒有擺在眼前的一切事物都妄加斷定不存在，那麼明天與後天的時間也應不存在了，也不該準備食物等了。雖然後世存在沒有現量目睹，但不存在也同樣沒有見到，那憑什麼斷定說不存在呢？自己矢口否認比量是正量的同時，又緊緊抓住宗派的顛倒比量不放。對此，我一邊流著悲憫的淚水，一邊又覺得好笑，在啼笑皆非的同時深感這一宗派實在是莫名其妙。

作者針對這樣的觀點而認為：對於承許勝義中存在的地等四大種聚合安立為五境與五根的那一宗派所立的觀點也是同樣，所謂的「合」是指聚集許多法，由此取受「合」之識也應變成多種，而不會相合一個對境的實法而趨入。

巳三：（破數論派之觀點【說明數論派識為實一不可能】）分二：一、宣說破斥；二、破遣過之答覆。

午一、宣說破斥：

力等性聲等，許具一境相，

識亦不合理，三性境現故。

從前有一位名叫淡黃的仙人（也稱迦毗羅仙人），出生在護國國王時期，以雪山為棲身修行之地。最終獲得了苦行的功德。他相應自己所成就的禪定而造的論典有《黑自在六十品》、《五十相》、《三量》、《七關聯》……

由於將（這位淡黃仙人當作本師，）以他所造的論典作為正量，因而共稱為淡黃派或數論派。他們承許說所知萬法可以歸屬在二十五諦當中。其中的無情法與識二者之中，神我是識、為常法……具備五種特徵。主物是一切無情法的來源，它是常有、唯一的無情法，非為享受者而是作者，由於它的本體是塵、暗、力（即憂暗喜）三者平衡的狀態，因而難得通達。塵是指痛苦或者憂愁；力指快樂；暗為等捨。塵、力、暗即為三德。由於這三者無有成分多少的差別，所以不偏墮任何一方，其因就是主物，就像瓦罐等的因是泥土一樣。由主物中出生二十三現象，也就是說：主物中現出如明鏡般的大或心，大或心從外面映出對境的影像、由內顯出神我的

影像，因而它是士夫[59]享受對境的連接紐帶。從中三種功德得以增上，於是由大中出生三種慢，即塵慢、力慢與暗慢，這三種慢算為一個。從第一種慢中產生聲、觸、味、色、香五唯，五唯中出生虛空等五大種，次第具有一德至五德之間，故而是由這些因而安立為虛空等的，就像由顏色、味道等而立為乳汁一樣。從自高自大的力慢中產生十一根，即眼、耳、鼻、舌、身五知根，自在言說的口、如是授及取的手、行走的足、排泄糞便的肛門、能生欲樂的私處為五作業根，再有駕馭一切的意根。暗慢作為塵慢與力慢的助伴。如此結成境與有境的關係，如同昆蟲為棉所裹般漂泊於輪迴之中。一旦認清了對境的過患而獲得了向內一緣入定的禪定眼再來觀看，結果令主物羞愧難當而收回了所有現象，這時，神我與對境一刀兩斷，逍遙自在而住，完全離開了束縛之因的對境而得解脫。

這一宗派實際上將阿賴耶誤認為是主物，意識誤解為神我，主物的境界中出生現象的道理恰如從阿賴耶中出現識的道理一樣。再細緻地說，這一派的宗義與假相唯識最為接近，在外道之中，可算是最好不過的宗派，而且僅僅就它自宗的角度而言，也有耐人尋味的可貴之處。

作者針對追隨數論師者所許的一切對境具有三德的

---

[59]士夫：指神我。

自性這一點（進行破斥道：）承許作為力等三德本性的聲、所觸等一切現象為所緣境的對方所承許的觀點，具有獨一無二外境現相的識存在也是絕不合理的，因為對方承認具有三種功德自性的現境之故。這一觀點中，一切對境決定具有三種功德的自性，所緣為三、能緣是一顯然不合理。

午二、破遣過之答覆：

若許事體三，識現唯一相，

與彼不同現，豈許彼取彼？

如果這些數論派論師承許說：事物的本體是三種功德，識只顯現為唯一相，以對境與有境二者截然不同的方式而取境。

這樣一來，又豈能承許彼識就是取彼對境的有境呢？如此承認實不應理。

數論師解釋說：對境雖然三德完整俱全，但在緣它的時候，只是緣這三德中成分最多的那一德，由此能緣就成了一個。

如此解說也不合理。由於一切眾生的種性、信解、修道各不相同，諸如對同一個聲音，也是分別緣為怯懦、憂愁、快樂，因此三德在對境上面不可能有多少的部分。

如果對方說：由於少部分不顯現而不被識取受。

倘若相合對境如何存在的自性而趨入，就該立為認知那一對境的識；如果與對境格格不入，當然也就無法作為取某某對境的識，就像取藍色之識不可能取花色一樣。如此一來，了知聲音的這一識也不該是聲識，因為聲是三的自性，而此是取一的識，所以就成了不是取對境的識。

這以上論議五派已總說完畢，由於捨棄真正智慧而僅以觀現世量而分析安立的緣故，這所有宗派均稱為論議派。

巳四、破密行派之觀點：

諸外境雖無，現異種為常，

同時或次第，生識極難立。

作為吠陀派的邊緣派系⑥⓪的此密行派，通常而言，雖然可歸屬在前面所說的吠陀派的範疇內，但他們聲稱吠陀深奧的究竟是勝密，因而本身也有許多獨具特色的觀點。他們的不同之處在於，上述的五種教派都肯定對境與有境分開存在，而此派卻主張對境與有境不可分開、全部為一個整體，因此需要指出的是他們宗派所說的「識為實有的一體」不可能這一點。將眾多事物誤認為一體的道理正如在講吠陀派時所論述的那樣，所不同的是，這一派系依靠《學憶輪》等論典而認為有一個周遍一切所知、萬法均為其唯一性、具有九種特徵的我。

⑥⓪邊緣派系：因為此密行派既可歸屬在吠陀派中，又有它不共之處，因而根據意義而譯為邊緣派系。

九種特徵即：本體是有情；具有身體；周遍；常有；唯一；充當生滅的依處；不為眾生的功過所染；非為心之行境，口中無可言表；雖然顯現身體，但本體無有身體，唯一是識。

本來，虛妄迷亂的對境內外器情的萬法所知自性單單是假立的「一」，而他們卻在那個「一」上強加改造而假立為「我」，將「我」視為具有多種特色的自性。他們認為：「我」的身體是如此組合起來的：上方是「我」的頭；下方為腳；虛空是腹；四方為手臂；星辰是「我」的頭髮；須彌山是胸膛；恆河等百川為脈；森林是汗毛、指甲；善趣為背；梵天作額；法是右眉、非法為左眉；死主是皺紋；日月為左右雙目；風為呼吸；妙音天女為舌；白晝是睜眼；夜晚為閉目；男士為右側；女人為左側；遍入天為骨髓；所有色彩是血；世間為右乳；出世間為左乳；歡喜的自性是眾生的怙主……雖說萬事萬物通過這樣的方式由「我」而生、安住於其中、最後融入它的懷抱，但作為獨一無二的「我」，自本體是一成不變的常法並且是識。因此，那個我的自性無別遍及一切，然而各自偏袒而顯現完全是受有法的牽制而現為不同的，就像瓶內的虛空一樣。

意思是說，勝義中那個「我」的自性唯一是識的本性，無縛無解，無生無滅。如果未如實了達此理，則如同將繩子誤認為蛇一樣迷亂顯現二取；也將這個世間見為如夢如幻、如尋香城，有些人認為將它假立為四大，也有些人認為它是功德而在它上面假立。儘管顯現清淨不清淨法，但實際上，就像雲遮不遮障虛空一樣，如果通曉了諦實的「我」而安住於無分別的狀態中，則意將不復存在，當時二取也會化為烏有。關於這一點，是依照《自釋》中引用對方作品的觀點所說而敘述的。如果未能通達它，則變成輪迴，何者證悟了它，那麼諸法均成了一味一體，（此時此刻，）愚者與智者、罪惡與福德、婆羅門與賤種平等一性，不被善惡所玷污。當融入那一「大我」之中時，就不再投生三有。所以，瑜伽行者不思一切、一語不發而安住於所知自性、無所畏懼、空性的「我」的境界中，從而便可遠離甚至飛禽走獸等相續中也自然存在的俱生無明以及由聽聞與此勝義自性不符之論典所生的增益——遍計無明，好似瓶內的小虛空與大虛空渾然成一味一體一樣融入無二無別的「大我」當中而得解脫。

沒有探究到實空的堂奧而耽著心性恆常周遍的有實法之人，也有變成執持這種觀點的危險性。因此，聞思大祖師的無垢觀點做到窮究到底為妙。可是經中已說過：對於法界與佛智，甚至僅僅從名稱上耽著，緣佛的功德也不會虛耗。因此，斷言說與外道無有差別，這也是我們不敢膽大妄為的，由於因果不可思議的緣故。儘管如此，但是說「具有實執畢竟不是如來歡喜的正道」

這一點依教、理完全可以證明。

此密行派具有一者解脫一切均應解脫、若未解脫誰也不會解脫的過失；而且道也成了無有意義；如若所斷與對治存在，則我的自性中若具有顛倒的所斷，則無法斷除它，如果已經具備無倒的智慧，則無需再度生起；不同時間、不同地點、不同行相的（所斷與對治）自性均不合理。略而言之，就是因為恆常唯一的自性實有之故。虛空的比喻也可依靠破常法而予以推翻。

接下來說明承認對境與有境識恆常、唯一的自性現為形形色色的宗派「實一」之識不容有的道理：

如果對方承許：如是一切外境雖然單獨無有，但唯一的識本身顯現為各種各樣有實法的行相，因此一切的一切均是整體獨一無二的我——識之自性，而識是亙古不變、恆常、唯一實有的自性。

倘若如此，那麼同時或次第產生千差萬別現相的「實一」之識極其難以安立。儘管同時顯現多種事物，但由於與多的本性不可分開的緣故，識應成多種；次第顯現也不例外，怎麼會不變成等同色與聲等各自行相數量的多體呢？再者說，如果次第顯現，那麼開始顯現藍色的識與後來顯現紅色的識二者本體無二無別，結果有最初時也應顯現後識的過失，因為同是常恆不變唯一識的本體之故。假設在顯現形形色色的同時識不變成各種各樣的話，那這兩者是一體也就顯然不合理了。

這一密行派雖然承認識無所不遍，但這裡將它放在「破不遍」的科判裡也不相違，因為是從有實法之實相為主的角度出發的緣故。儘管對方聲稱外境也是識，卻歸屬在承許外境的範圍內，原因在於這是在講其他外道時順便論述的。

縱然如是論議五派與吠陀密行派等主張的暗網極其可怕、森羅密布，但是事實的法性包括天界在內的世間也無法顛覆，無論怎樣承認也都是如同絨草纏裹燃燒的鐵一樣，根本無法埋沒得了，反而顛倒的這些宗派卻會自取滅亡。說事勢理的佛教卻宛若雄獅一般無所畏懼、威風凜凜地周遊世界。

此外，本來無有具正智者（佛陀）所說、以三觀察證實的教證，卻隨心所欲地尋求、趨入旁門左道的人依靠世間見解的多種多樣的迷亂現象在以往、現今都有出現，未來也還會出現，乃至心的流轉存在期間一直會多如牛毛，但由於所知的本相上不存在實一，因而何時何地要建立起「實一」的宗派終究不現實。正是為了明確這一點，才如此作了闡論。

整個外道的這一派系中，有一部分依靠相似禪定的覺受，有些憑藉理論分析，大多數都是惡毒婆羅門為了實現自己的意圖而編成諂誑的詞句。在藏地也是同樣，所謂的苯教，最初的來歷應該是這樣的：在最初此教根本沒有興盛之前，有一個藏族小孩著了魔，鬼使神差，

忽然間通曉了供神供鬼的儀軌等，由此才逐漸越來越發展壯大了起來。在當今時代這一教派，也有將內教的所有宗派的名稱偷梁換柱、取而代之、複製一個代用品的現象。

有些人妄下斷言說「苯教與寧瑪派一模一樣」。

實際上，法語等相同之處倒也有許多，但他們是根據苯教的需要而抄襲的，又怎麼能與寧瑪派等量齊觀呢？譬如說，在印度，與內教的聲聞宗派對立稱呼的名言派，還有緣覺、唯識、事續、行續、瑜伽父續、母續、無二續都有一個對立稱呼的宗派，達十種之多。藏地也不例外，佛教的《中觀》、《般若》、《戒律》、《俱舍》及密宗的一切論典與勝樂金剛、大威德金剛、橛金剛等諸本尊，以及絕地火、大手印、大圓滿等等，在苯教中都有如法炮製的一個仿造品。這些原本無有、倏然出現的遍計所執無量無邊，對此又怎麼能一一破盡呢？

然而，苯教中依靠祈福、密咒等所出現的暫時利益也可能是佛菩薩的事業與幻化展示的，因為一切如來佛子善巧方便的行境不可思議之故，就像遍行魔王說法的奇蹟一樣。

即便如此，但是這些苯教徒最好能虔誠皈依佛教的本師與清淨的教法，或者，如若能獨立自主地秉持自己的本教，則與佛教的諸位智士展開辯論，一決勝負，這才是明智的選擇。對於加以觀察則一無是處、僅僅欺騙一些愚者而已的這樣宗派，既不應生起嗔恨，也不該生起耽著之心。其實，在印度，內道與外道，藏地雖說無有真正的外道，但苯教與佛教，漢地所謂的和尚與道士⑥1總是無獨有偶，也可以說是一種緣起規律吧。因此，如果其他教派對佛教無有危害，則順其自然，默然置之，正如《月燈經》所說：「世間他外道，心中不懷恨，於彼皆生悲，此乃初忍法。」但萬萬不要心生歡喜，如同惡心捨棄天人的甘露而去渴求鹽水一般。

尤其是，凡是秉持靜命菩薩的自宗、釋迦佛的清淨教法之人，遵照大堪布親手蓋印的旨意，切切不可喜愛苯教。也正是由於這一原因，所有苯教徒一致將這位親教師視若不共戴天的仇敵。

寅二（以說共同實一之識不容有而結尾）分三：一、破外境耽著為實一；二、破識耽著為實一；三、此二之攝義。

卯一、破外境耽著為實一：

虛空等何識，唯名諸顯現，

現多文字故，明現為種種。

如果有人認為：由於外境虛空等本無部分，因此緣它的識應該是獨一無二的。

---

⑥1道士：此藏文中寫的【ཏོ་ཤང】但按意思講似乎應為道士，本人認為可能是藏文刻版時將【?~】錯寫為【ཏོ】，請諸位研學者予以觀察。

事實並非如此，認知如是虛空等無實法的任何識直截了當地感受是永遠不存在的事，因而唯是與名稱之行相緊密聯繫的分別念的影像顯現而已，由於這所有的一切現為多種文字的緣故，明顯是呈現出各種各樣的自性法。

只不過是將無有色法阻礙的行相這一點立名謂虛空而已，什麼時候想到它，便能回憶它的名稱，而像瓶子那樣對名稱全然陌生是絕不能緣虛空的，因其遠離自相的緣故，何時何地也不能堪當根現量的對境，就像離開了所謂兔角的名稱在心中浮現的情況永不存在一樣。（無實法的）名稱在外境本身上不成立而僅是倏然假立的，所說的這些內容借助各種名稱、文字足能安立。一切無實法雖說都如兔角等那樣是一種否定有實的遣餘分，但是諸如無有前面的牆壁等觸礙之中間空空洞洞的那一位置實際上是緣類似外面牆壁形狀而顯現的，可謂是承許虛空存在的迷惑根源。如果對此認真分析，那麼僅僅未見到色法的這一點並不能證明虛空存在，而空隙的虛空不宜作為虛空的能立，位於我們上方的碧藍天空通稱為莊嚴虛空，它是陽光照射須彌山（反射）的色彩，因此並非真正的虛空。

卯二、破識耽著為實一：

有者若承許：識非現種種。

然不應真立，見害具相故。

有人如果承許說：「任何識並非顯現種種對境。」

即使如此，然而，這只不過是假立而已，不應該真正安立為實有的一體，因為明明可見理證的妨害對於具備「實一」之識的法相來說無以迴避之故。如果存在一個實一的識，則它本身也具有對於（外道所承許的）常法所說的「無有功用……」的過失，所以沒辦法充當任何識。由此看來，任何宗派再如何費盡心機地觀察、如何滔滔不絕地講說，在何時何地也無法建立起一個「實一」之識，因此建立者恐怕永遠得不到現見成果的安慰。

卯三、此二之攝義：

故現各種識，何時何地中，

如彼處異體，一性不合理。

如果對上述之理進行這般分析，則由於「實一」之對境不可能存在的緣故，顯現各種各樣行相的此識在何時何地中，均如彼處或所緣境互為異體一樣，識本身也應為種種，而是成實唯一的自性不合乎道理。或者說頌詞中的「處」是階段的意思。

這以上是結尾。

丑二（破認為外境不存在宗派（唯識）所許的實一之識）分二：一、宣說對方之觀點；二、觀察彼理。

寅一、宣說對方之觀點：

無始之相續，習氣成熟故，

雖現幻化相，錯謬如幻性。

依於佛教唯識宗的法理而具有善妙智慧的諸位智者全盤否定跟隨將外界這些千姿百態的景象許為「極微塵」的聲聞宗、許為「實」與「德」「業」的吠陀派等執持勝劣之見解的諸位論師的說法，而竭誠建立外境不存在或者說破斥許能取所取為他體的觀點，所有唯識論師共稱為「破生同理【སྐྱེ? · ： ད ： གོག་པ ：^ རིག?】」。也就是說，對於承許由現量顯現是由某一外境中產生並且與外境相同的這一觀點，以它不合理的理證加以破析，故而得名「破生同理」。《攝大乘論》等中雖然宣說了大量的理證，但最主要就是說明與之相同而生的外境存在不成立，因為以「現二月」等比喻可以說明此觀點不一定【不遍】，而且無論是粗是細，外境均不成立。作為無分微細根識的對境現量不可見，粗大就不能得以成立，因此可證實外境不存在。

他們建立能取所取非異體最主要的依據即是一切顯現在明知之識的本體中產生的「明知因【ག? ལ་རིག་གི་གཏན་ཚིག?】」與「俱緣定因【ལྷན་ཅིག་དམིག? ངེ?】」，所謂對境藍色與取藍色之識二者在同一時間以正量而緣，並非是偶然性而是絕對遍或決定性的。（推理方式）即是如此：對境藍色與取藍色之識【有法】，非為他體【立宗】，必定俱緣之故【因】，如現二月【比喻】。

為什麼如果同時緣這一點決定，就必然是一實體呢？

答：任何法如果不是一實體，那麼必然是異實體，對於實體互異的法來說，不可能運用那一推理，就像藍色與黃色等一樣。即便是異體，但只是偶爾性才同時緣，那麼在通常時候緣一者的同時也緣另一者顯然就不一定了，藍色與取藍色之識二者始終也沒有不緣另一者而放任自流地緣一者的可能性。假設這兩者實體相異，那麼有時候分開緣也應該是可能的。

在此，如果詳細闡述此因遠離不成等（「等」字包括相違與不定）的道理……，將對理解有所幫助，但這裡只是說明了最關鍵的要點。總而言之，「俱緣定因」等建立二取同一實體的一切理論歸根到底的落腳點就是：倘若在識前顯現，則必須是識，如果不是識，那麼自己領受也將無法實現。如若抓住了這一要點，那麼必將對俱緣定因等成百上千的理證奧妙弄個水落石出。因而，本論中云：「由自成立法」，僅僅這一句已經囊括了一切，所以到時再給予論述。

唯識宗，對此不偏墮於轉識㊷各自一方、自明自知的這一識，立名謂習氣依處之阿賴耶的識【阿賴耶識】，認為它（具有以下特點：）本體是無記法；僅僅覺知對境的概況；相續是剎那性產生；具有觸等五種遍行㊸的從屬；所緣不明顯；緣器情廣大範圍；如果分類，則有異

㊷轉識：直接向外照了各自對境而不反身向內之識，如眼識等。
㊸五種遍行：隨同心及其他心所生起的五種心所法，即受、想、思、觸、作意。

熟分與種子分兩種。它們的本體、從屬、所緣境等為如此的原因也是同樣，如果掌握了不偏墮於轉識各自一方之明知識的本體中含有的要領，那麼輕而易舉便能了解阿賴耶的所有特徵。如果別出心裁地講說、思索「所謂的阿賴耶，所緣與本體是如何如何」，恐怕歷經多生累劫苦苦思量，也難徹底通達要點。關於此等的詳細道理當從其他論典中了知。猶如大海般的阿賴耶識具有使波浪般的從屬七識生滅的能力或習氣。

概括而言，對方即是這樣認為的：凡是能生後面自果的法均住在阿賴耶上，當它尚未成熟時以種子的形式存在，一旦成熟，則呈現出身體、住處、受用形形色色的法。在無有對境的同時，以經久薰染的習氣而感受各種各樣的顯現，就像夢境之識與串修不淨觀等之心一樣。如果不承認顯現是心也就另當別論了，只要承許顯現是心，就一定要承認阿賴耶。由於所有的轉識均是偏墮一方，每一轉識都無法堪當內外事物、住處、身體、受用這一切的根本，而所謂各種顯現唯識的那一心必然是境、識、身一切的根本。所以說，沒有能超越明知之心的事物。

作者總結以上的這些觀點而說道：由於無始以來存在的自心相續的各種各樣實執習氣完全成熟的緣故，雖然顯現出幻化的色法等對境的行相，但領受者與所領受的對境二者截然分開絲毫也不成立，儘管表面上似乎顯

現為對境與有境，其實這是由於心迷亂或錯誤而導致的無而顯現，如幻術的自性，也似夢境、尋香城、旋火輪、幻化、水月這一切。

這以上唯識宗論師們的觀點已介紹完畢。

寅二（觀察彼理）分二：一、觀察彼等之功過；二、遣除過失之部分。

卯一、觀察彼等之功過：

彼宗雖善妙，然許此等法，

真性或未察，似喜請慎思！

唯識宗這樣的觀點以名言理分析是成立的，也是遣除能取所取耽著為異體之一切劣見的善妙對治，而且具有《楞伽經》等確鑿可靠的教證，雖說從一方面來看的確是善妙或穩妥的，然而（你們）到底是承許識所顯現各種各樣行相的這些法在真實性中如此，還是單單在未觀察的這一側面為似乎令人感到歡喜的本性呢？對此請你們慎重思考、觀察。

事實上，唯識宗並非只是從未經觀察顯現的名言而安立的方式來講的，他們認為甚至在勝義中那一識的本體也成立，因此是承認（這一識）於真實性中存在。

卯二（遣除過失之部分——破識成實）分二：一、破真相唯識之觀點；二、破假相唯識之觀點。

辰一（破真相唯識之觀點）分三：一、破相識各一之觀點；二、破相識等量之觀點；三、破異相一識之觀

點。

巳一（破相識各一之觀點）分二：一、宣說相違；二、說明無法斷除相違之理。

午一、宣說相違：

設若真實中，識將成多種，

或彼等成一，違故定各自。

按照上面所說，觀察（對方所承許的識）到底僅僅是在名言中還是在勝義中也承認的時候，倘若對方說「即便在真實義中識也是存在的」，這一句已說明了唯識宗的總觀點的這一所破。雖說凡是唯識宗都同樣承認心在勝義中成立這一點，但也有承認此等現象是心的真相唯識與否認行相是心的假相唯識兩種，除此之外再不可能有其他觀點。

真假唯識宗在相、識二者多少的問題上出現的（相識各一、相識等量與異相一識）三類觀點與經部宗是相似的，所不同的是，經部宗承認能指點出行相的外境單獨存在，唯識宗則認為顯現的行相只是假立為對境的，而不承認除此之外還另有外境。因此，這三種觀點（的定義）正如前文中講經部時所說的那樣，無需另行宣說。

如果按照這三類中的「相識各一」之觀點，則不合理，原因是：心與相如果是一體，那麼就不應該只顯現無分唯一的行相，與行相有各種各樣相同，識也將變成

多種多樣。或者說，正像識被許為一體那樣，彼等行相也應變成一體，而不該現為多種。如若不然，則由於一個是多體、另一個非為多體的這兩者具有相違之處的緣故，（相與識二者）必然成為各自分開的。如此一來，承認是一顯然也就沒有意義了。

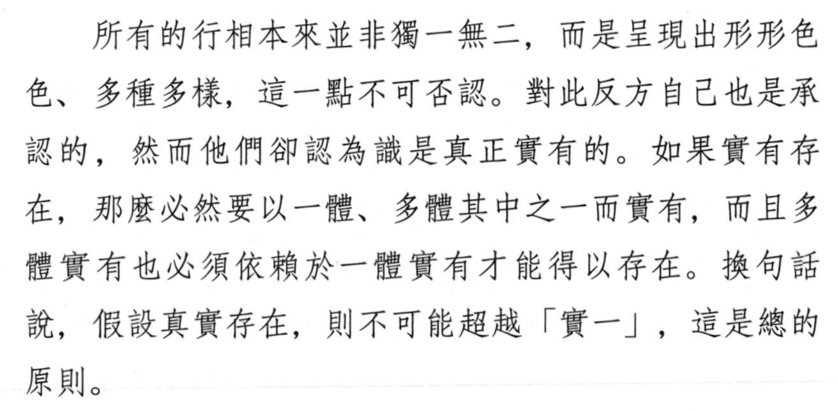

所有的行相本來並非獨一無二，而是呈現出形形色色、多種多樣，這一點不可否認。對此反方自已也是承認的，然而他們卻認為識是真正實有的。如果實有存在，那麼必然要以一體、多體其中之一而實有，而且多體實有也必須依賴於一體實有才能得以存在。換句話說，假設真實存在，則不可能超越「實一」，這是總的原則。

一般而言，要破斥「實一」之識，僅僅以相是多體便足夠了，而不需要以分析時間是次第或同時的差別來破。因此，以一個識次第認知一個相也可以說明，由於行相前後不是一體，致使取受（前後）兩個行相的識不可能成立為「實一」。這裡在勝義中遮破剎那之識的「實一」正如在講經部宗時所論述的那樣，關於每一相即便在名言中也不合理這一點，前文中已宣說完畢。

意思是說，聲稱外境存在（的經部）所承許的「外境花色上面藍、黃等色存在同時也是以心次第而取的」已經破斥完了。此處，不承認外境（的唯識宗）認為，以阿賴耶的習氣已成熟的現相花色相上的藍色等同時需

要存在，對此僅以那一行相為多種就足能夠（駁倒對方的立宗）。因此，唯識宗的「相識各一」這一觀點中，承許所取相的花色相就是一個「總花色」，這就是此宗與其他宗的分歧所在。關於這一問題，具有行相非為一的過失緊接著在下文即將予以敘述。總的來說，在名言中尚且不成立，那麼就更不必說在勝義中了，就像在母胎中已亡，無需出生時殺死一樣。

午二（說明無法斷除相違之理）分二：一、安立太過；二、說明彼過於承許外境之有相派也同樣難免。

申一、安立太過：

以上這一相違的過失，對方永遠無法擺脫的原因：

相若非異體，動與靜止等，

以一皆動等，此過難答覆。

上文中對相、識所說而且剛剛又闡述的這一過失，對於承許識成實、一相以一識而認知的宗派來說不可避免。承許存在多種多樣的這些相如果非為異體而是綜合為一本體，那麼動搖與靜止、染色與未染色等一系列現象，以其中的一法（運動或靜止等）剩餘的一切法也都需要變成與之相同動搖不定或紋絲不動等了。總之，見到一個行相是什麼，其餘也應一概見為如此，具有如此過失，由於你們已經一口咬定「自己的行相互無差異」，因此現在也就無法開口說「不成這樣，而是有些動、有些靜的不同情況」。對於這一太過，對方實在難

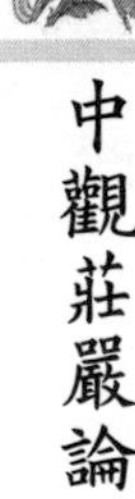

以作出切實的答覆。

如是對於行相的花色也是同樣，如果不僅僅是假立的「一」，而是實有的「一」，那麼由於是無分唯一的緣故，諸如它內部單一的白色如果用染料塗抹，則需要見到其他所有部分都應改頭換面……恐怕果真成這樣是誰也無法承認的。因此，只要所有相是異體，上述的那一太過就無法逃避而落在頭上，仍舊要向他提供援助實在是一點兒必要也沒有。

申二、說明彼過於承許外境之有相派也同樣難免：

承許外境事，依舊不離相，

一切入一法，無以回遮也。

上面所說的這一太過不只是不承認外境、只承許行相的唯識宗不可避免，而且其他承認外境存在的宗派也無以逃脫，其原因是：如果承許外境除心以外另行存在的宗派認為，外境的事物仍舊沒有離開唯識宗所承許的那樣與多種行相並存的自性，是有相的，則由於承認所有行相均為一體的緣故，行相之因——一切外境也無一例外，無論是它內部的任何部分也好，其餘的一切法都將納入一法之中，對於這一太過，對方實在無有反駁的餘地。

意思是說，既然所有的行相都是與外境一模一樣，那外境為什麼不變成一個行相那樣呢？就拿外境花色內部的白色來說，如果用染料將單一的白色塗抹，則藍色等其餘一切顏色也需要變成與之相同。

如是此等行相不可能是實有之一體的內容總的來說是至關重要的。將眾多耽著為一體而增益的任何現象雖說也是情理之中的事，但如果以理證的方式予以觀察，則在實有一體上現為異體是絕不可能的，對於假立為一體來說，這種情況也是可以的。在實有的多體上安立一體則是無法實現的，而對於假立的多體可以安立一體。因此，辨別實有與假立並且對假立名言的合理性深信不移在這部論從頭到尾的所有階段都是最為關鍵的一環。

巳二、破相識等量之觀點：

倘若承許識，等同相數量，

爾時如微塵，難免此分析。

這裡，說明前代的有些唯識宗論師所承許的「同時生起數多同類識」這一點在名言中也是不合理的。而自宗認為：雖說生起與行相數目相等的眾多識，但不至於成為同類。關於眾多同類不會一併產生的道理、辨清分別與無分別之作用正像前文中泛泛概述的那樣。

如是按照自宗的不共觀點而言，假立的名言不合理之處一絲一毫也是無有的，這樣的觀點也恰恰切合中觀的宗義。

然而，如果按照唯識宗的觀點來說，承認識也等同行相的數量而為眾多【相識等量】，那麼他們自己所許的成實之識無法得以證明。如是在顯現多種多樣行相的當時，多體內部的一法也具有現為邊、中、方之部分的多種行相，如此一來，絕對會變成如同對於微塵進行觀察的那樣。致使對方連答覆說「這一觀察儘管適用微塵卻不涉及到識」的機會也是無有的，因為這兩者從顯現方式的角度來講無有差異，所以才說對方難以避免（即無法反駁）這一分析。

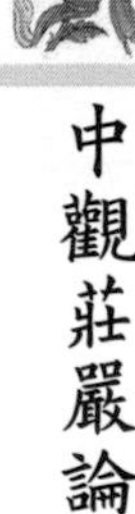

對於這一點，自宗所承許與相等量的識有多種的「多」是假立的，卻並不遮破行相現為多種，這僅是依緣起而存在的。譬如，以瓶子為例，一個瓶子也有許多部分，部分中也存在諸多微塵，而微塵不存在任何「實一」。與之同時，對於總相與自相混為一體而實現所作這一點，真實不虛、不可否認足能安立。諸如此類浩瀚無邊的萬事萬物也無不與之相同。

比如說，所取花色之眾多行相內部的單一藍色也是同樣，顯現在它中央分的那一行相，指向無有間隔環繞空間的各個方向的面如果是一個，那麼現為方分的所有行相都應成了一體；如果面分開存在，則中央行相之自性的識應成多體。如果取受無間同類的許多微塵，那麼所謂的「將粗大誤解為一團」與「將無間感受多體的藍色等之識錯亂為一個」又有什麼區別呢？因為對於藍色等無間而顯現本身，只不過有些人認為它是極微塵的本性、另有人承許其為識的本體而已，除此之外，具有方向顯現並且各自方向是一體這一點，是誰也不能承認

的。因此，進行觀察的這一過患（對於經部宗與唯識宗來說）同樣無法擺脫。無論是同類還是不同類，對於無間而顯現的一切外境相來說，這一觀察都同樣適用。

巳三（破異相一識之觀點）分二：一、安立破斥之立宗；二、建立彼之合理性。

午一、安立破斥之立宗：

若異相為一，豈非裸體派？
種種非一性，猶如異寶等。

如果對方說：就像貓眼寶珠一樣，是以獨一無二的識來取各種各樣行相的本體。

如果所存在的各種異樣的行相均是唯一識的自性，那麼豈不是成了說「萬法是一」即聲稱多體為一、無有衣裳而身著虛空之衣的裸體派嗎？形形色色的法如果是多體而存在，又怎麼可能是一體呢？因此，種種的法不是實有唯一的自性，猶如金銀、珊瑚、青金石等奇珍異寶以及「等」字所包括的存在於各種心相續中之識的自性。

裸體派與唯識宗在將種種行相執為一體這一點上是完全相同的。此外，密行派雖然也聲稱萬法均是識的自性，但唯識宗卻不只是承認唯一的識而承許有八識聚，也就是說，唯識宗認為（八識）在眾生迥然有別的相續中逐一具有並且是剎那性；密行派則承許唯一、恆常的識對於一切眾生來說無有差別。這是唯識宗與密行外道之間僅有的不同點。因此，這一破斥是針對這兩派共同而說的。下面以二相進行推斷：

現為形形色色的任何法【有法】，決定不是真實的一體【立宗】，如各式各樣的珍寶等【比喻】，此識也是各種各樣。這裡所運用的因是自性對立可得因㉔，是以與「唯一」之自性相違的「種種」可得作為因的。

嘎瑪拉西拉（蓮花戒論師）說：這一比喻是針對裸體派的，而對於唯識宗來說珍寶不成立，（因為珍寶是無情法，）所以當以存在於種種心相續之識作為比喻。但我認為，從現相的角度而言，列舉各種珍寶的比喻也不相違。

午二、建立彼之合理性：

各種若一性，現為異本體，

遮障未障等，豈成此差別？

各種各樣的所有行相如果是一體的自性，那麼如是自性顯現為截然不同、各種各樣的本體，即有些遮障有些未遮障、有些產生有些滅亡等，總之，怎麼會顯現成這種各式各樣或千差萬別的現象呢？如果是像貓眼寶珠等異體混合為一那樣，則不同的部分又怎麼可能完全見到呢？在無害之識前現為異體的這些行相均成立為各不

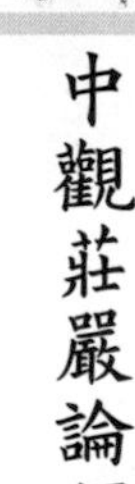

㉔自性對立可得因：可現對立可得因之一。以與能立事物相對立之自性為因，破除所破者。如云：「大火蔓延之地，無持續發生之寒覺，以是大火蔓延之處故。」以能立之熱火為因，破除所破即與熱火不能並存之寒覺或證成寒覺必定無有。

相同這一點無有錯誤，猶如不同珍寶一樣。倘若此等行相不是異體，則有「一者通達全部通達、一物動搖萬物皆動、一法產生萬法皆生」……的過失。

辰二（破假相唯識之觀點）分二：一、宣說對方觀點；二、破彼觀點。

巳一、宣說對方觀點：

若識本性中，無彼此等相，
真實中無相，識前錯顯現。

有人問：如果承認在識的本相或本性之中無有識的此等行相，而識自本體是如同水晶球般遠離一切行相的一個法，難道是說各種各樣的行相不現在心中嗎？

（假相唯識宗對此答覆道：）儘管顯現，但在真實義中只是於無相之識前迷亂或錯誤而顯現的，如同被咒語等所迷惑的具眼者將泥塊等見為馬象一樣。

這一宗派不承認此等行相是心的自性，而認為這些行相好似空中浮現毛髮般是虛假的，因此並不會變成與心等量的數目；如果所有行相實有，則與一相違，然而由於虛妄不實，則不存在一、異等相違之處。所以，不會有上面對真相唯識宗所說的一切過失，而承認明知之識成實是完全可以的。

巳二（破彼觀點）分三：一、略說遮破；二、廣說彼義；三、破遣過之答覆。

午一、略說遮破：

設若相無有，豈明受彼等。

與其事異體，如是識非有。

倘若這些行相不存在，那麼從凡愚到智者之間現量無欺、不可否認明明感受或領受此等行相豈能合理？對於原本不存在的任何法，決定無有領受它們的可能性，就像感受被兔角所戳的所觸、品味空中鮮花的芳香、領略石女兒的美色不現實一樣。

假相唯識宗的論師認為：不能承認眼前的這一行相根本不顯現，因此並不是說行相在心目中不存在，雖說本不存在，但單單親身感受其存在實屬合情合理，就像毛髮本來無有卻浮現在識前一樣。

這種想法是不合理的。如果細緻分析，則凡是顯現，唯有現於心中而不可能現在他處。因此，識與相這兩者雖然同樣是心，但如果觀待而分，則可以安立為能取之識與所取之相兩種名言。相與識這二者僅僅是相互觀待而以心來分的，實際是一本體，因而它們之間並不存在賢劣、真假、有無等任何差別，如果其中一者不存在，另一者必然不存在。而假相唯識卻說「識存在、相不存在」，如此辨別有、無的差異。當然，作為唯識的共同觀點，如果承認除識之外另有一個他體的實法，那麼顯然已超出了唯識的界限，所以誰也不會這樣承認。

任何法如果存在，則必須是以識的本性而存在。可是，此假相唯識宗卻將相為識的自性視為不合理之舉，

於是說「相不存在」。原因是：他們認為，如果沒有聲明「相不存在」，那麼就說明相存在，如此一來就是以有別於識的他體而存在了，這顯然不應理；倘若承認相與識一體而存在，就與真相唯識宗無有區別了。為此，他們才主張相不存在，或者相不是識的自性，或者相虛妄、識真實。

即便按照你們假相唯識宗所說的那樣相不存在，然而你們承許存在的孤立無助、獨一無二、如水晶球般的識又怎麼可能明確地感受千差萬別的行相呢？如果相不存在，那麼識緣什麼來生起具有對境特性的法，這樣合理嗎？請你們深思。

譬如，空中浮現毛髮時，如果（按照真相唯識宗）所說的「儘管毛髮不存在，但現為毛髮實際上是識本身顯現為毛髮相的」，如此一來，雖然無有毛髮但僅僅現為毛髮的感受是存在的，這一點並不相違，可是如果聲稱「現為毛髮的行相也是不存在的」，則產生具有毛髮相之自識的感覺也需要同樣永不存在。因此，說「無有相」以及承認「任何相也不可能顯現」這兩種觀點在此處是一模一樣的。

當然，如果什麼也不顯現，則可以說相不存在。假設有一個行相顯現，那麼它既是相也是識，說「它不是識」實在無法立足。如果不是識，那麼就如同超越了識之範圍的石女兒的顏色一樣，不可能成為任何識的對

境，這是總的規律。所以，「這般明明感受者是假的，而沒有領受的法是真的」這種說法究竟有什麼好處可言呢？實無任何好處。

總而言之，識與相僅僅是觀待而分為異體的，而真正區分成有與無始終也不能立得住腳，所謂的相只不過是識覺知各自對境的明覺之分，並不存在單獨的類別。因此，與某一行相事物異體的這樣一個單獨的識在何時何地也不可能存在。可見，分辨所發的「無有不顯現」這一太過的方式，再深入細緻地進行思索極為重要。否則，只是耽著在無有本體而處於無所適從的境地、最終對別人所說的過失自己也同樣在劫難逃的諸位恐怕已遠遠背離了細緻入微的中觀道。

如此說來，真正的唯識宗要算是真相唯識，此真相唯識宗的論典也極有深度，而假相唯識宗認為外境也不是心，因此稍稍接近實空的觀點，可見它相當於（唯識）與中觀之間的連接紐帶，因而從層次上講應當位居於上，但由於在名言中極不方便，所以名言中要唯一按照真相唯識來承認。如果掌握了這一關鍵性的要點，那麼對於下面所進行的一切破斥，依靠這樣的方式輕而易舉便能理解。

午二（廣說彼義）分二：一、無相觀點不合理；二、宣說單單能取相不合理。

未一（無相觀點不合理）分三：一、觀察認知對境

不合理；二、觀察相屬不合理；三、觀察因不合理。

申一（觀察認知對境不合理）分二：一、總說；二、別說。

酉一、總說：

如是何無實，彼知彼非有，

如苦為樂等，諸白亦非白。

如是對境與有境中的任何境，如果無有任何一個實法，則有境之識依靠自力在那一對境上所了知的某一無實法也是絕不會有的。譬如，對於非樂的痛苦了知為安樂，「等」字所包括的將安樂視為痛苦的情況是不會存在的。同樣，對於對境的一切白色也不可能視為非白色的黑色。

這以上是總說。

酉二（別說）分二：一、真正認知不合理；二、甚至假立認知也不合理。

戌一、真正認知不合理：

於此行相者，真知不應理，

離識本性故，如空中花等。

識認知對境的方式無外乎真正認知或以假立的方式認知。真正認知是指超離無情法自性的明知本性之識生起某一對境的行相，也稱為真正證知。

按照承認外境存在之宗派的觀點，諸如於對境的瓶子，雖然沒有親自證知，但借助外境的力量能生起與之

相同而顯現外境的識，並且可假立為證知對境的名言。

可是對於承許無相的宗派來說，這兩種方式任何一種都不可能實現。對於親自現量明顯感受的藍、黃等這一行相，真正現量認知是不合理的，其原因是：如果真正認知必須要以與識之自性一體的方式而了知，但由於你們宗派承認相不是識而離開識之本性的緣故，無論何時親身感受又豈能合理？就像空中的鮮花與石女兒的美色不可能現量領略一般。

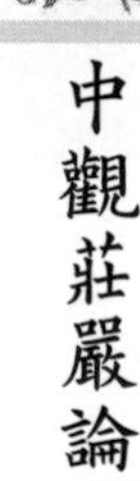

戊二、甚至假立認知也不合理：

無無能力故，假立亦非理，
如馬角無有，非能生現識。

任何法如果存在，承認未曾親自領受它倒也可以，由於其具備產生顯現出能指點行相之對境自性的識的能力。因此，識與外境相同而生起，也可以說現見或了知某某對境。但作為原本無有的任何法，根本不具有產生顯現本性之識的能力，所以甚至僅僅從假立的角度而言，所謂「感覺或了知是此是彼」也不合理，如同馬角一般。馬角本來不具備產生現出自身之識的能力，因此取所謂「它的行相如何如何」自相的一個識甚至在名言中也是不可能存在的。與此比喻相同，如果行相也不存在，那麼不可能具備可以產生顯現所謂「藍、黃等這樣那樣」本性之識的能力。

假相唯識宗並不承認外境單獨存在以及識以相同體

驗的假立方式來感受。

但是對此如果以真正、假立任何方式都不可能感受，那麼再無有其他感受的途徑了。因此，正是為了使「領受相之識永不存在」的太過徑趨直入（對方觀點的要害）而進行了徹頭徹尾的破斥。

申二、觀察相屬不合理：

有彼定感受，與識何相聯？
本無同體屬，亦非彼生屬。

無論領受任何對境都必須要與它之間存在聯繫，對毫不相干（的法）不可能領受。為什麼呢？所存在的藍色等某一行相依靠有境之識不可泯滅而必定感受這一點，如果按照你們的觀點來講，行相與識之間到底有什麼聯繫呢？有聯繫絕不合理。為什麼這樣說呢？因為（你們）承許行相本身不存在而識是存在的，所以相與識是同體相屬顯然不合理，假設是同體相屬，那麼如同行相一樣識也應成無有，或者如同識一樣行相也必定成為存在。而且（相與識之間）也不是彼生相屬，因為原本無有的法不可能（產生）任何法的果。即便它們之間是彼生相屬，但由於有先有後，因此將導致同時不具有識等無量無邊的過失。然而，僅僅在以彼生相屬並不能感受對境的共同場合裡才需要分析這些，而在此處假相唯識宗不應承認彼生相屬，故而沒有必要對此進行分析。由於必須承認儘管領受行相但（相識之間）卻無有

聯繫這一點，因而使矛盾就顯得更為尖銳了。

任何法不捨棄他法即命名為相屬，外道徒將具相屬、集相屬等作為別法，而總法的邊際卻始終無法確定。具德法稱論師認為：任何法決定是一本體或異本體。如果是一本體，則必定是同體相屬；假設是他體，就必然是彼生相屬，決定包括在這兩類當中（定數為二）。

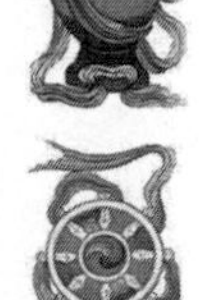

就拿對境一個瓶子來說，從排除是常法的反體而言為無常，從遣除非所作的角度來說謂所作，從遣除無實的側面而稱為有實，通過遣餘的方式排除違品之增益而擁有的各自部分借助各自名稱而能夠理解，而以其他名稱則無法理解。為此才分開安立為語言、分別的對境。由於在外境瓶子的本體上是一體，因此所作與無常在瓶子的上面立為同體相屬，當然這只不過是在遣餘的分別念前根據分攝的不同而言的，實際上由於是同體，所以自己不可能與自己存在聯繫，就像指尖無法自我觸受等一樣。

彼生相屬是指以因果的方式相聯，其中（因）包括近取因與俱有因兩種，同時也應當了解其他論典中有以六因與四緣等生果的方式……雖然一般來說因包括五種等類別，但實際上可以歸集在觀待因與能生因二者中。（總之）對於某法若不存在，則不會生果即安立謂因。

旁述相違：

相違也就是指兩種事物之間結成所害與能害的關係，決定有不並存相違與互絕相違兩種。一、不並存相違：彼此之間不能持續平衡相伴、並存，稱為不並存相違；二、互絕相違：對立面是無實法，諸如藍色與非藍色之間是互絕相違。

其中不並存相違也包括「光明與黑暗」之類的境相違以及「我執與證悟無我」之類的心相違。

互絕相違有直接相違與間接相違兩種。直接相違是兩種事物之間正面抵觸，如「常」與「無常」；間接相違：彼此之間雖然不是針鋒相對互為違品，但一者的違品作為另一者的能遍，因而不可能有同是兩者的情況，如「所作」與「常有」，也就是說，「常有」的能遍是「非所作」。

本來在此外，深入透徹地理解相屬與相違的含義雖說格外重要，但唯恐篇幅冗長，而敘述到此為止。相違與相屬的名詞是一切「因」的能遍問題中必然要涉及到的，因而在此只是簡略說明。

申三、觀察因不合理：

無因何以故，成此偶爾生？

具因何以故，擺脫依他起？

請問對方：藍色、黃色等行相到底具不具有因？只能選擇承認其中之一。

如果對方說行相無有因，那為什麼不是恆常有或者恆常無有，豈能成為時而存在、時而不存在這般偶爾性產生的現象呢？關於不觀待因則偶爾性不合理的道理在前文中已論述完畢。

即便對方承認此行相具有因，但由於從外緣中產生的緣故，已成了緣起生的依他起，以什麼原因能擺脫得了依他起的身分呢？不可能擺脫了得。如果依緣而生則可以說是存在，然而由於唯識宗並不承許識以外的其他因，所以不成為遍計所執而定成依他起的這一太過對方實在無力迴避。

未二、宣說單單能取相不合理：

設若彼相無，彼識成無相，

如水晶球識，終究無感受。

假設對境彼行相不存在，那麼有境獨一無二的識即被承許為無有二取自明的識本身也理應成了以無相的方式來自我感受，可是離開對境的染料來改變顏色的有境——如潔淨水晶球般一個孤立自性的識如若存在必然可得，但由於沒有得到過，而終究也不會有領受或感受的結果。

一般來說，分別認知某某對境而立謂識，諸如眼識也是同樣，如果始終未曾見過色相，則無法認定說這就是眼識。同樣的道理，孤立的無相之識是不會有領受的。即使口口聲聲地說「自明自知的識如水晶球一般」，也只不過是指緣識本身作為對境的行相。因此，

如果緣所謂「這樣那樣」的某一法，則必須顯現出那一法的行相，甚至連行相都沒有顯現卻安立「是此是彼」只不過是立宗罷了，如同評論「石女的兒子身色潔白」一樣。

所以，無相的自性（如若存在）按理來說也該能領受，但由於未曾領受過而足能確知這樣的無相自性根本不存在。因為「它是如何如何」現在不可得的任何原因也是沒有的。你們宗派認為行相既不在外也不在內，這樣一來，如改色染色般的行相若不存在，則如清澈水晶般無二之識為何不親自感受呢？在明明感受的同時心卻未能確定又怎麼可能呢？因為無有不定的其他染因之故。

如果對方認為：就像陽焰等原本無有水的行相，與之同時會被感受為水，因此你們的那一「因」不一定。

對於陽焰等景象也可以同等予以觀察、駁斥，因此並非不一定。對於陽焰等景象來說，水的行相縱然在外界中無有，但如果於內在的識前也同樣連它錯亂為彼之相的行相也不存在，那又怎麼能感受根本不存在的事物呢？絕不應該感受。

午三、破遣過之答覆：

若謂迷知此，無論依迷亂，

或由彼力生，彼皆隨他轉。

當這般明確地指出相不存在則感受不合理的時候，

假相唯識宗的諸位論師如果承許說：雖然行相不存在，但識領受的名言無需中斷，行相儘管不存在，可是依靠錯覺之心的習氣的力量或者說是由迷亂而這般了知此行相的。例如，在罹患黃膽病之時，明明（外境海螺的黃色）不存在卻覺知海螺為純金相。同樣的道理，由於受迷亂習氣所牽，原本無有卻似乎顯現黃色等真實的行相。

無論你們所指的那一行相是以同體相屬的方式依賴於迷亂，還是借助迷亂的威力而生的彼生相屬，不管是兩種相屬的任何一種，只要有這種關係，那一行相絕對都變成了隨他而轉。

本來，所謂的迷亂有迷亂之因——習氣與果迷亂自本體兩種。其中因習氣與行相二者之間是同體相屬不合道理，原因是：習氣是未生果之法，因而由它來感受行相顯然不合理。果迷亂與行相是彼生相屬也不應理，因為有行相與迷亂二者非同時的過失。可見，如果是由迷亂所牽而顯現，則行相與習氣必須是彼生相屬而與迷亂是同體相屬。只要有這種關係，行相就已成了依他起，因為所謂的「依他起」除了清淨與不清淨緣起以外絲毫也不會單獨存在。所以，「迷知」的說法對於承許無相的宗派來說無法實現，如果可以實現，那麼（相識之間）必須要有關聯，而作為無相派來說，這一點也是不可能的，並且已成了依他起。倘若什麼聯繫也沒有，

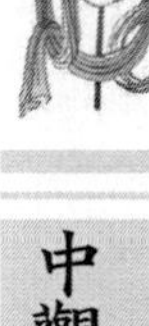

那麼即便是迷亂了知也無法辦到，就像石女兒的色彩一樣。依此也已答覆了「諸如遠距離小見為大的比喻等」。

此外，對於善護阿闍黎親口所說「識唯明覺性，習氣過擾故，令受藍色等，唯一行相生。彼分別藍等，非藍等法相，愚者於彼末，思為外藍色」也做了回答。

他們對方認為，藍色等行相雖然不存在對境，但它們唯一是能取之相，而不是所緣之相，因此凡夫的所有識也並不是被所緣境藍色等所改變的，為此不至於失毀「無相之識是一」的安立。

駁斥：只要是取藍色等行相，那心目中必然存在對境，那一對境如果在外境與內識何處也不存在，也就不會有以真正或假立任一方式被感受的可能。縱然是受迷亂的牽制而顯現的，但通過對此二者關係進行的這番觀察也已經推翻了對方的此等論調。這些辯方儘管表達的方式有所差異，但實際上通過分析，凡是無相的觀點都實在無法立得住腳。

當對承許無相的所有宗派用夢境與總相的藍色顯現來說明（對方的觀點）不一定時，他們則回答說：雖然行相不存在，但以迷亂所牽而顯現為行相。對方所給予的這一答覆依靠上述的理證方式可以全盤否定，這一點務必要清楚。

另有些人認為：即便對於在完全不清淨的階段識現

為種種這一點實屬虛妄，但在清淨的階段，由於已變成了獨一無二的自性本體，因此他們對破實一之識的「因」心中疑惑重重，而覺得此「因」不成立。

假設在清淨的階段一切行相有消失的可能性，那麼當時也應當有像你們所說的這種可能性，（可實際上清淨階段）迷亂雖然已蕩然無存，但是所有行相不可能化為烏有，原因是：你們承許所有行相不存在，所以它與迷亂及其習氣都無有關係，就像馬匹不存在黃牛不一定消失一樣。

另外還有過失：

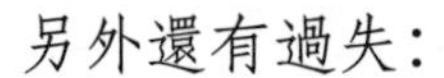

如果主張說：在不清淨的階段，識絕對是虛妄的，然而在清淨的階段，由於各種行相不存在，因而成實的唯一之識絕對存在。

倘若如此，那麼前所未有的實有之識到底從何因而生？這一點需要你們講清楚。可以肯定它不是由以前虛妄之識中產生的，因為作為真實違品的那一識不具備產生實有法的能力。如果有這種能力，也就不成其為虛妄了。如若明明有能力還不是實有，那麼所許的實有也不成為實有了。清淨時的成實之識不是無因之法，否則有恆常存在或恆常不存在的過失。那一識自然而然【無因】在成實的唯一階段才成立的情況是不可能的，否則破斥自在天常物等的理證妨害前後無有差別對此同樣難免。即使對方承認它是由前剎那的力量而生，但實有之

識在勝義中成立是不可能的，因為勝義中因果關係的有實法不成立之故，理由是：如此因果同時不合理，其原因是：在生果之前，由於無因而不具備能力，待到自己形成之後力所能及之時，果也已經形成了，因此這兩者無法安立為因果；前後時間雖然是各自分開的，但是對於因果成實而言也不合理，因為無論被其他時間中斷未中斷都不會從任何法中產生；如果被其他時間中斷，則果與因二者之間需要有一個滅法，可是由於因未滅也不可能中斷之故（，這種情況顯然不成立）；如果需要從因已滅亡的唯一滅法中產生也同樣不應理，原因是：因已滅盡即不復存在，而無有之法不具任何能力。如果滅法不具有無實的法相，那麼因怎麼能成滅法呢？顯然已經成了未滅。假設滅法是有實法，則焚燒完畢的木柴等先前的所有事物現在為什麼不存在呢？除了滅法以外現在的這些法安立為無實的其他理由是沒有的，結果一切有實法都將成為常有；如果因未滅亡，那麼果也不該產生，由此一來果相續已將中斷，並且滅法本身也成了非由因生的有實法……妨害無窮無盡。所以，是對因滅盡後不存在的這一分安立謂滅法的，而滅法自本體絲毫也不存在有實法。

假設說（滅法）存在，那麼無實法在所知萬法當中就不可能有了，因為僅僅是遮遣有實的這一分假立為無實而已，除此之外所謂的無實法絕不會單獨存在。倘若這樣的無實法不是無實法，那麼最終破立、有實無實、有無等一切的一切都不會成為相互對立的法而亂作一團，如此一來，所知萬法的安立都將隱沒無餘。可見，所謂的滅法只不過是滅盡因的無遮分，所以它本身不具備任何功用。作為因，當下絕不會存在，因此由間斷中產生不合道理。這一妨害與宣說由因果不接觸而生不合理二者意義是相同的。假設承許由滅法中產生，就是承認說從未接觸中產生。假設因果之間沒有被其他時間中斷，那麼就成了同時，除了兩個無分剎那未中斷以外再不可能有其他的同時。如果片刻也沒有間隔，顯然已成了一體，這樣一來，自己產生自己也不合理，而且一劫的時間也變成了一剎那。

如果有人提出這樣的疑問：那麼，由因果之間的關係不合理這一點不是已說明世俗的因果也不合理了嗎？

事實並非如此，雖說如此顯現為因果，但這一因果經不起觀察。如果世俗中安立的因果經得起分析，則已成了勝義，又怎麼會變為世俗呢？由此可見，並非在世俗中也同樣破斥與觀察（因果）。

這以上是按照嘎瑪拉西拉論師的《難釋》中所說而明了歸納闡述的。

如果有人說：倘若因果不是由接觸不接觸中產生，安立為因與果難道不是成了無有意義嗎？

不會成為無有意義，原因是：對於承認因果二者成

實的宗派來說，成立實有必須要經得起理證的分析，如此一來，除了接觸不接觸、中斷未中斷兩種情況外再不可能有其他邊，所以必須要以二者其中之一的方式而生。如果離開了這兩種情況，則不會再有其他因生果的方式，致使因果也成了非理。但對於不承認因果成實的宗派來說，依靠無因不生的這一有實法規律即可，而無需承認接觸未接觸任何一種情況。雖然沒有這樣承認，但不僅不會造成因果非理的局面，反而更能證明因果極富合理性，關於這一點在下文講世俗的道理，「依自前前因……」時再加以敘述。

如此破斥假相唯識宗的這所有理證極其具有說服力，也蘊含著獨特的深要，如果能夠認真領會，那麼對唯識的宗義將會清澈見底，並且能開顯中觀的密要。因此，對於中觀、唯識二派來說再沒有比這意義更重大的了。

壬二、建立離實多：

分析何實法，某法無一性，
何法一非有，彼亦無多體。

如是在分析自宗（佛教）他派（外道）所承許的常、無常、遍、不遍、微塵、粗法、能知、所知等任何有實法均不成立唯一的當時，作為在未經觀察的側面似乎現為一體如水泡般的一切有實法中，能承受得起比十萬金剛山還要沉重的觀察之負荷極微塵許也是不存在的，結果只能是七零八落、碎成百瓣而東離西散，除此之外某一有實法根本不成立一體性。任何法既然一體性不存在，它也就無有多體可言，因為多體必須要由一體來組合，怎麼會存在無有「一」的「多」呢？就像無樹不成林等一樣。關於這一點，《楞伽經》中云：「若以心剖析，本性無所取，故彼等無說，本性亦稱無。若以心剖析，無有依他起，遍計圓成實，以心豈安立？無性無有識，無實無普基，如屍愚尋思，劣者立此等。凡是相有實，識意之動搖，我子盡越已，彼等享無念。」這其中的意思是說，如果以心來觀察分析，那麼「一」與「多」的體性均無可取或無可得，因此這些有實法無有可言表為「是此是彼」的「實一」與「實多」。所謂的「以意執為是此是彼」的體性皆不存在，說明外境無有，接著對觀內法者也同樣說明這一意義。所以，如果以心剖析，則依他起、遍計法與圓成實三者一無所有，既然如此，又怎能以心來安立它們存在呢？

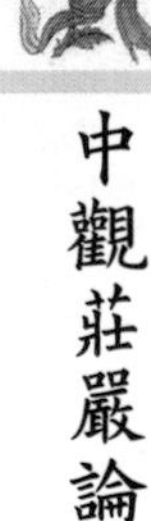

如果有人想：倘若本不存在，那麼裡裡外外的這些有實法為何被世人一致公認呢？

外界的色等之自性無有，並且有境的眼識等識也不存在，現為外內住所、身體、受用的有實法不存在，受持彼等之種子的阿賴耶也不存在。然而，遠離證悟真實義的覺性智慧或者說遠離如理如實辨別正法的妙慧之靈活、猶如死屍般的凡愚以惡劣尋思所牽而共稱（這些存在，）儘管他們如此思量為實有，但並非是真實的。

再者，如果有人想：精通真實法理的諸位智者將處於什麼樣的境界中呢？

超越了藍黃等之行相、內處外處之有實法、眼識等識以及依他起之意的動搖等所有分別之戲論的諸位佛子智者均享受無分別的境界。

此外，智慧卓越的法稱論師也親言：「何定觀實法，真實無彼實，如是彼等無，一與多自性。異實諸外境，設若一非理，彼心種種現，亦豈成唯一？屢屢思外境，如是離行相，是故相空故，皆稱無自性。諸智者所說，彼理當明了。」所說的意義也與上述之理相同。

辛二、建立周遍：

除一及多外，具有他行相，
實法不容有，此二互絕故。

有人心裡認為：在自宗他派所說的欲知物的有法上，儘管從「因」與貼切的比喻同品遍一致成立「有」的角度可證明是離一與多，但會不會仍舊有一個成實的法呢？進而對因違品的異品遍產生疑義，而試圖得出「此因不一定」的答案。

這純屬無法實現的妄想。假設可能存在一個既非一也非多的有實法，則即便一與多二者是無實的，但所知萬法仍然不一定是無實。（當然，這是不可能的。）為

什麼呢？除了一與多二者之外，具有其他行相、非一非多的一個實法是絕不可能存在的，因為一與多這兩者之間是互絕相違的法相而不會有第三品物體之故。如此一來，在自他宗派所說的這些所知法上，離一多因能成立並且必定周遍於宗法，由此足可證實萬法無有自性。

對此，有些人認為：一與多二者是有實法的異名，與之相反的離一與多是指無實法，這樣一來，所立與能立（因）二者已無有差別同屬無實法了。因此，如果在此有法上無自性這一所立不成立，則與之本體無別的「因」也將無法立足；如果因成立，那麼所立萬法無自性也已經被證實了[65]，就像離一多因已經決定而兔角等仍然存在有實這一點是誰也不會承認一樣。於是他們聲稱此因只是成了建立所立之單方面的能立。

事實並非如此，雖然一切有實法原本就是無自性而存在的，但對於由無始以來的愚癡所致不明真相的眾生來說，依靠離一多因能令他們了知此理。諸如，對於不知具有項上厚肉等特徵是黃牛的人說：由於具備垂胡、項峰的緣故，這一動物叫做黃牛。或者可以斷言「面前作為可見的所知瓶子是不存在的」，因為如果存在必然可見，由於未曾見到之故。對於未證悟無自性的識前所顯現的有法本身來說，猶如無有樹木而無沉香樹一樣，由於實有的能遍——「實一」與「實多」不存在，由此

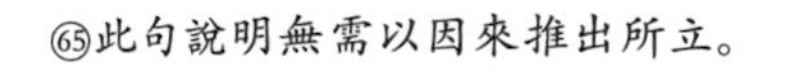

[65]此句說明無需以因來推出所立。

必會遣除所遍實有。可見，所立與因這兩者通達的方式並非毫無差別[66]，為此才憑藉因而建立有法無實，而並不是像瓶子無自性是通過瓶子是無實有的因來證實那樣，成為能立【因】與所立是相同的異名，原因是：依靠因令未了知者了知，已了知者進一步明確，而且具有遣除無自性之違品增益的功效。

己二（宣說世俗中有實法存在）分二：一、認清顯現許實空之世俗；二、分析彼世俗之自性而宣說。

庚一、認清顯現許實空之世俗：

故此等實法，持唯世俗相，
若許此體有，我能奈彼何？

無論是一體還是多體都同樣經不起觀察，因而此等一切有實法好似虛幻的馬象等一樣僅持受未經觀察似喜存在的這唯一世俗的法相。假設認為這一切有實法不是持受世俗的法相，而似現的本性或本體實際存在，那麼我破斥又能對他起到什麼作用呢？

有實法的法性即是指它自身的本相，而不會因為他人的承許而有絲毫改變。例如，倘若虛幻的馬象之相如同顯現一樣成立馬象，那麼不可能安立說「它是假的」，如云：「無論諸佛出有壞現身於世或未現身於世，諸法之此法性本來即如是安住。」

萬法的本相絕不會因為以心安立而有所改變，如果

[66]並非毫無差別：意思是說，因與所立二者中，因容易通達而所立不易通達。

心與事物的本相相符合，才是真正的心境一致；假設心與事物的本相格格不入，那麼縱然如何觀察，都會成為自心顛倒分別對境的增益，而那一對境並不會跟隨人們憑意願而安立的。因此，如果是未被他改變自本體的真相，則對於那一有實法的法性或它自身的本相或自性也就是它自身據為己有的特徵，誰也不能使之背其道而行，為此稱為無鐵鉤或離鐵鉤，其中「鐵鉤」是指能取，也就是說，（法相）不可能被隨心所欲安立的鐵鉤捉住的意思⑰，譬如，對火是熱性這一點誰也無法建立其不是熱性。

頌詞中「唯世俗」的語義是說受持真假中假的本體而真實的本體成實永不存在，這顯然是在否定「真」。雖然在有些書中見到將「此體」寫成「此等」，但這是由於藏文中漏缺了前加字，因而實屬文字上的錯誤，在極古老的所有經函中都是「此體」，需要唯一遵循於此。

儘管有人解釋說後兩句不破名言量成，但一般來說，在講相似勝義的場合裡世俗的自相依名言量可成立，並能破勝義成實，這正是自續派的主要所立。因此，不破名言量成雖然是真實的，但此處頌詞的意義如此解釋實在不妥當，關於欠妥之處不再廣說。

這一偈頌意義重大並且極其深奧，因而有許多需要

⑰此句的意義是說有實法的特徵不會隨著能取心而改變。

說明之處，但概括而言，所謂的「故」與「唯」，有些書中由於翻譯的不同而確定為「世俗性」。實際上，這兩者的意義是相同的。再者「若許此體有，我能奈彼何？」也有耐人尋味豐富的言外之義：從中可以領受到以勝義的觀察所遮破的一切無不成為通達世俗法相的方便、世俗中形形色色的一切顯現也作為證悟勝義的方便即二者相輔相成關係的這一含義。

顯現許實空這一點即是世俗的本體，假設此等如顯現那樣真實成立的話，它就已經不是世俗了，如此一來，勝義也將變成子虛烏有。儘管顯現但絕非如是成立，因而這才是世俗，並且勝義也可依此而成立。正由於諸法遠離一體與多體而在勝義中無有自性的緣故，這一顯現許才獲得了世俗的法相。可見，二諦是交相輝映的關係，彼此之間又怎麼會有妨害呢？

將上下文的內容貫穿起來，進而千方百計地通達空性緣起之間一者無有另一者也不可能存在的相輔相成之含義，可以說在所知萬法當中再沒有比這更為重要的事了。

如此有人想：這些有實法的實相到底是怎樣的呢？

所顯現的各種行相均無有自性，因此分析無自性也正是為了遣除世俗真相的違品增益從而顯露出世俗的實相，如果沒有將顯現與空性圓融一味，證明尚未通達有實法的本相；如果明白這兩者無合無離，那麼就已通曉了有實法的本相，如同虛幻之馬象的自性顯現為馬象，顯是顯現，但實際是不實虛妄的，也就是顯現虛妄兼而有之。徹知存在的有實法之真如的諸佛出有壞對於此等道理已詳盡地說明過。《攝正法經》中云：「菩薩當通達善逝出有壞真實圓滿正等覺所說之十名言，何為十名言？說蘊、說界、說處……」《寶雲經》中也云：「善男子，若具十法，則菩薩精通世俗。何為十法？色亦是假立，於勝義中色亦不得，無有耽著。如是受……」其中對此作了廣說。《宣說聖無盡慧經》中也云：「所謂『如理』即諸法無我，如是諸法以理而見……」又如《大般若經》中也說：「法相空性故，乃至識之間，識之本性空。」

唯識宗論師聲明：說為空性，這是指以遍計所執法本體而空的意思。

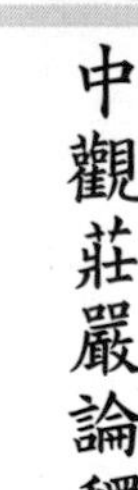

這一點千真萬確，在真實的立場上，我們承認所謂的「識有自性」也是遍計法。依他起的本體如果成實，那麼即便唯一顯現為二取稱為遍計所執也是成立的，然而由於以前面所說的正量有妨害的緣故，依他起也成立為遍計性。正如《象力經》中也云：「舍利子，汝如何想？了知諸法之本性存在抑或不存在？舍利子白佛言：『世尊，了知諸法之本性無所了知，何以故？世尊為說明諸法虛幻之自性，皆是如幻，本不存在。如此了知諸法本性無所了知。何以故？此於真實中何法亦不得

也……』」

因此，對無有自性與緣起顯現二者本體無二無別猶如水月般空而顯現這一點生起殊勝定解後通過這樣的執著相而作意，這就是所謂有現行境者如幻之定解。也就是說，相合實相而執著，但空性的基性與它的無自性只是以心來認定的，破立兩種分別念的耽著對境依靠理證能夠摒除，並且會有所增進。由於依賴於分別念，故稱為世俗。如實修行實相是指遠離一切破立的分別戲論，稱為無現行境者之如虛空入定。即便按照承許入定為有現的觀點來講，也指的是離戲實相，這一點無有任何分歧。

庚二（分析彼世俗之自性而宣說）分二：一、顯現許無欺而存在；二、現基必為實空。

辛一（顯現許無欺而存在）分二：一、如何顯現；二、以何因而顯現之理。

壬一、如何顯現：

未察一似喜，生滅之有法，
一切具功用，自性知為俗。

如果有人問：所謂的「世俗」是像兔角等與常有的自在天等一樣徒有虛名，還是緣起無欺能起作用乃至牧民以上眾所周知的那一意義只是以表示的不同而安立為世俗的，到底是哪一種呢？

此世俗並不是指如同兔角等一樣僅以語言安立、不可現見、不能作所想之事的無實法，若對如是緣起顯現的本體加以觀察，則經不起分析，但是單單從未經觀察這一側面而言似乎歡喜、現量顯現，而且是因果本體剎那生滅的有法，對於這一切真實不虛可以見到並具有作所欲之事功用的有實法之自性，應當了知為世俗。

世俗的法相從否定的角度宣說了三點，從肯定的角度建立了一點。

一、未察似喜：對於這些世俗，從遣除是實空的同時不顯現的這一角度說為「未察似喜」，雖然一經觀察了不可得，但在未經觀察的側面無可泯滅而顯現，如同水中月一般，此等無欺顯現這一點依靠上述建立實空的那些理證足可確定。

二、生滅有法：為了否定非剎那性而說是生滅之有法，這些以破常法的理證等可明顯證實。然而，如果對此稍廣闡述，則建立剎那的理證有無觀待因與有害因兩種。

（一）無觀待因：（推理方式：）存在的任何有實法決定不觀待其他滅因而自然剎那毀滅，如閃電與火焰等，聲也是存在的有實法之故。

對此，有些人認為：以瓶子為例，在沒有遇到滅因之前是常有的，乃至沒有用（鐵）錘等將其鑿成碎片期間，今天的這個瓶子也就是昨天的那個瓶子，明天的那個瓶子也就是今天的這個瓶子。

所毀滅的有實法與滅盡的無實法二者雖然同樣稱為「滅」，但無論如何都不需要其他因，這其中的理由是：作為所毀滅的有實法，本身足可產生而無需他法；而身為無實法，根本就不存在因。舉例來說明：一個瓶子從形成時起至一百剎那之間未曾遇到毀滅之因，之後遇到滅因而毀滅，必然有第一剎那剛剛形成的階段以及依次的第二剎那等階段，假設這些剎那階段的瓶子均是一個，那麼剛剛形成之剎那與即將滅盡之剎那的兩個瓶子也需要是一個。如此一來，那個瓶子剎那便會毀滅而不會住留一百剎那。同樣，如果中間的某一剎那不是各自分開的，則成了不具備那一剎那，因為所謂的剎那不可能是與瓶子他體存在，也就是說不會有「瓶子常有、剎那單獨計算而存在」的情況。

同理，無論住多少日、多少年、多少劫都成立為剎那（即是以剎那組成之義），不積累剎那的年等是絕不會成立的。所謂的人間百千年也是如此，由一年一年而計算為百年的；年也是同樣，如果未圓滿十二個月，則不能算作一年；一個月也有三十日，一日有六十漏刻（簡稱刻），一刻有六十漏分（簡稱分），一分有六息，一息有呼氣與吸氣，而且每一呼氣及吸氣也有許多剎那。

層疊的一百個青蓮花瓣用針快速穿透的同時，所有剎那只會次第性出現而絕不會順序紊亂地出現，諸如其中的一剎那不齊全，以它的數目不可能不使停留的時間縮短。第一與第二剎那間的那一有實法如果成了一體，則只會像第一剎那一樣，而第二剎那已成無義。如果它在第一剎那中紋絲不動、並不毀滅，那麼最終也不可能有變化。總之，第一剎那緣什麼法，再不可能緣除此之外的其他法，新與舊、前有與今有的差別、成為未成為誰的根境、做與不做的萬事都需要變成無有差異。但事實並不是這樣，前者滅亡才使後面的階段產生這一點是決定的。

諸如瓶子也是同樣，前面無水時的瓶子與現在有水時的瓶子如果是一個，那麼有水的同時也需要是無水階段的瓶子，實際上絕不會有這種可能性。前面無水時的那個瓶子已經滅盡了，這一點務必要明白。如果它仍然沒有滅盡，則不可能出現有水的機會。同樣，凡是顯現能起作用的一切有實法，如果前剎那未滅，則後剎那絕不會產生。

因此，我們要清楚地認識到，有實法本身的生滅二者是由一因而引發的，並不需要其他因來滅盡。儘管是如此一剎那生滅的，但（眾生以）同類連續不斷而生作為迷亂因，將其執為一體。比如，心裡認為「去年我渡過了這條河，明年還要再次渡過」而將去年、今年與明年的那條河思維成是常有的一條河。但如果加以觀察，則不要說去年與明年，甚至今天早晨河水流過的地方連

一點一滴也是沒有的，所出現的完全是嶄新的河流。

所以，思維所謂「瓶子是用鐵錘毀壞的」，只不過是將遮止瓶子的未來剎那持續產生這一點說成是毀壞瓶子而已，實際上（鐵錘）並不是真正毀滅瓶子的因。如果觀察（鐵）錘到底能毀滅（鐵）錘本身、碎片還是除此之外的他物？則（鐵錘）自我毀滅終究不現實。儘管瓶子的近取因加上鐵錘作為俱生緣，結果導致碎片的產生，但是身為造出碎片者又怎麼會毀壞瓶子呢？

如果認為：一個鐵錘將瓶子毀成無實法，同時又產生碎片的有實法。

破斥：有實法與無實法二者不可能成為（鐵錘）所作的對境，作碎片的其他事不至於使瓶子毀滅，就像造柱子不會摧毀瓶子一樣。

如果有人認為：用鐵錘打破瓶子，而碎片就像燒火的灰塵一樣自然產生。

破斥：倘若如此，那麼陶師也成了摧毀泥土者而不會成為造瓦罐者，具有諸如此類的過失，因而對方的觀點未免有些過分。

因此，「無實毀滅法以因而作」的說法實際上已承認了以因什麼也沒有做，就像說「看見無有」與「一無所見」這兩種說法意思相同一樣。

（二）、有害因：有些人聲稱：「大多數烏鴉是黑色，但也有是白色的，同樣的道理，大多數有實法是無常的，然而也有大自在天等個別有實法是常有的情況。」

（對於這一說法，通過推理的方式予以破斥：）無論任何法，如果是不具有次第性或同時起作用的常法，那麼決定不是有實法，猶如虛空，常有的自在天也無有功用。（這一推理說明：）任何法如果有功用，則必然是次第性與剎那性，常有法不可能有變化結果也就無有功用，無有功用的法不可能是有實法。簡略地說，我們要知曉：如果常有，則與是有實法相違；如果是有實法，則與常有相違，這兩者不可能有並行不悖的情況。恆常的有實法在萬法之中不可能存在，任何存在的有實法毀滅並不觀待他因是成立的。所以，我們要清楚，在所知萬法的整個範圍內沒有一個恆常的有實法。

不具備功用的虛空等法實際上是沒有的，它僅僅是對遣除其他有實法的這一分假立為有的，虛空作為常有等的比喻也只是從非無常的角度來安立的，而無有任何常有的自性成立。依靠這樣的道理而理解「生」本身就意味著「滅」，這在名言量當中是至高無上的結論。依於這一點也可以了知能作所作、因果的無誤安立以及名言的實相，並能無餘推翻耽著世間、常法等顛倒的妄念，而且也能夠輕而易舉悟入無實的空性，可以說無常是此等一切清淨白法的根本。世尊也曾親口說：「一切足跡中，大象跡最勝，一切想之中，無常想最勝。」

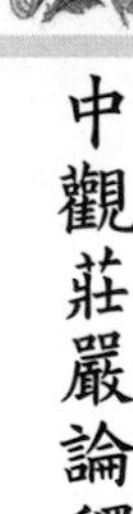

三、能起作用之理：正如兔角等除了虛名之外自本體少許也不存在一樣，一切無實法實際上均與之相同，僅僅是遮遣有實法而已，自主成立一絲一毫也是無有的，因此虛空等不能起作用的法以名言量也無法證實其存在。所以，我們應當了知無實法本來就不存在。由此可見，人們取捨的對境唯一是在名言中具有自相、能起作用的有實法，為此這裡也該將它確定為世俗。如云：「如若建立一，依彼置他法。」

此處堪當所知的事物——為諸大智者到愚笨的牧民之間所共稱、能起作用、無害之根前能呈現自相並且可產生後面自果的一切法才是名言量所衡量的真正所量。依之足可明了並命名有實與無實、破與立、總與別、相違與相屬、實體與反體、所詮與能詮、顯現與遣餘等無量無邊的類別，因此所謂「世俗」的真正對境唯獨是能起作用的法。

如果有人認為：這樣一來，相續即將滅盡的最後剎那就不具備能起作用的法相了。

對此，雖然（有論師）解釋說：如果遇到外緣則能起作用，因而無有這種過失。事實上，即便沒有遇到外緣，儘管不產生後面的自果，但一般來說也不致於成為不能起作用。

其他論典中將世俗分為正世俗與倒世俗兩種名言。從現相的角度而言，在此也只是這樣作為它的名言雖說

並無相違之處，但此論對於名言的實相以量分析而安立的方式何時何地都必須唯一按照因明的典籍。因而，甚至在名言中，無有功用的一切法也無法安立為名言量的照了境[68]，所以必須要將絕對能起作用的法認定為世俗，諸如二月等之類的顛倒耽著境顯現為它，實際上只是識本身現為那一行相而已，所以不包括在世俗中的過失是沒有的。如果考慮像顯現那樣的外境自身的本體成立不成立，則絕不成立。

假設有人執著這樣的顯現實際存在，進而認為它不具備世俗的法相，結果成了不包括在二諦中的第三品物體。如果承認此顯現存在並且不是剎那性，那麼就成了恆常的顯現而且也不會變成虛妄的性質。如此一來，建立無實的同喻[69]也不可能存在，有諸如此類的過失。本身具有比普通世人更為愚癡的旁生特徵，而與比精通萬法本性者更勝一籌的諸位智者進行辯論，那簡直是一個天大的笑料。

同樣，依此也可類推借助遺餘的力量認定無實法的行相，就像所說的「無實法的體性空」等一樣。

對因明含義一竅不通的人們對於分為正世俗與倒世俗容易銘記於心，但這裡從決定將世俗許為能起作用的法而言，具有名言量的深要完全是久經修習法稱論師之

[68]照了境：心識自己所了知之主要對境，如眼識照了之對境為色法。
[69]同喻：二種正喻之一，因及法二者俱全，即在所立宗確定之前，作為確定同品遍之事物，如證成「聲是無常」之先，所列舉的「瓶」。

自宗者的行境。上面雖說已從否定的角度說明三法相，但從肯定的方面而言，一個世俗的本體也必須要齊全這三者，也就是以名言量所得出的意義，或者人們共稱的能現出自相的一切有實法，或者現而無自性，這即是世俗的本體。（相關論典中）再三提到的也是指它。

接下來簡明扼要地闡述否定與肯定的道理：某一事物以排除非本身或者遣餘的方式來命名，遣餘方式也有「無瓶」之類的無遮之遣餘與「非瓶」之類的非遮之遣餘兩種。其中，通過排除非本身的方式來了知它的本體為否定；依靠建立自本體的方式排除所有非本身的法為肯定。因此，某一事物如果通過否定非本身的方式加以遣除，則也能明白以肯定證實它的本體以及與之相反（通過肯定它的本體而否定非它本身之法）成立的道理，這是就總的方面來說的。

分別而言，否定也包括詞否定與義否定兩種。

詞否定：如是一切詞語均是遣餘的有境，因而某一詞語借助否定非本身之所詮意義的力量，便能理解以肯定方式建立所詮的本體。不必說是一切具有實義的能詮詞句，就算是說不符實際的「兔角」也是排除了非兔與非角以後建立起所詮的本體，如果這一點不存在，則某一對境的概念就無法生起；如果不產生那一概念，則執著為永不存在的概念也不可能存在。然而，除了憑藉詞語的力量而映現在心境前以外，兔角的本體再也沒有以否定與肯定而成立的他法，事實上於名言中也是不存在的。

義否定：也有以肯定而成立與以否定而成立兩種。其中，一切無實法具有僅僅排除有實法的這一根本，表面看起來似乎觀待遣除所破而在名言中建立肯定它的本體，但實際上，除了借助否定的力量而建立以外肯定自本體絲毫也是不成立的；而一切有實法以肯定的方式建立自本體，間接也以否定的方式遣除一切非本身的法，因而是以肯定與否定兩者來證實的，但主要還是借助肯定的力量間接加以否定。

所以，如果未辨別詞否定與義否定，則無法分出名稱所表達的意義在名言中有無的差別。對於意義的本體，倘若沒有區分以否定來證實和以肯定來建立的差異，則無法將有實法與無實法區別開來，由此可見，鑒別此二者的這一方式極其重要。

無論在差別事上建立任何一個差別法，都有以排除某一事物不具有某一差別法來建立以及排除其本身之外的他法具有而以唯其具有的方式來建立兩種。以法相為例，在某一事物上具有的方式也有三種：一、非可能否定⑩：排除諸如將微塵立為識之法相這種不可能的情況後安立識本身容有的法相，稱為非可能否定。二、非有否

⑩非可能否定：也叫不容有限制，限制詞之一。即否定某一事物不容有某一屬性，以說明其只有可能者。如云：「優缽羅花只可能是青色。」

定[71]：某一事物的一個側面雖然容有某一特法，但對事物的其他方面來說卻不一定【不遍】，諸如依賴眼根而生起的認知對境之識安立為識的法相，排除事物的所有側面不具備的情況後周遍而安立，稱為非有否定。三、另有否定[72]：雖然對於某一事物來說是周遍的，但對不想表示的他法來說也同樣周遍【過遍】，諸如凡能作為心之對境的法安立為識的法相，排除他法具有而安立唯它本身才具備，稱為另有否定。

以這三種否定形式斷除三種過患的法相才能被共許為無謬的（真實法相）。

如此凡是在差別事上建立差別法均要通過唯它具有或者他法也具兩種否定形式，按照想表達的意義才能建立。因此，從任何事物上所具有的任何差別法的反體角度可以分出有同樣數目的否定，排除一切非本身之法的本體與肯定是同一個意思。也就是說，從分為差別事與差別法的角度而言，（以藍色為例：）差別事是指單單藍色的反體，藍色上面的所作、無常等作為差別法的反體。倘若從分為法相、名相與事相三者而言，則這三者的反體分別被共稱謂義反體、自反體與事反體，諸如此類。如果歸納而言，則一切反體都是從否定或遣除非其

[71]非有否定：也叫非有限制，限制詞之一。即否定某一事物不具備某一屬性，以說明其定有此屬性時所用限制詞。如云：「老黑只是神槍手。」「聲即是無常」

[72]另有否定：也叫別有否定，限制詞之一。否定他處有某一事物以說明唯一此處有某一事物。如云：「唯聲是所聞。」

本身之他法的側面來安立的。關於兩種否定的方式，在此已經極其明了地宣說完畢。

如果是世俗，則以上的（未察似喜、生滅有法與能起功用）三法必須在一個事物上不相分離而齊備。

（辯論一）有些人說：這是不合理的，假設具有合理性，那麼苦受的事物【有法】，在未經觀察的情況下也應是喜受了【立宗】，因為是世俗之故【因】。不能這樣承認，因為明明是不喜的感受之故。

（以同等理而破：）梵天、大自在天、轉輪王的世間安樂【有法】，應是痛苦【立宗】，因為一切有漏皆是痛苦的本性之故【因】。不能這樣承認，因為明明是快樂之故。還有許多同樣的實例。如果（你們所說的要）分析密意，那（我們所說的）另一者也同樣可以分析。

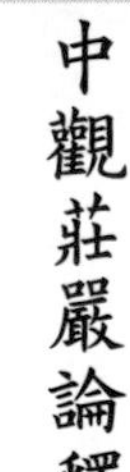

（辯論二）對方說：單單無遮的空性【有法】，應成刹那性【立宗】，因為是世俗之故【因】。此推理是成立的，其原因是：《自釋》中說：「由於依於所謂世俗之分別念的緣故，無生等也成世俗，而不是勝義，如同樹木等的詞義一樣。」又云：「無生等也歸屬在正世俗中。」不能這樣承認，因為（空性）是無實法之故。

破斥：無遮空性【有法】，應成你不能思維、言說【立宗】，因為你承許它是勝義之故【因】。這一點是周遍的，其理由是：經中說：「勝義尚且在心之運行中

亦無有，何況說一切文字。」不能這樣承認，與現量相違之故。

（辯論三）對方說：虛空等無為法【有法】應成能起作用【立宗】，是世俗之故【因】。此推理是成立的，原因是：所知萬法必定可包括在二諦中，而虛空等不是勝義之故。不能這樣承認，因為虛空明明無有功用。

破斥：關於這一點，推理要從意義上來理解，而詞句也是間接切合意義的。原因是：倘若如此，則以甚至對世間名言中本不存在的石女兒同等類推時，對方自己也應當會清楚虛空根本不存在。以詞句一致並且意義的本體不存在對於所有無實法來說都是相同的。可見，如果說要對意圖等差別加以分析，則另一者也同樣可以分析。依此便可（否定對方的觀點）。

如果對方認為：這兩者是截然不同的，因為在名言中有著存在、不存在的差異之故。

破斥：如果在外境自相上不能建立有差別，那麼僅僅以否定來證實這一點在觀察外境的場合裡同樣還是尚待觀察的對境。

如此這般只不過是為了開開玩笑才稍稍運用了辯論，實際意義即是這樣的：所謂的「未察似喜」也就是指：恰似虛幻的景象一樣，如果在未經觀察的情況下聽之任之，則似乎真真切切地存在，對此可以稱為「似喜」，而凡是虛幻的景象也不決定是似喜的，例如當呈現令人恐懼萬分的景象時（就不是似喜了）。這也只不過是對在未加觀察的情況下似乎真實成立的取自之識欺騙或者說能令生起歡喜的感覺，而相似表示的，萬萬不可執為絕對是身心樂受的歡喜感覺。

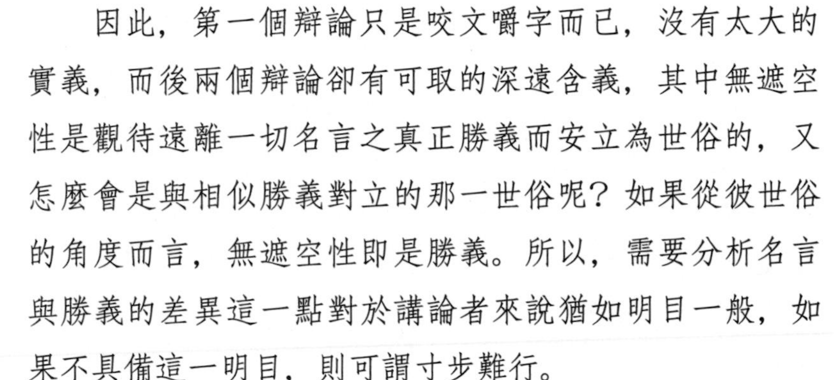

因此，第一個辯論只是咬文嚼字而已，沒有太大的實義，而後兩個辯論卻有可取的深遠含義，其中無遮空性是觀待遠離一切名言之真正勝義而安立為世俗的，又怎麼會是與相似勝義對立的那一世俗呢？如果從彼世俗的角度而言，無遮空性即是勝義。所以，需要分析名言與勝義的差異這一點對於講論者來說猶如明目一般，如果不具備這一明目，則可謂寸步難行。

按照第三辯論的教義，虛空等是無實法，單單無實存在的名言也是來源於所破對立之有實法的力量。因此，一般來說不至於成為非所知及無名言。雖然何時何地都不能如此承認，但也不會由於它不攝於世俗（此處世俗是指能起作用的有實法）之中而導致它既不是世俗也不是勝義的局面。對於肯定「所知為常無常兩種」的說法，令對方沒有說「不能包含不可思議的我」這樣吹毛求疵的餘地。應當明白，自以為是地認為虛空等不包括在勝義與世俗之中也與之一模一樣。虛空只是對於無有觸礙的這一分而假立的，因此虛空與石女兒二者只不過是以名言來區分有無的，但若從意義上分析，則它們

的自相根本沒有任何有無的差別。所以，在口說「兔角」的時候，表面上看來似乎是以言詞排除無有兔角，並且心也如此而緣，可實際上兔角的自相不可能成為所知，因此可完全斷定說它不是所知。相反，如果僅僅因為緣名稱就成了所知的話，那兔角也成了所知，最終不是所知的事物根本不會成立。如此一來，將變成沒有任何不可存在的事物了。同樣，人們只是緣虛空等一切無實法的名稱而已，實際上這些無實法並不成立。可見，從意義為出發點的如此安立是合理的，其他論中也異口同聲地說：「虛空等同石女兒。」

如果有人問：倘若虛空不存在，難道不是與世間中將它列為五大種之一、論典中也以其作為比喻等相違了嗎？

作答：正如上面所說，虛空只不過是對無觸礙的這一分而假立的，從未經觀察而認為的側面而如此表達罷了。如果詳細觀察、分析，則無有能建立虛空存在的正量。由於虛空無有自相，因此以眼識等境證現量無法證實其成立，原因是：如果能依此得以成立，就已成了色法等；如果依自證而成立，就已成了識；如果認為由於親身體驗而成立，那僅僅是指無有礙觸；如果其本體有可緣的，那麼也就不能算作虛空了；作為無有自體的它也不可能有兩種相屬，因此不是依比量而成立的。結果，所謂的虛空已經徒剩虛名了。如果理解了這樣的道理，則將領會到（虛空正是）萬法除了由分別念而安立以外無有本性的比喻，如云：「所謂見虛空，眾生詞言說，虛空豈能見？當觀察此義。」關於莊嚴虛空與空隙虛空不能充當虛空存在的依據，這一點在前文中已敘述完畢。

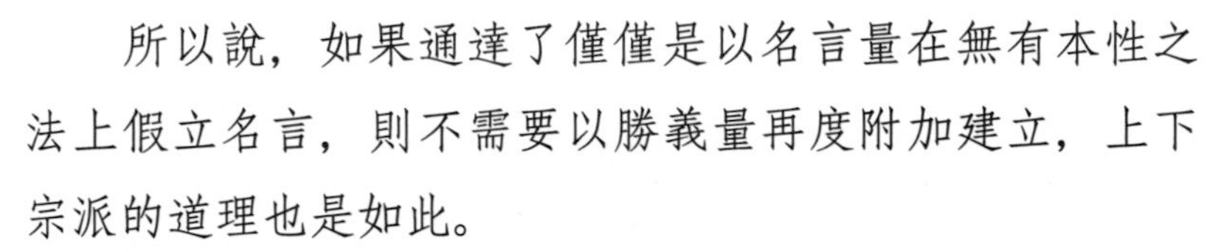

所以說，如果通達了僅僅是以名言量在無有本性之法上假立名言，則不需要以勝義量再度附加建立，上下宗派的道理也是如此。

因而，在一切能起作用的有實法上可以正確無倒地進行破立，同時也能遣除顛倒增益的二我，就像具明目者打量青春年少之士一樣。

通過遮遣有實法而使無實法本身成立為心的對境，除此之外再無有其他成為破立對境的所謂無實法。然而，只是在它的詞義上採用各種名言，這一點對於空中的鮮花也同樣適用。

作為世俗之事相的法：色等十二處足可涵蓋一切所知。一般而言，處有內六處與外六處，它們的法相依次是：（眼）作為取色之識的不共增上緣並成為眼識的所緣緣……成為識獨有的所緣緣之間。明覺是識的法相，如果分類，則有八識聚，依賴於增上緣眼根而生起的覺知等即是眼識等的法相。種種習氣之依處的明知分以及執識相續為我二者分別是阿賴耶與染污意的法相。

總的來說，所謂的「法相」是安立某一有實法名言名相之因，所以為了對義反體與自反體的分類、意義與

名言心領神會，如將「大腹」稱為瓶子的法相一樣。有人認為，必須通過某一法相與名相一致的方式遣除士夫之心可趨入其他邊的所有增益而以一個相續的語言來周遍，進而在文字名稱的戲論上下功夫，其實按照諸大經論中詞句的風格而掌握意義的要點才是最關鍵的。

唉！當今時代的愚者們由於自己未能正確決定意義與名言的真理，甚至瀕臨對佛語也妄加品頭論足說「完美不完美」。對此法相，只不過是在把握義反體之要點的方式上有所差別，而從語句的側面觀察其他邊之增益的巧言花語基本上都無有任何實義，就像婆羅門持咒一樣將別人所說的詞句銘記在心而得以滿足，（這些人）甚至對前輩殊勝大德的論典也藐藐輕視，這實在是件極其遺憾的事。

對於加不加鑒別等一切含義的要點也應當如是確定。所以，在任何情況下，意義上具有的過失依靠任何詞句也是無法遣除的，因為單單詞句的用法就像握在自己手中的羂索等一樣，根據智力而隨著想表達的意願。諸位智者憑著事勢理進行的辯論均是依於意義，並不是僅僅著重詞句的用法。然而，所有愚者卻在詞句上爭論不休。如果遠離了智力的鐵鉤，那麼所有詞句仿佛醉象一般必然不由自主地面臨著危險之地。因此，恆常唯一用布來保護眼目⑬的人，在智慧的體力尚未達到健全之

⑬用布來保護眼目：義為用詞句掩蓋本義或自智。

前其他人暫時無法給予安慰。將重點放在詞句之用法上的講、辯、著全部是言詞冗長、意義空洞，必將導致延緩生起要訣的證悟。因而，諸位有智慧的人士要依於意義而注重所有論典的本義，當甚深的智慧已自在圓滿之時，所有語言自然會得心應手、運用自如，也能了達論典的一切要義並通過應成論式摧毀反方的辯才等。

略說完整無缺的法相等之理：所謂的名相就是有理由之概念的名言，假立瓶子等這些的義反體實際就是安立瓶子的理由。比如，大腹立為瓶子的法相，它是瓶子的能立，而「撐起橫梁」的作用等並不是它的法相。與事反體（相當於事相）、自反體（相當於名相）二者不混雜的法相自本體已經明明白白無誤確定時，即是遠離不遍、過遍與不成三種過失、或者說具全非有、另有、非可能三種否定，何時對法相與名相的關係生起定解，那麼依於義否定的力量，它的一切特徵已經應有盡有，雖然沒有繁瑣的詞句，但掌握要點就已經足夠了。比如說「請將柴拿來」，依靠義否定便能明白（說者指的是）前面放著的木柴，而無需說出柴的差別以及它的地點、時間自性不混雜的一切行相。

如果不能通達法相與名相之間的關係，那麼在表達法相的詞句上說再多的話也無濟於事。例如，有人看見晶瑩剔透的水晶寶問：「這是藍寶石嗎？」別人回答：「不是，藍寶石是藍色的。」那人只是從字面上思量而接著問：「那麼，藍布也是藍寶石嗎？」回答：「布不是藍寶石，藍寶石是藍色的寶珠。」問：「那麼，藍如意寶也是它嗎？」答：「不是，與藍如意寶相比，藍寶石的價值要低廉。」問：「那麼，是藍水晶嗎？」答：「不是，它要比普通的水晶價值昂貴。」……無論說得再多，都未能完整地表達出藍寶石獨具的一切法而認清它，就像盲人說象一樣。當說「藍色」時，如果了解了在外境上面的法——藍色與藍寶石之間的關係，則相當於斷除其本身的增益而掌握了法相的要點，依此間接也能了知不共的正相，並且滅除其他增益，就像命絕而使其他根滅盡一樣，因而應當精通抓住要領。也就是說，一切時分將義否定的本義銘記在心極為重要。

比如，當說「瓶子」時，心中雖然浮現出大腹的行相，但不可能誤解為凡是有大腹特徵的其他法。因此，當以那一法相而安立的「瓶子」名相，在某一事物上建立時，如果「金瓶」等名相的任何一個類別不特意分開，則勢必造成名相與事相句義的概念無法現為異體，結果導致無法認清事反體。事相如果是金瓶，則必須成為法相與名相二者的依處，因此決定既是「大腹」又是瓶子，但設施處不需要是它㉔，如同瓶口、瓶腹、瓶底的部分與色塵等雖是瓶子的設施處但其中每一部分不需要

㉔設施處不需要是它：義為大腹與瓶子雖然是金瓶的設施處，但瓶子與大腹不需要是金瓶。

是瓶子一樣。然而，在講事相的場合裡，諸如：對於雖見到「瓶子」卻不知其名稱者來說，可以運用建立名言的正確推理。金瓶與瓶子二者僅從瓶子的反體上來講概念是一致的，因此當時容易將具有大腹特徵並起到盛水作用的金物（即金瓶）認定為瓶子的事相，並且所有與之同類的事物均可依此類推，就像東方具有撐起橫梁這一功用認定為柱子的事相一樣。無常的事相，諸如「聲音」，即以不同名稱而分別安立即可。一切因明的秘訣當從其他相關論典中得知。

如是所謂的「世俗」通過否定的方式而說明具有的三法相在名言量前無有欺惑、不可否認而顯現，但是自性成實絲毫也是無有的，它的現分世俗、空分勝義具有緣起顯現的法相。正如龍樹菩薩所說：「何者緣起生，說彼為空性，彼作因假立，彼即中觀道。」

壬二、以何因而顯現之理：

未觀察似喜，依自前前因，

如是而出生，後後之果也。

如果有人想：那麼，具備如此法相的所有世俗法不滅而現到底是以什麼因而顯現的呢？

作答：正為了說明此顯現並沒有其他任何因，唯一是以緣起的方式而顯現的，作者才如此說道：未經觀察似乎歡喜的此景象並沒有另外的顯現之因，之所以這樣顯現唯獨是依賴於自己的前前之因而如是產生後後之果的。

某一法不觀待任何事物如同空中的鮮花一樣顯現是不合理的，凡是作為所知的法決定觀待，一切有實法絕對是觀待而產生，所有無實法絕對是觀待而假立。

那麼，是如何依緣而起的呢？緣起法有內緣起法與外緣起法兩種。其中外法是以種子生芽的方式依緣而生；所有內法是以緣起十二支的方式使因果連續不斷而生。緣起十二支：（一）無明：也叫癡心，即對一切萬法的自性真如一無所知，它並不單單指無有明知，而是指直接與覺性智慧對立的違品——愚癡心所。（二）行：由無明中產生、依靠對自他等的顛倒分別念而積業。（三）識：由行而在識上薰染習氣，並且一旦現前時，便能形成果之識。（四）名色：依賴於識而形成四名與胎位的凝酪等色即五蘊。（五）六處：依靠名色而產生眼等內六處。（六）觸：如果某處（指六處中的某一種）存在，則必定產生值遇六境的觸。（七）受：一經接觸，必定生起苦、樂與中等（等捨）的感受。（八）愛：一旦有了受，就不可能無動於衷而置之，便會產生愛。（九）取：如果生起了愛，則不會善罷甘休，自會竭力追求所愛的對境，於是出現了取。（十）有：對於凡是這般取受而積業，稱為有。（十一）生：所造之業永遠不會虛耗，將隨著黑白之因而投生到善趣與惡趣，即稱為生。（十二）老死：從出生時起，便存在相續逐漸變異的老與相續滅盡的死，由於這兩者從無常的角度而言是相同的，因此才合稱為老死。此十二支完全可包括在煩惱、業與痛苦三者中，它們彼此互為因果，從而（使眾生）猶如旋火輪般接連不斷地流轉於世間。

可以顯現的此等法也並非是依於一個不空的因而顯現的，如頌云：「唯有空性諸法中，起現空性萬法已，經懺⑦⑤明燈鏡印章，火晶種子酸與聲，蘊結生亦不遷移，智者理當通達此。」這其中的意思是說，某人朗朗誦讀經文，當其他人記在心裡時，對方（指誦經者）意中所擁有的經典等並未遷移到另一人的心中，自方的相續了知經懺的心是依靠對方的經懺聲而呈現的，⑦⑤並非無因。同樣，前面的蘊沒有遷移到後面，否則有恆常的過失；後面的蘊也並非不依賴前者，否則有無因生的過失。又如油燈傳遞油燈、明鏡中映現影像、印章中浮現出凹凸不平的行相、火晶中出現火、種子生芽、依酸味而分泌津液、聲音出現迴響的一切比喻，均不是由因遷移到果中而成為一體的，果也不是不依賴於前因而生，這完全是若無因則不可能生果、倘若因齊全則不可能制止果之產生的緣起生。如理如實、毫無錯謬地宣說如是有實法之正相唯是大沙門佛陀出有壞至高無上的特法。

這些因生果的方式雖然由於有實法之能力的法性不可思議而各自因只能無欺產生各自之果，但實際上是遠

⑦⑤經懺：日常諷誦的經文。

離能生、所生關係的現空雙運，如此因與果若接觸而生不合理，即便不接觸而生也不合理，而除了這兩種情況以外的產生方式不可能存在。可是，因果無欺顯現極富合理性這一點，僅以「由此因無欺產生此果」這一結論就足可證明，除此之外，無需找到「若生則如何生、生的理由是什麼……」的合理性，就像「火是熱性乃有實法的自然本性，而不需要另外去尋覓它是熱性的理由是什麼」的合理性一樣。

所以，一切有實法的正相即是所量，與之相符而加以衡量就是量或理。此理也有從衡量對境之因、果、體三個方面，而說為作用理⑯、觀待理⑰與法爾理⑱三種。對於這些所量遣除增益後毫不顛倒地進行遮破與建立的道理，稱為證成理。這一證成理也有衡量明顯分的現量與衡量隱蔽分的比量兩種，比量也由於是能推斷隱蔽分對境具有理由的法憑藉量而確定的，因此最終歸屬在現量中，現量也需要納入唯一法爾理當中。如此作用理與觀待理均是有實法的自然本性，所以絕對包括在法爾理中。可見，一切理歸根到底的落腳點就是法爾理。只要歸入法爾理中就無需再建立其他的合理性，就像火為熱性的理由無所言說一樣。因此，符合有實法之自然本性

---

⑯作用理：不同諸法各別作用，如青稞種子只生青稞不生其他蕎麥豆類。

⑰觀待理：依靠原因始生結果的道理，如苗芽觀待種子而後生，十二緣起的行支觀待無明支而後生的道理。

⑱法爾理：如水流向上，火向上燃，世間共知的自然法則。

的法爾理即稱為事勢理。由於能無誤衡量有實法的正相，因而此理是不被他奪（或顛撲不破）之義。名言量與勝義量這兩者稱為事勢理。「火性為熱」是世俗的法性或正相，「火無自性」為勝義的法性或正相。可見，此二量兼而有之才能無誤地抉擇有實法的正相，而每一個孤立的量並不能做到這一點。

佛陀出有壞所說之語也是以此二諦為基礎無誤如實說明有實法的實相。身為後學者的我們也必須如此以理抉擇，這是我等大師釋迦佛的正確宗旨。而聲稱「總的以理分析、尤其是因明等內明無有用途」的論調簡直是對親身體驗以三觀察清淨的佛語這一完美正量者造違緣之惡魔那可怕的密語，如果對於佛陀出有壞真實徹見了萬法實相後以慈憫心為他眾開示之義生起定解的途徑妄加詆毀的此類詞語還可能有真實的一分，那麼在這個世界上根本不可能再有顛倒的言詞了。因此，如是了知一切正量的究竟之理在二量的場合中格外重要。

如此已經通達總的道理以後在分析因果的此時，雖然有實宗的諸位論師由於生起「業已滅與業之果這二者之間被久遠的時間隔斷，結果因與果該如何聯繫在一起」的顧慮，於是承認存在起到聯繫作用的得繩與不失毀法等。然而，中觀師則主張這只是緣起相聯而在此二者之間無需再有任何充當連接紐帶的其他實體。以往的業力在任何情況下，於因緣具足的某一相續中不會虛耗

而成熟果報，所以因果極富合理性。就算是相續不斷而顯現的種子與苗芽，也不可接觸以後而產生。因此，我們絲毫也不能認為「種子與苗芽那樣相續不斷一樣因果是合理的，像業果相續中斷而生一樣因果是不合理的」。完全通達這兩者一模一樣，是最為關鍵性的一個要點。

因此，通達了種子本身生芽即是作用理，也是種子的法性所在，就像火的自性為暖熱一樣。所以，因憑著無有阻礙的能力並非不生自果或者錯亂生或者無窮生等，這也是有實法的自然本性。如果觀察芽是由已滅之種子中產生還是未滅的種子中產生，則這兩種情況均不合理。實際上果只不過是以前剎那種子這一因作為前提而生的。也就是說，將前面的種子這一因安立為生芽的因，而在它的上面未滅的有實法與已滅的無實法二者分別開來以後以其中任何一者生果都不合道理，猶如芽的因唯是種子，而它上面的色法部分或者遣除無實的反體單獨的每一個都不能立為因。如果分成方向、時間的部分而安立為因，那麼除了特意分出的（這一特定時間、特定地點的）因以外不能充當因的名言安立將全部瓦解，就像「所謂瓶子唯一是色塵」的說法一樣。

因果接觸未接觸任何一種情況均不合理，但以因無欺引果卻是一種規律。如云：「日月的影像映在水中時，所呈現的是真正日月所擁有的一切行相，色法與影像雖然脫離了接觸未接觸的合理性，卻能以現量而現作為比喻，由此因果的方式也是同樣依緣而生。」如果超越了以因本身的能力生果唯是緣起規律這一點，再如何承認也不合理。

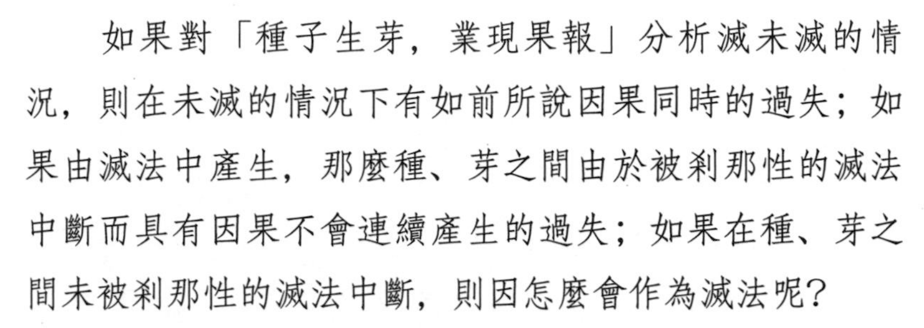

如果對「種子生芽，業現果報」分析滅未滅的情況，則在未滅的情況下有如前所說因果同時的過失；如果由滅法中產生，那麼種、芽之間由於被刹那性的滅法中斷而具有因果不會連續產生的過失；如果在種、芽之間未被刹那性的滅法中斷，則因怎麼會作為滅法呢？

再來觀察是在第一刹那滅法未滅的同時生芽的還是已滅後生芽的？如果是在未滅之同時生芽的，那麼滅法之因與苗芽之果二者已同時存在，因而不合理；如果是已滅後生芽的，則第一刹那滅法已滅盡後，會再度出現第二刹那的滅法，第二刹那的此滅法與芽同時並存，也成了因果同時，所以也不合理。如此一來，最終從任何一個滅法中產生均不合理。如果滅法不是刹那性，則由於既是恆常又是有實的事物或者無有功用的緣故，又豈能充當生果之因？

由此可見，即便種子滅盡，但由於被滅法占據位置而永遠不會有生芽的機會，滅法將無有休止而產生等。此外，還會導致所有的因果一概斷絕、一切萬法永不存在的結局。正如本論的《難釋》中所說的那樣，由於從已滅和未滅的兩種因中產生均不合理，故而應該對由因

生果這一法爾理誠信不移。以種、芽為例，在名言中因滅了或盡了以後生果的主張只不過是從排除因本身在果位時不滅而存在的角度來安立的。如果觀察因的剎那滅盡與果的剎那產生這兩者之間未被他法中斷而生滅，則不會存在這種情況。除了先前的因本身以外所謂能生果的滅法在因滅亡之後遺留下來成為有實法的現象是一無所有的。一切果雖然均是以因作前提而生的，但所謂的「前提」應當理解成除因以外能生果的任何有實法也不存在。

辛二、現基必為實空：

故謂俗無因，非理亦不然，

設若此近取，真實請說彼。

如此在毫無自性的同時以因果的方式不滅而顯現，是故萬事萬物絕對是在自性不成立的同時顯現的。而諸有實宗的論師則聲稱：如此現量領受的這些世俗法如果無有一個實有的現基或因，那麼這般顯現不合理。

這種說法也不正確。其理由是：倘若此世俗的一個現基或近取因真實存在，那麼請你們講講它。如果以理證無有妨害而成立，那我也同樣承認它是因。可是，憑據上述的理證已經證實了一切所知均不成立實有。所以要安立實有的因實在無能為力，正如龍猛菩薩在《成名言論》中以密咒、妙藥、魔術之比喻證實緣起所說的偈頌「字一咒皆無」那樣。

有實宗考慮：如同無有毛線的氆氌一樣，世俗中形形色色的景象如果無有顯現的因，則不可能呈現出。於是他們將無分塵與無分識或者二空（能取所取空）之識等承許為現基或因，並且說：「釋迦佛也在經中說：依於車的零件而假立為車，同理，以蘊為因而假立眾生。」

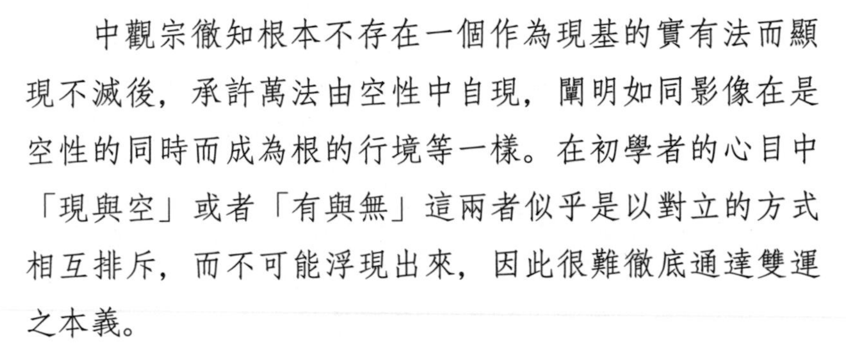

中觀宗徹知根本不存在一個作為現基的實有法而顯現不滅後，承許萬法由空性中自現，闡明如同影像在是空性的同時而成為根的行境等一樣。在初學者的心目中「現與空」或者「有與無」這兩者似乎是以對立的方式相互排斥，而不可能浮現出來，因此很難徹底通達雙運之本義。

（實際上諸法的）本體：諸如對前面放著的一個瓶子來說，憑據離一多理進行分析時，如果見到其自性塵許也不成立，則（能真正明白）並不是當現在分析時它的空性才出現而以前並不存在。因此，瓶子正在顯現生住滅時，於無有自性的本相中絲毫也未動搖。所以，我們務必要對「空即是現」這一現空雙運的正相生起定解。

一般來說，以無實的理證容易證悟空性，但對空性顯現緣起卻難以達到堅信不移的境界，現出這種誠信之後就已穩妥、扎實地奠定了一切顯密之見解的基礎。因此，由徑直決定現基直接無實的定解中現見無欺緣起顯

現的道理這實在是稀奇中的稀奇。關於證悟（緣起性空）的方式，這一偈頌已全盤托出了。

戊二（遣除於此之爭論）分二：一、略說無過之理；二、廣說彼義。

己一（略說無過之理）分二：一、能推翻辯方觀點；二、無以反駁之理。

庚一、能推翻辯方觀點：

萬法之自性，隨從理證道，

能遣餘所許，故辯方無機。

所知萬法的自性正確無誤之理，跟隨事勢理之道，足能遣除淡黃派等顛倒分別有實法自性的其餘教派所承許的果存在或不存在等一切觀點，故而能一併推翻所有辯方的邪說，令其無懈可擊、無機可乘，就像萬里無雲的晴空中升起太陽時日光下的黑暗頓散九霄雲外一樣。（這裡所說的辯方是指）主張果自性存在的淡黃派、說果不存在的吠陀派、聲稱果既有亦無的裸體派等。由於他們的觀點不符合萬法的實相，因此無有正量可言。而中觀宗則具有顛撲不破的事勢理，因而要遣除他們的觀點可謂易如反掌，並且極具說服力。

庚二、無以反駁之理：

謂有無二俱，何者皆不許，

縱彼具精勤，何過無法致。

從凡愚的階段起直至遍知佛智之間，要親身領受、

顯現許無欺的緣起是無以遮破的，這些自性毫不成立，對於片面性地說有、說無、說既有亦無、說非有非無四邊任何一邊全然否認的宗派來說，縱然對方在強烈尋過之想法的驅使下，以最大的精勤百般努力挑剔過失，但任何過錯也無法招致於身，就相當於希望穿破虛空一樣。

在如此推翻有緣的見解後安住在自性遠離一切的中觀道者面前，有人認為（如果按照你們中觀宗所許那樣）一切法都不存在，則如空中鮮花一樣，顯然與區分所見所聞、分辨差別、聖與非聖等的名言及宗派的安立相違。懷有這種念頭來挑剔過失，結果就成了無有任何實質可言的空口虛談，誠如聖天論師所說：「有非有俱非，諸宗皆寂滅，於中欲興難，畢竟不能申。」

己二（廣說彼義）分二：一、遣除於勝義之爭論；二、遣除於世俗之爭論。

庚一（遣除於勝義之爭論）分二：一、遠離四邊之勝義中無有承認之理；二、遣除於彼之爭論。

辛一（遠離四邊之勝義中無有承認之理）分二：一、宣說具有承認之相似勝義；二、宣說遠離一切承認之真實勝義。

壬一（宣說具有承認之相似勝義）分二：一、以教理成立；二、彼之名義。

癸一、以教理成立：

故於真實中，何法皆不成，

故諸善逝說，萬法皆無生。

以上面所說的理證已證「實一」與「實多」不存在，因此從真實義的角度而言，任何法皆不成立，為此，一切善逝圓滿正等覺佛陀如實宣說了「萬法皆無生」這一萬事萬物的真相。《慧海請問經》中云：「何法依緣起，彼無真實法，何法無本性，彼等皆無生。」《象力經》中云：「何者得以生，彼法皆不緣，無生之諸法，凡愚許彼生。」《寶源經》中也說：「何法自性皆非有，無性豈能依他緣？無性豈能依他生？此因乃是善逝說。」《父子相會經》云：「趨入緣起者趨入法界乃本師所說，世尊，無明以無明本身空……」其中對此等法理作了詳細說明。彼經又云：「此等諸法三時以等性而平等，過去時諸法亦離自性……」又云：「正如說諸法本性空，何法無自性即非過去非未來……如此緣起生於三時中無實有之生，如是善說偈言：如若轉法輪，後寂滅無生，謂自性涅槃，怙主說諸法。」意思是說，由於無有自性的緣故，未來時得以寂滅；現在正生之時無有生，因為遠離本性之故；過去時也同樣為自性涅槃，因為無有本體之故。依此說明諸法三時等性。這般以理成立的萬法即是如實正確開顯意義的諸佛所說，一切佛陀所說的這一意義如此以正理成立。

癸二、彼之名義：

切合勝義故，此稱為勝義。

如是遮破相互對立之有無中的所破成實的這一單空歸屬在了義名言或世俗中，而不是究竟的實相，由於切合究竟勝義或實相之法相的緣故，以因取為果名的方式，將實有之違品——此無實單空也稱為勝義，但它只是相似勝義或假立勝義。

真正的勝義並不只是一個單空，而是超離四邊之戲論。然而，如果無有存在於遣餘分別心境前萬法的無實這一相似勝義，則無有證悟大勝義的方便。正由於它屬於能證悟真實勝義的方便或因，才命名為勝義的。如《中觀藏論》云：「於此若無有，真實世俗梯，欲上勝義樓，智者非應理。」

由於否定所破的實空無遮分與緣起分各居本位互不混淆而存在，因而秉持這一觀點者也存在有承認。如果無實的那一部分是究竟的實相並且緣它的心也跟隨究竟勝義，則本基或實相就不是現空雙運，已經偏墮於唯一空分的一方，而且它的有境也不能超出執著或分別念的範疇。以理遮破單單成實的實空之餘不破的某一有法不能立為無有自相。如果自相成立的有法不予以破除，則必有名言經得起真實理的觀察、不破勝義之生、聖者之根本慧定成為有實法的滅因此三太過的妨害。所以，自相成立與安立實空也只是名言，而在實相中成立現空無二無別。可見，如果不依於這樣的理道，豈不是很難證

悟入定智慧的中觀——具德月稱論師的甚深密意嗎？請諸位智者慎重思維。

壬二（宣說遠離一切承認之真實勝義）分二：一、略說；二、廣說。

癸一、略說：

真實中彼離，一切戲論聚。

如果有人懷有這樣的疑問：破有實法存在的勝義為什麼不是真實勝義呢？至高無上的究竟勝義的法相到底是什麼呢？

答：否定有實法所遮的這一單空只是排除存在之遣餘分別念的影像，因此尚未脫離戲論，而在真實究竟的意義中，勝義的法相脫離了有無是非等一切邊執的重重戲論。

這以上是略說。

癸二（廣說）分二：一、說明勝義超離言思之境；二、說明言思是世俗之行境。

子一、說明勝義超離言思之境：

生等無有故，無生等亦無，
彼體已遮故，彼詞不容有。
既無所破境，則無正破因。

在勝義中，斷除有實無實、生無生、空不空等一切戲論之網，如是生住滅等不存在，因此它們的違品——無生、無住、無滅等也不可能存在。由於有生無生等的本體已遮破的緣故，所詮之義與其能詮的詞句也就不可能存在。既然無有所破的對境，則除了虛張聲勢以外根本無有遮破它的正確無誤、切實可靠的理由【因】。無論否定有與無或者破是二、非二任何一種所破都是同樣，這些所破的本體本來即無生，破它的理由【因】、說它的聲音、如是思維它的心這一切均相當於想殺石女兒的聲音與詞句等一樣。僅是迷亂分別妄念而已，並不能觸及萬法唯一的法性。因此，就像夢中生子、子死生悲之時兒子已不復存在的妄念一樣實屬於萬法之實相顛倒分別的「有」之妄執，無遮的所有理由【因】正是為了說明這種妄執並不真實這一點，而無遮的這一執著僅是以分別念打破分別念，「無」本身也不超離分別念安立的範圍，因而實相中「無」也同樣不成立。正如寂天菩薩所說：「不依所察實，不取彼無實，所破實既假，無實定亦假。如人夢子死，夢中知無子，能遮有子想，彼遮也是假。」又云：「悟明所析空，理智無所依，無依故不生，說此即涅槃。」

所以，儘管乃至有語言與分別之行境的動搖期間就沒有超越世俗與名言，但必須要依於分別念而產生無分別的智慧，依於名言而獲得勝義，依於辨別二者之智慧而證得無二智慧。可見，究竟法性的本體由於超離了四邊之一切戲論的緣故，要想以所謂「此法」的詞句來言說、以所謂「此法」之心來緣是根本辦不到的。如云：

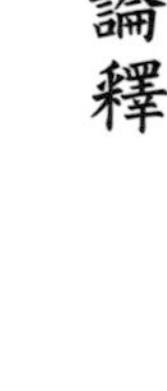

「無有言思智慧到彼岸。」

（此智慧之）本體：即是不偏墮於現空一方、遠離一切生滅戲論、最極寂滅的自性光明，如云：「不生不滅虛空之體性。」儘管超越了如是世俗語言分別心的一切行境，可是對於能遣除一切邊執惡見之黑暗的自相法界，瑜伽士的各別自證智慧以無所見的方式而現見，以無所住的方式而安住是有在的，並不是像沉睡與昏厥等一樣，如云：「各別自證智慧之行境。」

在宣說勝義不是心的行境時，有一點務必要懂得，也就是遮破成實之無遮的這一相似勝義既是心的對境也是語言的對境；真實勝義由於不偏墮於現空一方，因而命名為現空雙運、二諦雙運、離戲中觀等僅僅是能詮，就像用手指指示月亮一樣，實際上真實勝義已徹底超離了語言、分別的對境。但是，以理來分析而遣除一切邊執之耽著對境的結果，以遠離所有分別念之網的方式而無破無立地趨入超離破立的法性，即是智慧波羅蜜多的實修正行。如云：「於此無所破，所立亦毫無，真實觀真性，見真性解脫。」

比如，所謂的「一無所見」是以否定見的方式而表達的，「見無所有」似乎是建立見到的語意，但事實上這兩者全無差別，後者也並不是宣說有所見。同樣，承許「勝義離心或者非為心的行境」與承認「是無分別的行境」實際上無有差別，因為無分別是指斷除一切戲

論、無有能取所取的境界，因此不能說它的行境有所緣。應當按照（《入中論》所說的）「不生是實慧離生，此緣彼相證實義，（如心有相知彼境，以名言諦說為知）」的含義而理解。正如色不是耳識的行境而是眼識的對境一樣，無分別的對境如果以緣勝義的方式來建立，則無分別與無能取所取的道理也將失毀。因此，說勝義離心何時何地也無妨害。如佛經中也廣說了超離（一般之識）直至佛智間所有識之行境的道理。

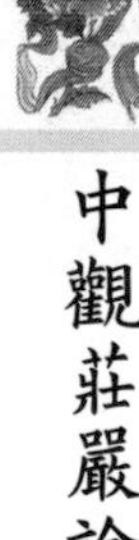

所以，對於直接衡量遠離一切名言的究竟勝義來說，世俗的有境——世間之識並非是正量，世間之識除了有一個所依法以外無法緣不依一切、出世間智之行境的法界，就像剛出生的嬰兒看太陽以及天盲看色法一樣。

如果認為「有所依法」或「無所依法」的想法作為所緣境而以執著相來思量此對境是實相。

事實並非如此，因為心所依賴的任何對境，以中觀理不可能不予以打破，因為法爾理不具有遠近，無論站在任何立場上，喜歡相狀的人們所執著的所緣境都是不能安立的。

如此，在離邊空性那一望無際的大海中，當實執的航船沉沒之際，貪戀各種各樣所緣相之網的三世間意的諸位商主在驚惶失措、魂飛魄散之中雖然準備抓住一個對境的依處，但所依本身也是不堅固的法。在法界無邊

無垠的汪洋中，無始以來束縛輪迴之因的所有分別念全部葬身其中，誰人對此又有什麼悶悶不樂的呢？要擁有不住一切的涅槃國政就必須生起無分別的智慧，因此具有深深勝解的諸位對於此理非但絲毫不懼，反而會興高采烈。

儘管中觀的所有論典均開顯了萬法無自性，但對於無自性與空性可以理解成相似勝義與真實勝義的差別。按照真實勝義來說，遠離一切戲論，如云：「所謂空性是一無所見之異名。」對此生起定解之後萬萬不可再以無自性的詞句來故步自封，其實「無自性」就是為了說明遠離戲論之義。如《顯句論》中講述：有人言：沒有任何給予你的財物，對方說：那麼請將「一無所有」的財物給我吧。有什麼辦法能讓他擁有不存在的財物呢？務必要清楚耽著空性也與之相同。

總之，心中具有萬法無自性的執著相實際上是相似勝義的有境，而真實勝義完全是遠離承認與戲論的，必須要以此來辨別清楚含義的要點，而單單依靠無自性的片面詞句則無法認清。應成派與自續派的說法雖然圓融無違而於究竟的離戲要義中無二無別，但在辨別後得時按照自續派的觀點將勝義分為兩個則有便宜之處；如果悟入入定無分別智慧中，則無需分開，即建立大離戲的本性。只有通達了此理，才能掌握中觀的究竟要點，否則實在是困難重重。

從相似勝義的角度而言，所謂的「生與無生」僅是相互觀待而安立的，這兩者如果以理分析，則同樣不成立。如果明明能夠擯除耽著境，卻始終不放棄無生的執著，那麼實難切合萬法的法爾，由此生等的耽著也無法予以斷除。

對方的想法是這樣的：諸如拿「無瓶的執著」來說，如果所破瓶子的行相與排除瓶子相之分別念二者不存在，也就不能執著無瓶，然而無瓶的分別念是單空的有境。在沒有瓶子的地方，所謂的瓶子在名言中也不存在，因此也體現不出緣起性空雙運的意義。生等雖然在名言中存在，但實有的生絕對無有，這才是緣起性空的實相，由於是與之相符的智慧，因此對無生的執著永遠不能推翻。

這種想法也不正確，正因為是雙運，所以它的本體真如必然遠離言說而住，否則，所緣境怎麼會不成為存在的法呢？然而，憑藉分別念將現空結合在一起而執著絕不會成為相合究竟實相的智慧。如果以勝義的觀察理來分析，則不可推翻的名言之生與它上面的無生這兩者同樣了不可得，因此在真實勝義的這一場合裡，應成派與自續派的密意完全一致。假設以名義的分別念執著所謂的「無自性」等已不復存在而仍舊不見實相，那麼諸位聖者以遠離分別念的現量也難以照見實相了。

如果對方認為在凡夫地時只是觀修而已。那為什麼

不生起隨同聖者的無分別智慧呢？

對方認為：正因為不能做到這一點，所以暫時不能捨棄執著相。

有誰讓你們以強制性方法捨棄它了。但必須對不可思議的法性之理生起誠信。相反，如果一邊認為甚深境界為何不是尋思的對境，一邊將微妙的智慧行境帶入心識的領域，則已喪失了如來教精華的要點。因此，千萬不要執著容易相應自心的觀點而捨棄甚深之法。如云：「對二諦之法理長久熟練，才能生起相合智慧之安忍[79]。爾時，對離心之境界稍稍誠信後，再借助修習方可現前。」對於佛菩薩們這段語重心長的金剛語加以思維，希望你們能放下以觀現世之心固執己見與怯懦不前這兩種心態而逐步趨入不可思議的智慧法理中。《楞伽經》中也說：「有之對立無，有亦無對立，是故莫說無，亦不假立有。何者皆不生，不將有滅亡，見無世間相，彼無有與無。」

雲尼瑪吝派等外宗也聲稱：「乳無優酪乳先前無，優酪乳無乳滅後無，兔頭無角根本無，牛上無馬相互無。」他們承許這四種「無」為異轉物。從「有」的對立面而安立「無」相當於滅後無等三種。因此，無實也是從有實的對立面角度而安立的。假設沒有確定石女與通常的兒子存在，那麼所謂「石女的兒子」這一相似概念也無立足之地。單單依賴概念也能作為「無」的名

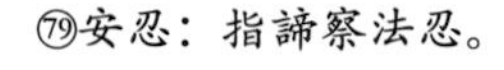
[79]安忍：指諦察法忍。

言。兔角等也與之相同。「無」的對立面即是「有」。譬如，所謂「生」是從前所未有的角度而共稱的，如果先前已有，則與產生相違；如果本有的「生」還要產生，則那一「生」同樣會再度產生，結果就成了無窮無盡。由此可見，有無、有實無實、空不空等這一切，僅是以分別念來安立的，根本不是離戲法性的實相。

我們應當明白，一旦獲得了無分別智慧以後安住於離戲的境界中，就會遠遠離開分別妄念動搖的魔地，而踏入佛陀所歡喜之道。《華嚴經》云：「細微難知大仙⑧⓪道，無念難觀非念境，自性寂滅無生滅，敏銳智者方通曉。體性空寂盡痛苦，相續解脫同涅槃，無邊無中無言說，三世解脫如虛空。」《寶積經》中也說：「勝義中聖者妙慧與本智前，所知或所斷或所修或所現前之何法亦無容身之地。」《海龍王請問經》中云：「前際空性後亦空，生滅住法皆空性，此非有實非無實，是故諸法體性空。」《慧海請問經》中說：「梵天，諸法皆不成立，謂有或無均不許。」《現智莊嚴經》云：「諸知義者不說有，所謂無有亦不說，無答無有詞句道，不依汝⑧①前敬頂禮。」《攝功德寶經》云：「設若明明不知而享用色、想、受、思⑧②、識蘊，且分別謂此蘊乃空性，然菩薩享用相狀而非於無生起信。」這其中已說明

⑧⓪大仙：指佛陀。
⑧①不依汝：指不依一切的佛陀。
⑧②思：行之一種。

無論耽著有實還是無實均不合理。此經又云：「何者非有稱之無，諸凡愚觀作有無，有無二者乃無法，菩薩知此得出離。」這一頌表明依靠斷除二邊的智慧度而出離一切見。此經復云：「於生無生不分別，此乃享勝智慧度。」

《密嚴莊嚴經》云：「所有任何見，凡眾生所具，正為斷彼等，而說空性理。雖聞空性見，有見若未滅，具無可救見，如藥導致病。如焚乾薪火，薪無火不存，如是見薪焚，空性火亦滅。見解滅盡時，生起正智火，能焚諸煩惱，惑焚極莊嚴。」《聖無盡慧請問經》中云：「若問何為世俗諦？所說世間之所有名言、文字、語言與名稱。勝義諦，即何法甚至心之運行亦無，更何況說諸文字相？」此處均是從能建立的角度而言的[83]。如是器情世界所享或所知色法等，能享的本體或知曉快樂等，總之無論是出自世間還是聖教，假立此為能知此為所知、此有此無等名言，凡以語言、文字名稱來宣說的所有這一切均是世俗。勝義則遠離內意言說與外語言說二者。

如果有人認為：意如何言說呢？

這一點經中有明示：佛以意為帝釋天說法，以意答覆偈頌。而且《大涅槃經》中也說：「善男子彌勒，

---

[83]此句的意思是說：無論是勝義還是世俗，不是否定、遮破的角度來說，而是從肯定、建立的角度來說。

（超離）有無、非有非無之境界，一切聲聞、緣覺無法揣度。」

據《聖等持經》中記載：往昔，世尊曾成為一名廣聞博學之人時與文殊菩薩進行辯論，文殊說「有」，世尊說「無」，在「有、無」的問題上一直爭論不休，結果沒有得出一個正確的結論。後來他們下墮，而於無數劫中轉生在食用鐵球的地獄，從中解脫而值遇迦葉佛。迦葉佛關於有、無的二諦說道：諸法的自性不可偏斷一者，你們所說的有與無並不符合事實，為什麼呢？萬法空性寂滅，此二諦既不是有也不是無，你們所了知的只是文字的內容，而不明甚深的意義，所以對於這樣的意義，你們如盲如聾，又怎麼會理解、領會如此甚深之義呢？聽到此言，他們二人於靜處禪修七日而通達了空性。

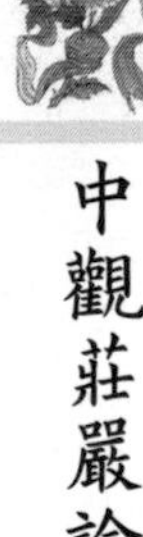

當然，能入定於不偏墮於現空的離邊中觀道是最好不過的。儘管將離一切邊的法界空性執為有無的戲論進而相互之間視若怨敵的辯論者在藏地多如牛毛，然而（我們自宗）卻能遠離偏墮而修持、弘揚如來的正道，真是太有福氣了。如實開顯諸經藏中所說的意義、智慧卓越的聖龍樹菩薩也（在《中論》中）親言：「有若不成者，無云何可成？因有有法故，有壞名為無。」關於異轉物世間共稱不存在的「先前無」等內容正如前文中所說的那樣。

龍猛菩薩（又在《中論》中）說：「淺智見諸法，若有若無相，是則不能見，滅見安隱法。」「定有則著常，定無則著斷，是故有智者，不應著有無。」「一切實非實，亦實亦非實，非實非非實，是名諸佛法。」「若人見有無，見自性他性。如是則不見，佛法真實義。」（《六十正理論》中云：）「許諸法緣生，猶如水中月，非真亦非無，不由他見奪。」（《七十空性論》中云：）「一切常有者，非常非無常，常無常依性，其性豈能有。」「諸凡所說法，當知體性空，所謂空亦空，如是無不空。[84]」（《中論》又云：）「以有空義故，一切法得成；若無空義者，一切則不成。」「大聖說空法，為離諸見故，若復見有空，諸佛所不化。」「業煩惱非實，入空戲論滅。」「諸法實相者，心行言語斷，無生亦無滅，法性如涅槃。」「自知不隨他，寂滅無戲論，無異無分別，則名真如相。」

子二、說明言思是世俗之行境：

若依分別念，成俗非真實。

假設對方說：勝義自本體雖然超離語言、分別的境界，但眾生由無始以來久經熏習而將無欺顯現的這些現相執為破立的對境，依賴於分別念而認為有無等，正是為了在心中生起這種意義，才運用了無生等詞語。

[84]諸凡所說法，當知體性空，所謂空亦空，如是無不空。此偈不知出自何論。

但這種「有」的分別念不是對境的本來面目，只是分別念的影像而已，因此除識以外再沒有別的。識本身也不是真實的，這一點難道不是已經分析過了嗎？再者說，未曾見到對境的實相之心是世俗的本體，它的行境是增益的本體世俗，所以無生等成為世俗，而不是真實的，如同樹木等的詞義一樣。

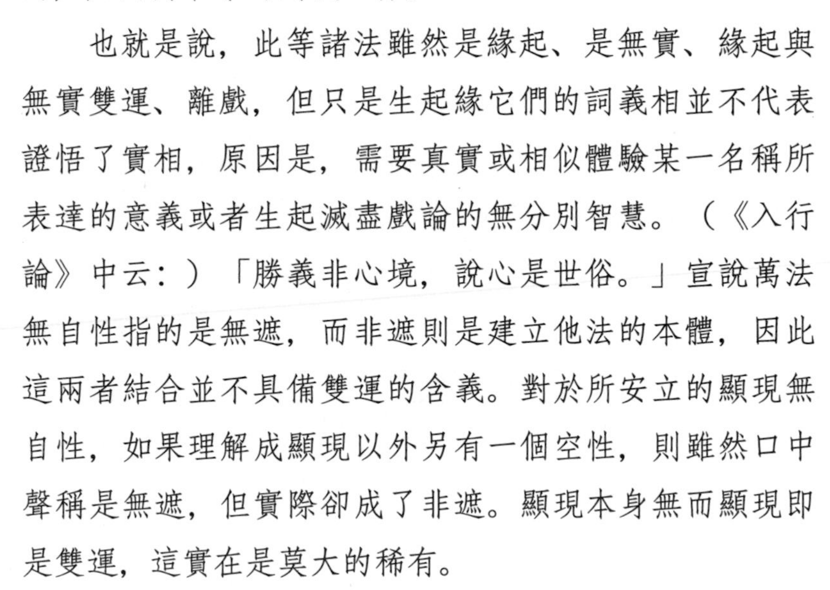

也就是說，此等諸法雖然是緣起、是無實、緣起與無實雙運、離戲，但只是生起緣它們的詞義相並不代表證悟了實相，原因是，需要真實或相似體驗某一名稱所表達的意義或者生起滅盡戲論的無分別智慧。（《入行論》中云：）「勝義非心境，說心是世俗。」宣說萬法無自性指的是無遮，而非遮則是建立他法的本體，因此這兩者結合並不具備雙運的含義。對於所安立的顯現無自性，如果理解成顯現以外另有一個空性，則雖然口中聲稱是無遮，但實際卻成了非遮。顯現本身無而顯現即是雙運，這實在是莫大的稀有。

如是現空無別離言而住，究竟之義遠離破立，因此說為離心。經中關於「勝義若成身語意之行境則成世俗而不成勝義」的道理有廣說。所以，分別觀待戲論之行境所破有法的法性——似乎異體的相似空性，已成了時間、地點等不同分類的形式，並且僅是以心假立的，由於此等尚未超越世俗與二法[85]的自性，因而不含有法界

[85]二法：指二取。

等性之義。因為萬法本來無生無滅等故於超離一切戲論的法界中一味一體，無二無別、平等一味即是所謂的法界，也叫唯一真如。

辛二（遣除於彼之爭論）分三：一、辯論自性若是空性則成眾生皆現量通達；二、辯論若空而不現則成誰亦不證悟故因無義；三、辯論無自性不成宗法等故所立與因之名言不容有。

壬一（辯論自性若是空性則成眾生皆現量通達）分二：一、辯論；二、回答。

癸一、辯論：

若爾已了時，彼性現量故，
諸愚何不證，萬法此本性？

對方這樣辯論道：比方說，現量見到無瓶的地方時，就會知曉在那一位置上不存在瓶子。同樣，如果一切法的自性真是遠離一切增益的空性，那麼已經現量了達有法瓶子等之時，由於與其不可分割的本性必須要現量見到的緣故，一切不具正見、不明推理等的凡夫愚者為什麼不證悟萬法的這一本性或正相？如果未通達，則成了不是萬法的自性，如果是自性，就不可能不證悟。

癸二、回答：

非爾無始心，嚴重增益法，
故非諸有情，皆能現量證。

儘管萬法的自性原本如此，但事實上並非一切眾生都能證悟。為什麼呢？於所謂的「自此時起而此後無有」之邊不可得（即無有前際後際之義）的無始輪迴中三番五次投生的有情心相續，被執著萬法之毒素所染並且屢屢串習的習氣根深蒂固、極為嚴重，難以斷除，因此雖然現量見到瓶子等，卻無法了達它的自性正相，由於對某一對境的顛倒增益分別念所牽的緣故，並非一切有情均能現量證悟萬法的自性空性，如同見到相續不斷的同類事物而蒙蔽內心者無法證悟刹那性一樣。所以，雖然並不是有一個與對境的自性空相違的不空法現前，但由顛倒妄念所染而導致顛倒執著，可見這一點並非以現量有妨害。此外，對於現量顯現顛倒執著，耽著為有實，此法明明本不存在而加以執著，表面看起來似乎矛盾，令人感到稀有。可是，僅僅耽著現量顯現這一點並不值得大驚小怪，而在明明看見牛與瓶子或者這兩者之總相不存在的牛等形狀時，淡黃派與食米派的邪慧者見到這些並不這樣分別，反而妄執見所未見的「總」存在，這才是最稀奇古怪的。

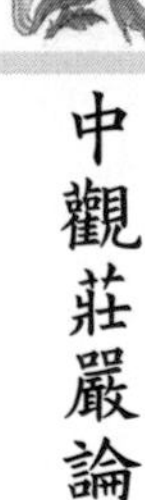

壬二、辯論若空而不現則成誰亦不證悟故因無義：

以能斷增益，能知之能立，

比量能了知，瑜伽王明見。

這一偈頌間接引出對方的辯題。

對方是這樣認為的：諸法的自性雖然是空性，但如果對具有這一自性的法沒有了達，則稱其為自性又能有

什麼利益呢？誰也不可能證悟。

事實並非如此，聽聞了上面所說的能斷除或遣除對萬法之自性的顛倒增益、能無誤了知萬法之自性的離一多因，並能進一步以如理思維此等意義的智慧進行比量推斷的資糧道與加行道者，能以總相的方式了知萬法的自性空性。作為極度修習此義的瑜伽王，以無倒智慧眼現量明顯照見諸法的究竟平等自性。也就是說，以出世的智慧現量見到等性，即是一地菩薩。從此之後對法界的明現境界越來越增上，最終如理如實圓滿地現前實相，即是如來。

依靠辨別諸法等性的三摩地等所生的無分別念垢的智慧通達內外萬法在未經觀察似喜存在、無有實質，如同芭蕉樹一般，一切增益的種子不得發芽，正如《大悲經》中所說：「如於濕性芭蕉樹，求精華者漸剖析，然內與外無實質，一切諸法如是觀……」《因緣品》中也說：「猶如伏魔樹邊花，世有實質不可知，比丘抵非彼彼岸，如老蛇皮舊蛻換。」意思是說，伏魔樹邊的曇花並非經常綻放，這並不是說在無花季節存在但由於細微而不見，而是本來無有才不見的。同樣，一旦見到了世間根本無有實質可言，就能由輪迴世間的此岸趨至涅槃的彼岸，也就是說棄離輪迴。

本頌中辯答的這兩偈說明了以下的意義：無始以來久經串習的實執難以打破，作為這些實執的對治法唯是

理證的觀察，只有經過薰陶這種理證的觀察方能斷除煩惱，如果未經薰陶，則無法斷除，因此要集中精力加以修習……甚至心忽然間投入的貪執對境，也會不時縈繞心頭而難以立即放下，更何況說無始以來熏習的煩惱呢？因此，我們了知正法的結果就是要對治畏懼、痛苦與煩惱，如果沒有達到這種目的，也就失去了正法的價值，就像為了解除飢餓而烹調豐美的佳餚反不食用而餓死一樣。我們如果對於一切法的自性空性，只是憑藉理證的觀察而浮皮潦草地理解，終將無濟於事。為此，通過一緣入定而深有體會才是一切修行人唯一責無旁貸的事。如《因緣品》中也說：「若雖具理多言談，放逸之人不奉行，如放牧者數他畜，彼等不得沙門緣。設若具理寡言談，然隨法而奉行法，終能擯除貪嗔癡，彼等獲得沙門緣。」如果對於微妙甚深的佛陀之諸道，沒有想方設法以百般的理證努力（觀察、分析），則無法生起相合真正實相的定解。由此可見，如森林起火般的聞思智慧只有借助精進之風與事勢理才能將增益的密林盡焚無餘。倘若如此，則既不會在盲修的黑暗中沉睡不醒，也不會以表面的廣聞隨著油腔滑調之風搖擺不定，放任自流。而會在勝乘的美宅中盡情品嘗各種各樣妙法的美味；依止真正的善知識令其心生歡喜；與諸多善良的道友朝夕相處，和睦融洽；對殊勝本尊信心百倍；對一切有情的慈愛心與日俱增；享受著現有如幻之戲劇的喜

樂。如果達到了這樣的境界，就說明聞思的果實已經成熟。希望我們也嚮往、追隨如是諸位大德的足跡。如本論《自釋》的結文中寫道：「願我享境受用遣昏暗，真實正理伴隨正智慧，為利他眾恆時敬依止，文殊菩薩純淨之蓮足。」

在此，對現證無我的瑜伽現量稍作分析，從本體、分類、釋詞與遣諍四個方面加以說明。

一、本體：此處的瑜伽現量之本體是清晰顯現對境無我，換句話說，依靠修行而生的無念無誤之識即稱為瑜伽現量的法相。

二、分類：如果籠統地分，則有聲聞、緣覺與大乘聖者三種現量。或者，聲聞與大乘各分有學與無學，如此也就成了五種。緣覺的有學沒有單獨計算。如（《俱舍論》中）云：「依於第四之靜慮，一座間得菩提故。」也有個別宗派認為緣覺也具有學，但他們所承許的有學也超不出聲聞與大乘其一，故而在此緣覺只算一個無學。這五種現量均有後得有現之瑜伽現量與入定無現之瑜伽現量的分類，由此共有十種。佛陀雖然入定後得無二無別，但可以從如所有智與盡所有智的反體角度而分。有現之瑜伽現量是指以神通見到，如（《俱舍論》中）云：「羅漢麟角喻佛陀，次見二三千無量。」無現之瑜伽現量是指聲聞證悟一個人無我，緣覺通達色法無自性，因此證悟一個半無我，大乘菩薩則圓滿二無

我，佛陀具有盡斷一切習氣的智慧。

三、釋詞：依照藏語，「瑜伽」是指心安住於真實義中或者與真實義相應；「現量」則指明了呈現。而在梵語中，「現量」的意思以「札德」與「阿嘉」相結合而稱為「札德雅嘉」。其中「札德」，直接翻譯則涉及「各自」等許多意義。「阿嘉」是根的意思。實際上就是依靠各自之根或者稱為根依。從釋詞與說詞的角度而言，例如，所謂的「海生」一詞，對於海生蓮花來說釋詞與說詞兼而有之；而對旱生蓮花來說唯是說詞；海生動物只有釋詞而無說詞。同樣，這裡的「札德雅嘉」一詞雖然就釋詞而言是依靠根之義，但可涉及到取自相的所有識。也就是說，根現量與意現量二者既有釋詞也有說詞；自證現量與瑜伽現量二者只有說詞而無有釋詞；迷亂根識雖有釋詞卻無說詞。

四、遣諍分為總說與別說，總說又包括因之辯論及果之辯論。其中第一因之辯論又有關於「本體」的辯論與關於「作用」的辯論兩個方面。

（一）關於「本體」的辯論：

有些外道說：「儘管久經修習，但最究竟的明現境界不可能出現。」

（在此以三相推理的方式駁斥對方的觀點：）不離能修習證悟實空之智慧的方便而修行【有法】，有朝一日可以出現究竟的光明境界【立宗】，因為自之所依穩

固並是串習自然殊勝之修行故【因】，如串習貪欲與恐懼之心【比喻】。所謂的「所依穩固」是說前面的能力薰染到後面，致使後面超勝前面，前後連續不斷之義。而並非前面對後面無有幫助。順世外道等認為這一推量不成立，由於前後世不存在導致所依穩固不成立。對於他們的這種理論下文中再予以破斥。只要所依穩固修習就必然會越來越明顯，如同串習貪欲與恐懼之心一樣，這一點以我們自身的體驗可以成立。

（二）關於「作用」的辯論：

如果有人認為，即便有修習，但依靠無我卻無法遣除三有（輪迴）。

完全能遣除，作為一切果當然無因不可能產生。那麼，輪迴的因到底是什麼呢？

大多數外道聲稱：業、身與心三者聚合即是輪迴的因，如果已斷除了其中任何一者，果就不會產生，如同無有水肥的種子一樣。因此，為了使業與身體窮盡要在（身體上）百般苦行。

但實際上，依靠這種方式並不能斷除業，因其無量無邊之故。如果尚未斷掉我執，即便斷除了業，它也會再度萌生，其原因是，如同未鏟除樹根而剪樹枝一樣沒有任何利益。如果斷除了我執，那麼就像乾薪窮盡的火一樣，業力自然泯滅，而無需另行遣除。可見，外教的道並不是消滅三有的正道。其實，輪迴的因就是不曉諸

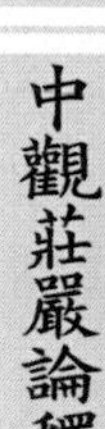

法之自性的無明，尤其是俱生壞聚見。只要壞聚見存在，依靠它就必然有煩惱、業與痛苦產生；如果消除了壞聚見，則這一切都不得產生。這一點以事勢理成立。因此，業與痛苦的根本即是煩惱，如（《俱舍論》中）云：「於許煩惱如種子，如龍樹根與糠秕。」一切煩惱的根本即是壞聚見，如云：「一切過患之根本」。

如果有人心懷這樣的疑問：對於（壞聚見）這一根本，能夠斷除嗎？

能，因為壞聚見僅是增益而已之故。斷除我執的對治法：由於慈心與不淨觀等可以與我執相應而存，它們之間並不相違。（所以，慈心與不淨觀等不能充當斷除我執的對治。）而證悟無我的智慧卻與我執完全相違，如同光明與黑暗一般。（因此，斷除我執的對治法唯有證悟無我的智慧。）由於真能除假，故而鏟除輪迴之根本的道以事勢理成立，就像種子雖無始但被火燒盡可見後際一樣，輪迴雖然無始，但如果證悟了投生輪迴之障礙的無我，則它的後際成立。

第二，果之辯論，包括關於「斷」的辯論與關於「證」的辯論兩個方面。

（一）、關於「斷」的辯論：

有些外道聲稱：「垢染是心的自性，因此無法斷除。即便能夠斷除，但凡夫不知斷除的方法。即便了知後能予以斷除，它也會像衣服的污垢一樣恢復如初，所

以不穩固。正因為這一點而不可能出現斷垢的永久解脫。」

駁斥：垢染根本不是心的自性，原因有二：其一，分別念是客塵而心的自性是光明；其二，明明知道去除垢染的方法證悟無我的智慧存在。倘若因已經根除，則會一去不復返，猶如薪盡之火一般，因此解脫是合理的。

（二）、關於「證」的辯論：

有些外道說：「無論心中如何串習空性與悲心等，但不可能成為無量。（以三個比喻可證實：）其一，無論怎樣串習跳躍，也無法跳到無邊際之處；其二，無論水如何沸騰也不可能變成火的自性；其三，無論金子如何熔化，但如果離開了外緣的火，就會再度凝固。」

駁斥：你們所舉的比喻與此完全不同。其一，串習跳躍觀待當時的努力而不能連續不斷地增上，身體的力量是有限度的；而心有連續不斷串習慈心等本體而有增上的可能，好似種子產生種子一樣，心的自性無有限量。其二，水沸騰的時候，前面乾涸之後，前後之間所依不穩固；可是作為心，前面的能力到後面會更為增進，而變成後面的本性，如同薪變成火的自性一樣。其三，堅硬的金子有再度恢復的因——金子本身存在；而心不存在垢染再度恢復的因，所以不會復返，由於依靠對治已經斷除之故，如同燒柴一樣。

別說對於一切瑜伽現量的究竟之王遍知智慧的辯論，分為關於因的辯論與關於果的辯論兩個方面。

（一）、關於「因」的辯論：

外道聲稱：「除了恆常自然的遍知以外無法重新建立遍知智慧，由於它的因不存在之故。」

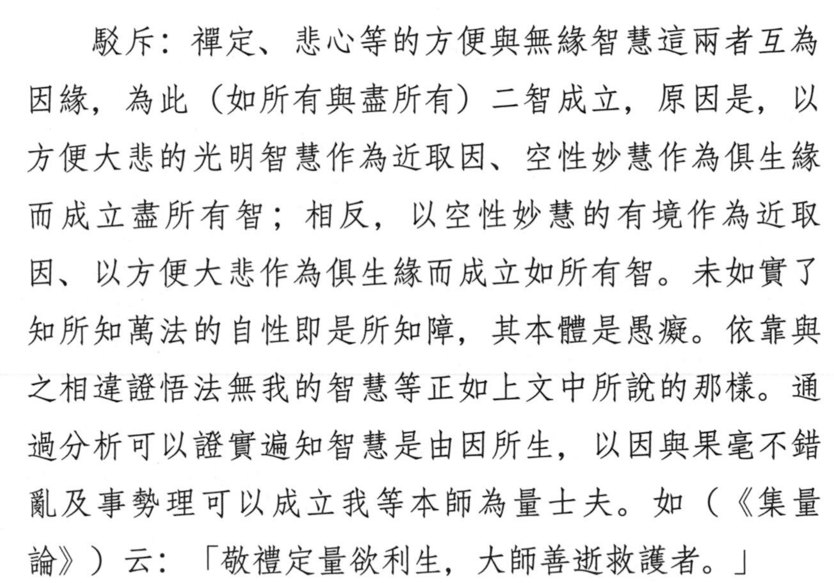

駁斥：禪定、悲心等的方便與無緣智慧這兩者互為因緣，為此（如所有與盡所有）二智成立，原因是，以方便大悲的光明智慧作為近取因、空性妙慧作為俱生緣而成立盡所有智；相反，以空性妙慧的有境作為近取因、以方便大悲作為俱生緣而成立如所有智。未如實了知所知萬法的自性即是所知障，其本體是愚癡。依靠與之相違證悟法無我的智慧等正如上文中所說的那樣。通過分析可以證實遍知智慧是由因所生，以因與果毫不錯亂及事勢理可以成立我等本師為量士夫。如（《集量論》）云：「敬禮定量欲利生，大師善逝救護者。」

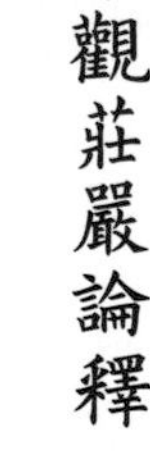

（二）、關於「果」的辯論：

如果對方說：「一切種智不可能存在，因為一切所知無有邊際，如果能了知無邊之法，那麼就成了已得邊際，如此就成了顛倒之識。了知無邊之法的心不可能存在，如同虛空的量無法衡量一樣。」

駁斥：佛陀的遍知智慧並不是以定量「此邊」的方式照見無邊所知的，就像所謂的「虛空周遍」也能遍及無邊無際一樣，佛陀是在無勤平等一味中洞曉萬法的。

徹見的方式完全已逾越了觀現世的樊籬。關於對佛在無分別念中了知以及三時中了知萬法的道理生起定解的些許方式，我在其他論典中已闡述過。

在此，僅以觀現世（量）來建立佛陀是遍知：能無誤地宣說任何補特伽羅所追求之四諦這一主要道的取捨者即稱為遍知，猶如百藥聚合與眾人雲集之說一樣。而無足輕重的昆蟲之數目等對於希求解脫者來說沒有任何必要，儘管佛陀本已一清二楚，但將這一切指示給所化眾生又什麼用呢？即使已經說明，他們也無法將這所有的數目記在心中。因此，以事勢理成立的如此本師是徹知士夫之一切利益的佛陀，這一點我們必須要承認。如果比量推斷，則（佛陀對）其他一切所知也必定知曉，因為了知甚深微細之究竟義者無疑能通達粗大之法，如同能見到遠處微塵的眼睛必定能看見近處的瓶子一樣。

這以上建立解脫與遍知之道果的法理是追循理自在法稱論師的觀點，依照前輩諸位智者歸納的內容而稍作敘述的。

一般來說，破斥外道等辯方的觀點，目的都不只是目光朝外的爭辯，而是要認識到像這些外道等的主張，我自身也存在與之相似的顛倒惡念，之後以無垢破立的理證擯除自相續中一切惡劣習氣與妄念，如「具智財者於他宗……」偈頌所說之義。並對自己的正道與本師生起堅定不移的誠信，因而這是最該深思熟慮的一件要事。

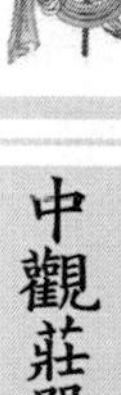

總而言之，鏟除輪迴的根本、建立解脫與遍知之因就是分析二諦的無垢智慧。這一智慧也不可能不觀待修學等勤作像從天上掉下來、從地裡冒出來那樣平白無故地出現。因此，希求如此正道的諸位補特伽羅心中具足菩提心，最開始通過離一多理之方式善加觀察內外萬事萬物的比量而生起確認萬法無自性的定解。這一定解與對事物的顛倒分別之增益二者好似光明與黑暗般互相對立，因而，所斷的一切增益是依靠此定解來遣除的，離開了定解的修行如同天盲衡量色法一樣不切實際。所以，我時時刻刻合掌祈請安住在十方的一切修行人「修行一定不能離開定解」，同時也衷心祝願你們的定解遠離懷疑。如果離開了定解，則實在難以證悟真實義；如果離開了理量，則無法生起定解，這是希求正法的諸位學人該銘刻於心的竅訣。所以說，斬斷懷疑是聞思的結果，胸有成竹是修行的結果，無有這兩種結果的講修僅僅是影像罷了。

順便按照諸大德的教言對定解與增益稍作分析：

倘若對方說：「諸如對一個瓶子而言，無實的定解與分別事物存在的增益二者如果對境不同，則所遣與能遣的關係成為不合理，就像外面的光明與裡面的黑暗一樣。如果這兩者的對境是一個，那麼彼對境成立還是不成立？如果彼對境成立，則具有所遣不錯亂的過失，由於對境真實之故，如正量一樣；如果對境不成立，則能

遣就不能成為正量，如同無有所量的增益一樣。再者，如果對境是一個，則彼對境是真還是假？如果是真，則增益成了真實；如果是假，則正量也成了虛假。」

駁斥：未進行有實無實的鑒別而僅是以遣餘之心認定的一個瓶子即是對境所量。由於耽著境是一個而無有「所遣能遣關係不合理」的過失。而執著方式是截然不同、各自分開的，因此安立正量與非量具有合理性。可見，定解與增益的真假也是以執著方式符合不符合（對境）而安立的，而只以對境一者則不能確定。

兩個人的耳識中聽到海螺的同一個聲音，一人認為是常有，另一人認為是無常，二者自己所認定的執著方式與對境海螺聲是以現量、遣餘混為一體而執著的，因此正量與非量的對境成了他體或一體的過失是無有的。如果真正地通達了這一點，那麼因明的許多要點都將迎刃而解。

如果對方進一步地說：「可是，定解與增益這兩種心的本體到底是一體還是異體？倘若是一體，則如同劍不能砍自己一樣，它們是所遣能遣的關係不合理；如果是異體，那麼如同佛陀的智慧未遣除其他眾生相續的無明一樣，具有所遣與能遣的關係也不合道理。」

駁斥：僅僅對心相續來說是一體，因而不會成為異體的相續，由於二者本質迥然不同，因此也不至於變成自己對自己起作用。

對方又說：「再者，定解與增益（存在）是在同一時間還是不同時間？在同一時間存在不可能，因為具有所斷與對治的兩種分別念並存的過失；如果時間不同，那麼它們之間有所害與能害的關係不合理，就像白天的陽光與夜晚的黑暗一樣。」

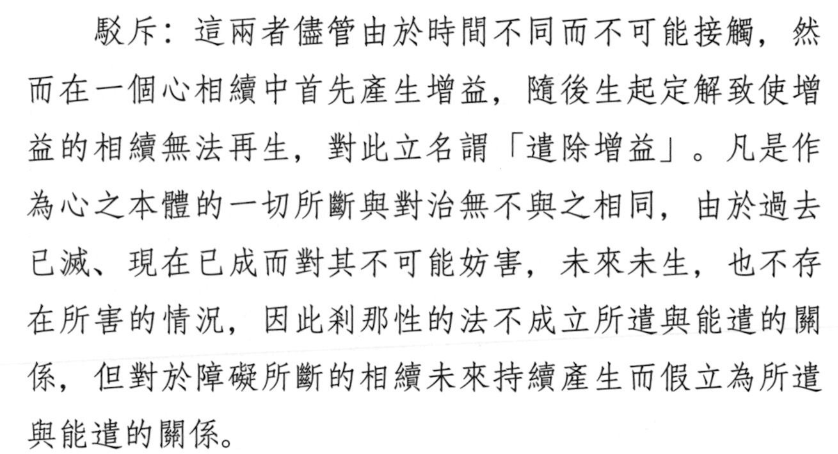

駁斥：這兩者儘管由於時間不同而不可能接觸，然而在一個心相續中首先產生增益，隨後生起定解致使增益的相續無法再生，對此立名謂「遣除增益」。凡是作為心之本體的一切所斷與對治無不與之相同，由於過去已滅、現在已成而對其不可能妨害，未來未生，也不存在所害的情況，因此剎那性的法不成立所遣與能遣的關係，但對於障礙所斷的相續未來持續產生而假立為所遣與能遣的關係。

關於這一問題，有些人說：所斷與對治於無數劫中並行不悖，菩薩聖者相續中的智慧與障礙的習氣二者長久共存。

如果你們只是考慮名稱也就另當別論，不然，如果實際並存，則以智慧又如何能遣除習氣？所以說，菩薩聖者相續中各自障礙的對治與所斷絕不會並存，所取與能取細微的迷亂習氣怎麼會是有學聖者其他智慧的所斷呢？唯是金剛喻定的所斷。如此看來，有關定解與增益二者從對境、本體與時間三個方面進行觀察這一點也是非常有研討價值的，因此在解釋「諸比量能知」的偈文

後加以探索。

壬三（辯論無自性不成宗法等故所立與因之名言不容有）分二：一、真實答辯；二、否則不合理。

癸一、真實答辯：

拋論所安立，分別有法已，
智女愚者間，共稱之諸法，
所能立此法，無餘真實成。

如果對方認為：那麼，你們承認萬法無自性而一口咬定說無有，如果事實真是那樣，則運用建立它的因也成了畫蛇添足，因為有法不成立等之故。假設認為不說能立的因，則僅僅是立宗而已，實際並不成立。如果說出因，那麼由於因存在而導致萬法不成無自性，如此一來就會矛盾重重。

這樣的辯論實在浮淺，如是所安立的所立有法，其實是指拋開宗派論典中所安立或所提到的分別有法，也就是說並不將這其中的有法定為欲知物，而是將智者、平凡的女人以及愚者之間共現共稱的一切萬法確定為有法，所立與能立之因的此名言法，無餘無有妨害而真實成立。

如果將論著的不同觀點所提及的有法作為辯論的焦點，則由於共現的有法不成，而導致所有因不能證實有法。如此一來，具有所立與能立二法的比喻也不可能存在，故而所有因均成泯滅。假設論典中所提出的分別觀點完全一致，那麼還有什麼可辯論的呢？辯論也將不復存在了。如果明明觀點一致仍舊辯論不休，就成了不顧自宗一網打盡的結局。

癸二、否則不合理：

非爾事不成，此等如何答？

未鑒別萬法存在、不存在的不同觀點，而將顯現許的欲知法認定為有法，如若不然，你們對「推理的事物不成立」、「比喻不成立」此等問題將如何給予答覆？根本無法予以答覆。比如，佛教徒在外道徒面前，運用「聲音【有法】，是無常【立宗】，萬法存在之故【因】」或者「山上【有法】，有火【立宗】，有煙之故【因】」的推理時，如果將外道論典中所提及的分別有法認定為有法，那麼他們必然認定為「山上」指的是有支的山，「聲音」是指虛空之功德的聲音，這種情況不可能存在，因而有法事物不成。由於有法不成，依賴它的因也不可能立足，如同兔角的花紋一樣。結果與有法同品的比喻也不可能存在，最終所推斷的有法與作為推理的依據或能立的所有因都將不成立。對於共現的事物與對它的執著方式細緻分析而建立名言時，如果像對上述的定解與增益的對境所作的分析那樣，自可掌握理證的核心。

庚二（遣除於世俗之爭論）分三：一、總說能立所立之安立合理；二、別說前後世因果緣起之安立合理；

三、以讚歎遠離常斷而結尾。

辛一、總說能立所立之安立合理：

我於顯現性，實法未遮破，

如此能所立，安立無錯亂。

我對於智者至愚者之間的一切眾生共同耳聞目睹等具有顯現性質依緣而起的有實法並未加以遮破。對此，如果依靠妙慧與智慧進行分析，則如芭蕉樹一樣毫無實質可現，因此否認在勝義中成立。由於未破顯現的事物，如此一來，能遣除對有實法的顛倒增益，並且其無倒能立的比量之因、依此因所立或所推斷的安立不會存在些許錯亂、成為混亂的過失，為此無自性才得以成立。而反方的觀點（此偈頌中）已間接體現，所以無需再宣說。其實，對方就是指將所謂的「無自性」理解成對此顯現也予以否定的含義進而認為能立與所立的一切安立都不合理之人。

這裡與總的一切中觀是一致的，在說「不破顯現」之時，千萬不要理解成自性不空的顯現另外存在。譬如，水月正在顯現即是空性，而拋開顯現後另外一個空性是絕不存在的。同樣，空性也不需要理解成毫無顯現之義，假設連顯現也不存在，則它的空性也杳無蹤影。因而，空性與顯現二者相互之間一者無有，則另一者不可能存在，一者存在，另一者必定存在。存在的方式既不是像黑白線搓在一起那樣各自分開存在，也不是像排

除一者後另一者才接踵而至那樣輪番交替，而凡是空性決定為顯現，凡是顯現決定為空性。如果對這兩者永遠無合無離的本相生起了即使千佛遮破也不退轉的誠信，則證明對中觀論典的聞思觀察已臻究竟。從此以後，無論認真修行顯密任何道，都已奠定了扎實的基礎。

這裡所謂的「不破顯現」只是為了承認共現有法⑧⁶而宣說的，但如果有人刨根問底道：「為什麼不破顯現呢？」

這並不是僅僅為了辯論而承許的，而需要徹底理解成與自宗觀點不相違才「不破顯現」的含義。如果通達了這樣的道理，那麼甚至在名言中也極其便於承認。由於不依賴於各種宗派的濃厚執著，因此可無有妨害而趨入世間共稱之理。如云：「不依濃厚執，名言極成立，若知諸名言，於論義不昧。」

漸次趨入無分別的意義而確定中觀之要義的道理（即中觀的四步境界）：

（一）空性：初學者依靠離一多因等進行觀察時，如果思維瓶子等了不可得的意義，則在未經觀察的側面存在，而一經觀察則不存在，以思索這一實相的現空輪番方式顯現空性境界。

（二）雙運：當時，通過思維它的單空也不成立或

⑧⁶共現有法：眾生前共同現量所顯現的法，如兩個人共見一個瓶子，兩個人共聽一個聲音。

者本為空性的同時即是顯現的道理，從而對如水月般「現即是空、空即是現」生起殊勝定解。爾時，現出緣起性空無違的境界或者稱為通達現空雙運。

（三）離戲：彼時顯現、空性這兩者雖然在詞句表達的方式中異體存在，但就本體而言絲毫也不可分割，對此無二無別的道理生起定解，破基顯現與所破空性結合起來而執著的妄念自可消逝，現出遠離破立而能自然安住的離戲相。

（四）等性：對於這樣的離戲長久串習，從而觀待有法的法性各自分開的偏袒所緣之行境得以清淨後，對諸法自性等性生起殊勝定解而趨至究竟。如是空性、雙運、離戲、等性即是中觀的四步境界，依靠逐步修習前前而對後後之理生起定解。這些是極為關鍵的殊勝竅訣要點。

辛二（別說前後世因果緣起之安立合理）分二：一、略說立宗；二、以理廣證。

壬一、略說立宗：

故無始有續，執實無實等，
同類之種子，以比量推斷。

如上所述，雖然有實法自性絲毫也不可能存在，但（三）有中形形色色的顯現卻不可泯滅而紛紛呈現。因此，對於無始以來的三有之心相續，執著有實無實、自他等與本身同類的種子存在這一點，可以依靠因進行比

量推斷。如果以易懂的綴文法⑧方式將（此頌重新）組合成（實無實等念，同類之種子，以比量推斷，無始之相續。）來解釋，即柱子、瓶子等有實法與虛空等無實法是顯現各種各樣分別念的因，各自同類分別念的種子或者習氣一直跟隨無始以來的相續而存在，這一點憑藉理證可以推斷。也就是說，儘管在勝義中萬法遠離戲論，但有實法與無實法的戲論之想林林總總，以此完全染污了無有白法智慧之人的心，對於這樣那樣的無邊顯現，無因不可能存在，所以因需要存在，拋開各自同類的種子而以理無法證成其他因，是故唯有同類的種子才成立是各種各樣的這一顯現之因。

壬二（以理廣證）分二：一、破非理觀點；二、建立合理觀點。

癸一、破非理觀點：

此非以法力，以彼無有故。
萬法之自性，詳細盡遮破。
漸生故非客，非恆現非常。

如果有人想：這形形色色的顯現，為什麼不存在非同類之種子的其他因呢？

之所以不存在其他因是由於，假設瓶子等一切有實法獨立自主而成立，則依賴它分別這樣那樣的現象固然

⑧綴文法：即聲律學，小五明之一，主要論述詩句組合規律各梵文偈句輕重音組合規律。

可以產生。但實際上分別或顯現瓶子等的這種情況只是了然現於心中，而並不是依靠另行異體存在之有實法的力量而呈現的，因為有實法本身不存在之故。

如果對方認為：這一理由【因】不成立。

答覆：通過上述的理證已經對所知萬法的自性詳詳細細地進行了全盤否定，你們為什麼還說理由不成立呢？完全成立。一切有實法除了在自心前的這一現分以外獨立自主是無法成立的，當然在真實義中，他們安立的顯現也無有容身之地，就像無有印章的印紋一樣。

如果有人想：那麼，雖然有實法本不存在，但它是以無因而顯現的還是依靠非有實法本身的一個其他因而顯現的呢？

實際上這兩種情況都不是，由於這些顯現是次第性產生的緣故，顯然不是在無因的情況下突然間隨隨便便而生的。如果在無因的情況下突然而生，則無論是偶爾性生還是次第性生均不合理，因為必然成了恆常存在或恆常不存在的結局，關於這一點正如前文中所闡述的那樣。

如果又有人認為：瓶子等顯現是由大自在天等其他因所造或者神我、識等常物所生又有什麼相違之處呢？

有相違之處，因為無分別識與分別念前顯現的形形色色的這些事物是剎那生滅的自性，而不是不滅不變恆常出現，是故絕非由一個恆常的因所生。

無分別識與分別念前各種各樣、不可否認的顯現許不可能無因而現。儘管因存在，但由外境有實法本身的力量或者有實法以外的因任何一者中產生都是不可能的事。因此，是由存在於心中的習氣界完全成熟所導致的，這一點依理極明顯能予以證實。

癸二、建立合理觀點：

串習如意故，初由自類生。

剛剛所說的原因可以表明，內外的各種顯現均是由串習的習氣所產生，如同串習貪欲與恐怖之心一樣。因此，前後世存在也同樣成立，如是剛剛出生的第一刹那的心也是由自己前面同類的心所生，這一點以此正理可以證實。依靠這種方式，足可證明具貪者後世也存在的事實。就拿今生來說，以往依靠接觸對境少女的感受之心，足能引發在相續中存留習氣的如今也追求接觸同樣對境的心。現在享受這樣交媾的心能引發將來的貪心。同樣，串習任何事物無不是隨著串習的力量而在後來現為明顯不明顯的情形，就像學習讀誦等一樣。

因而，正如具有貪欲者在屢屢作意對境的美女、懦夫反覆作意蛇等可怕的事物，依靠一再串習的力量結果在他們前面他們所想的對境似乎真的了然呈現了一樣，修禪、不淨觀等心的一切流轉無不與之相同。因此，第一刹那產生的心既不是由外界事物的力量所生，也不是由常因所生，又不是無因而生，而是由分別本身前面的同類事物等所生，因為現在的此識分別有實法等的緣故。關於這一問題，《成量論》中宣說了名目眾多的理證，但如果在這裡一一寫出，會造成文字繁冗，故而擱置一旁。其中的要義也就是說，明知之識的近取因是除了識本身以外的無情物等絕不合理。因此，以不觀待心外他法的理由【因】建立前際無始的彼等要點，作者在此處宣說的這一理證已完全涵蓋了。正如前際無始成立一樣，未離貪欲的死心由於也與顛倒貪著我與我所的習氣相聯，所以能結生到他世的心，如前者一樣。某法在因具全而無有障礙的情況下，無疑會生果，因而正如現在之前識產生後識一樣，在死亡的時刻，作為因的根本我執以及由其所造的業與煩惱這些齊全，並且無有證悟無我的障礙，為什麼不結生於三有中呢？由此可見，在尚未證悟無我之前三有就不會銷聲匿跡。光明的心卻不觀待我執等而是以本身前面的同類所生，因此，雖然證悟了二無我，但由於障礙一無所有、因完整無缺而不會退轉。這種說法是諸位理教主（陳那、法稱論師等）所共許的。

按照觀現世量的觀點而言，不清淨的心雖然已滅、但智慧不會間斷的道理，也需要依這種方式來建立。

這以上宣說了附加內容。如是名言總的安立不僅合情合理，而且依照所知內派【瑜伽行中觀派】所主張的方式來安立名言這一點以事勢理成立，並且能將不符合

緣起事物之實相、抹殺因果之道的一切觀點盡摧無遺。從而對因果之理超勝他道生起堅不可摧、牢不可破的定解。

有部宗等由嗔恨勝義之理的心態所左右而聲稱：「主張萬法無自性這是強有力否定因果等一切事實的觀點，因此可叫做『全空灌頂派』。」並且他們說：「如此損滅因果者，以邪見擯諸善法，妙法稼雹虛空花，求善妙者[88]當遠棄。」

這些人由於未通達「萬法自性存在則因果不合理、若無自性則因果更富合理性」的要點，因而他們的謬論依靠這種方式也能予以遣除。

辛三、以讚歎遠離常斷而結尾：

故諸常斷見，此論悉遠離，

滅盡及隨生，如種芽莖等。

任何法在無因的情況下不會生果、倘若因具全則果不會消失的無欺因果緣起的現象原本如此，故而我們應當了知，一切有實法非剎那性的常見，與有實法無有因果關係相續斷滅的斷見，在安立二理的此中觀論典中不相共存，悉皆遠遠離開，就像在光芒下黑暗無機可乘一樣。

由於常斷見是依賴有實法而產生的，因而在勝義中連有實法也不存在又豈能有常斷見？可是觀待世俗本身

[88]求善妙者：小乘宗謂求自宗所許之善妙解脫者。

的常斷也不可能存在的道理如下：前前之因剎那滅盡，以及後後之果隨著因而產生，如果因應有盡有則必定生果的這一連續不斷的因果規律用比喻來說明，即如同種子生芽，芽中生莖等一樣。如《寶雲經》中也說：「菩薩如何精通大乘？菩薩皆修學一切學處，不緣修學、亦不緣所學之道、亦不緣學者，依彼因、彼緣、彼事亦不墮入斷見。」又云：「善男子，於此菩薩以正慧而分別色、分別受、想、行、識，若分別色，則不緣色之生，不緣集。不緣受想行識之生，不緣集，不緣滅。亦即以分析勝義中無生之智慧，非是於名言之自性中……」

粗常斷見：執著有實法非為剎那性是常見；諸如認為現在的蘊不生後世的蘊或者業中不生果，進一步地說，雖然有實法的因存在，但它卻不生自果，這種執著為斷見。能遣除如極險懸崖般外道所執的這種惡見的對治法，即認定一切有實法剎那滅盡、如果因樣樣齊全則必定生果的道理。也就是說，認定前因的剎那滅盡非但不是斷見，反而是遣除常邊的對治法。認定由因中產生後剎那的有實法非但不是常邊，反而是斷見的對治。這兩種對治法雖說是符合名言實相的執著智慧，可是僅僅依靠這一點還無法如理生起出世間的見解，因此必須要通曉萬法無自性。

這時便出現了觀待空性的常斷見：也就是指執著萬法實有（的常見）與甚至名言中也不存在（的斷見）。

彼之對治：以名言存在作為遣除無邊的對治，它不是有邊與常邊。無自性是遣除有邊的對治，它不是無邊與斷邊。儘管如此，但「有與無」的這些執著僅僅是所取能取分別念的自性，因而仍舊需要生起入定的無分別智慧。

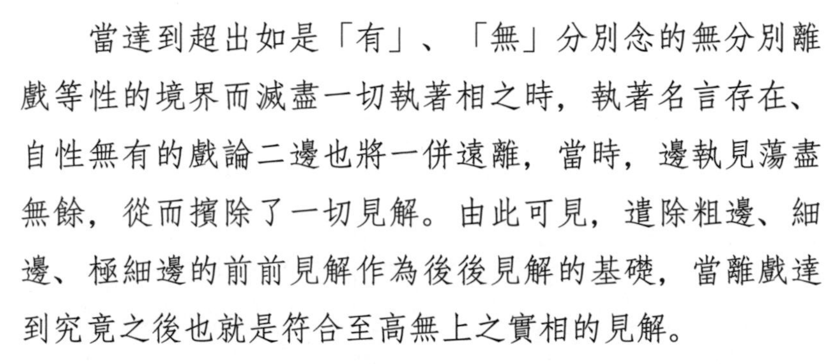

當達到超出如是「有」、「無」分別念的無分別離戲等性的境界而滅盡一切執著相之時，執著名言存在、自性無有的戲論二邊也將一併遠離，當時，邊執見蕩盡無餘，從而擯除了一切見解。由此可見，遣除粗邊、細邊、極細邊的前前見解作為後後見解的基礎，當離戲達到究竟之後也就是符合至高無上之實相的見解。

如云「有無此二亦是邊」等，應當明白入定無二的智慧與後得辨別的妙慧對應所遣之細粗邊的方式。

戊三（如是通達之功德）分三：一、證悟勝義無自性之功德；二、世俗顯現起作用之功德；三、修習二者雙運之功德。

己一、證悟勝義無自性之功德：

通法無我者，串習無自性，

顛倒所生惑，無勤而斷除。

依靠正理抉擇而遠離懷疑通達補特伽羅【人】與瓶子等所知萬法無我之理的諸位智者，屢屢串習、熟練無自性這一法要，結果對於顛倒增益有實法之實相的二我有境分別念所產生能障礙、束縛心的一切煩惱，總有一

日能在無有刻意勤作的情況下如同陽光下的黑暗一樣自然而然予以斷除。

再進一步地說，初學者實執的串習力十分強大，以前未曾熟練修過對治法，所以似乎無論再怎樣刻意勤作也無法斷除。一旦對治的串習力猛烈之時，則無需勵力勤作而自然生起對治、滅除所斷。最終所斷完全窮盡之後一切所知相（即萬法）之自性如同庵摩羅果置於手掌中現見內外透明一樣，這一點以事勢理成立。對於具備有境之智慧者來說，遮障對境一切所知的細微障礙也不存在，無礙洞曉之因齊全。同時依理也可證實一切道即是所斷之對治。如龍樹菩薩言：「若有實承許，難忍貪嗔起，惡見普受持，成彼所生諍。彼為諸見因，無彼惑不起，故若盡知彼，見惑悉清淨。謂誰了達彼，現見緣起者，依緣生不生，正智佛陀說。」又如《月燈經》中說：「貪欲之念、所貪之法與貪者無跡可見。」

所斷（煩惱）不可能有再度返回來加害對治的機會，如《釋量論》云：「無害真實義，顛倒縱盡力，不能遮自性，覺持彼品故……」按照一般共稱之五道十地的安立，應從他論中了知。

下面略述斷除所斷之方式的附加內容：關於證悟二無我的智慧斷除所斷的要點，大乘的諸位祖師密意絕對是互不相違而趨入的。稍許說明此等道理：總的來說，十地的智慧不可思議，它們的所斷——顛倒的伎倆也是

變化莫測，不可計量，所有經中也以多種方式加以教誡。從總的方面而言，煩惱障與所知障定數為二以事勢理成立，正因為士夫所追求的是殊勝解脫與遍知佛果，所以（煩惱障與所知障）是從障礙解脫與佛果的角度而安立的。一般來說，障礙的定數也為二，除此之外無需再安立其他一個障礙。《辨中邊論》中云：「所說煩惱障，以及所知障，彼攝一切障，盡彼許解脫[89]……」一切經論中異口同聲地說除了這兩種障礙外再無有第三種障礙。所有極細微的習氣實際上是對如實現前所知（萬法）之自性從中作梗的障礙，因此超不出所知障的範疇。

什麼法障礙解脫呢？

我執、我所執等一切煩惱障礙解脫。

什麼法障礙了知諸法呢？

是以未現前一切法之自性的愚癡來障礙的。

關於煩惱障與所知障二者的差別，雖然在各論典中出現了因、本體、作用等許多類別，但實際要點是一致的。

歸根到底，漂泊輪迴的因中占主導地位的就是貪等一切煩惱，這所有煩惱中無則不生的根本就是俱生壞聚見，這一點以理也可成立。同樣，具有人我執之根本的一切煩惱是煩惱障。未如理如實了知如所有與盡所有之

---

[89]此偈唐譯為：已說諸煩惱，及諸所知障，許此二盡故，一切障解脫。

諸法即是對萬法之自性愚昧不知的無明，因此具有法我執之根本的一切粗細愚癡即是所知障。

深入徹底地通達了原本如此的內容後再與實修正道的階段相對應，我執所生的慳等六度各自的某一違品如果存在，則不能趨入對治法的各自波羅蜜多中，這是煩惱障。雖已實行六度，但具有未證悟法無我之法我根本的三輪實執分別念即是所知障，如《寶性論》云：「三輪分別心，許為所知障，慳等分別念，許為煩惱障。」由此可見，如果證悟了人無我，則具有我執之根本的一切煩惱將不復存在，這一點以理成立。如果見到了無我，那麼由耽著彼所生的貪、嗔、慢等就不可能有立足之地；如果我執存在，則這些煩惱必定得以立足。《寶鬘論》中云：「何時有蘊執，爾時有我執，由我執有業，由業而有生。」《釋量論》中也說：「有我則知他，我他分執嗔，由此等相繫，起一切過失。」又云：「是故貪著我，爾時當流轉。」又如《入中論》云：「慧見煩惱諸過患，皆從薩迦耶見生……」

這樣的我執是依靠對治法證悟無我的智慧來斷除的，在見道中，斷除於現見真實法性諦實義起顛倒的一切遍計部分，從此以後在修道中斷除俱生部分，有關遍計與俱生的一切內容要點當從他論中得知。

所以，聲聞、緣覺唯一修持煩惱障的對治法——人無我，從而能滅盡一切煩惱，如同薪盡之火一樣不再存在（三）有的運行，永遠不會重返輪迴，可是，由於未圓滿修行法無我而致使沒有斷除所知障。一般而言，障礙所知之自性的所有愚癡均可以用煩惱之名來稱呼，但這不是指煩惱障所知障二者之中的煩惱障。關於諸如此類的情況，辨清場合在何時何地都是至關重要的。

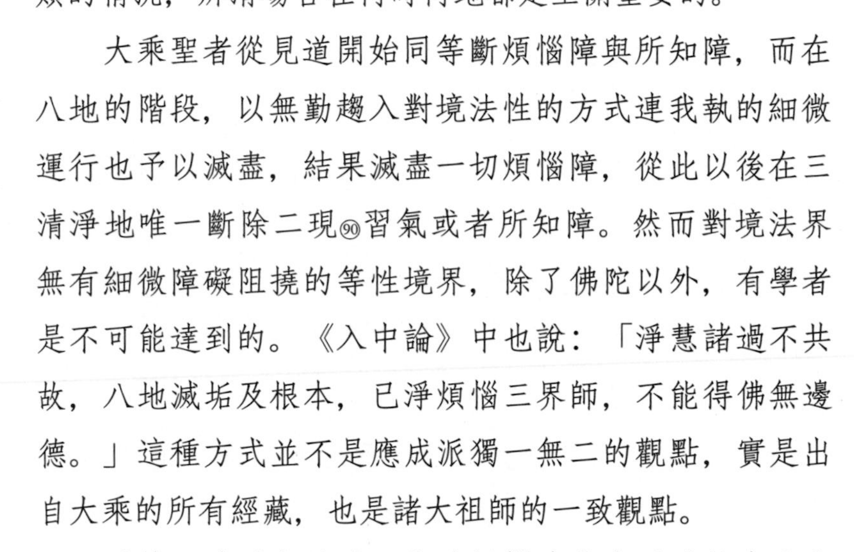

大乘聖者從見道開始同等斷煩惱障與所知障，而在八地的階段，以無勤趨入對境法性的方式連我執的細微運行也予以滅盡，結果滅盡一切煩惱障，從此以後在三清淨地唯一斷除二現[90]習氣或者所知障。然而對境法界無有細微障礙阻撓的等性境界，除了佛陀以外，有學者是不可能達到的。《入中論》中也說：「淨慧諸過不共故，八地滅垢及根本，已淨煩惱三界師，不能得佛無邊德。」這種方式並不是應成派獨一無二的觀點，實是出自大乘的所有經藏，也是諸大祖師的一致觀點。

承許不清淨七地唯一斷除煩惱障的宗派雖然在此藏地也有出現，但由於對治法即證悟二無我的智慧存在，而為什麼不斷所知障呢？《辨中邊論》云：「於法界無明，十種所知障，十地諸違品，對治即為地[91]。……」應當按照一切經論中所說十地各自的所斷均有所知障來理解。

此宗派認為斷所知障的起點是從八地開始，而且承

[90]二現：指二取。
[91]此偈唐譯為：於斯十法界，有不染無明，障十地功德，故說為十障。

許聲緣阿羅漢已圓滿地證悟了法無我並且已斷盡一切煩惱。

對此，其他智者進行反駁道：倘若果真如此，那麼聲緣阿羅漢趣入大乘時在不清淨七地獲得對治之智慧時就成了無有所斷，彼地的無間道是什麼的對治，解脫道又從什麼中解脫，此等也無有立足點了（意為無間道與解脫道也將無法安立）。再者說，菩薩具有無量大悲方便，在兩大阿僧祇劫的漫長時間裡修習無我，結果所斷的法，聲聞、緣覺本來遠離方便而修行卻在三世等短暫的時間便能斷除，如此看來，小乘與大乘相比將更快速地成佛了，通過諸如此類的多方面分析而遮破對方的觀點。

雙方的諸位辯論對手都是具有超凡妙慧的智者，對於他們之間理證技藝較量的精彩表演，我們當以不偏不倚的雅興來盡情欣賞。

如是煩惱障與所知障不是偏頗而存在，對治法二無我也並非不能混淆。全知榮索班智達（在《入大乘論》中）如此說道：「如果有人認為：觀察苦諦與集諦的這些所斷煩惱到底是一體還是異體？假設是一體，則後面的對治成了無有意義；倘若是異體，則緣所有界、趣、法的異體煩惱均需要斷除，結果無法斷除。對此應當這樣答覆：一切煩惱均是來源於我見之處，而產生於實執、相執的對境中，在具有這些煩惱期間，所緣有多少，煩惱也將產生多少。一旦（如幻師般的）我見之依處土崩瓦解，則由於無有幻師而使他所幻變的一切煩惱魔術均銷聲匿跡，因而此等煩惱已脫離了一體與異體的關係。可見，只是為了調化耽著自相與共相的諸聲聞學人，（佛陀才將）輪迴分為因（集諦）與果（苦諦），涅槃也分為因（道諦）與果（滅諦），以此差別而歸納分成四諦，緣這種差別，智慧與煩惱也就分成了異體。實際上，一切智慧均是一體，就是指的證悟諸法為無我的智慧。同樣，一切煩惱也都是一體，也就是指對於我的愚昧分別。所以說，憑藉緣補特伽羅【人】的智慧不能斷除煩惱，而緣法的智慧也需要借助遣除顛倒之戲論的力量方可斷除煩惱，而以有實見不能斷除。

如果有人問：既然聲緣尚未離開處於有緣之地的有實見，他們又如何能滅盡煩惱並證得菩提呢？

對此應當如是回答：雖說一切聲聞自宗承許滅盡煩惱並獲得無為法【抉擇滅】，但大乘認為：煩惱的有實法已滅而隨眠習氣未滅、尚未超離異熟之蘊的補特伽羅，已斷除了一切結生三界的情況，因而稱為滅業壽之眾生。正如《普明幻化網續》中『盡離方便慧，耽著外實法，一切小乘者，豈得無上果？』對此答云：『菩提說二種，有餘及無餘，有餘蘊本體，盡焚諸煩惱；無餘無習氣，清淨如虛空，菩提即如是，諸佛方便說。』應當依此而了知。

此外，如果有人提出質問：論中說菩提是盡智與無

生智，具有無為法者即是聖補特伽羅。既然說菩提共有三種，那麼它們的盡智與無生智到底是指什麼[92]呢？

對此答覆：斷除結生三界的一切煩惱者即是阿羅漢；無論何法，集諦的法（順行十二緣起支）了知為滅盡彼等（逆行十二緣起支）之法者即是緣覺；盡斷習氣結生的一切煩惱者即是無上真實圓滿菩提。」正像全知榮索班智達所說的那樣，怙主龍樹與月稱論師等大德可謂是異口同聲，意趣一致。一切煩惱歸根到底唯一是愚癡，它的微細部分絕對是十地末際之金剛喻定的獨一所斷。

一切法的究竟實相也不可能逾越真如佛智的唯一境界，如實照見的智慧也是唯一的，即是獨一無二的一切種智。為此，金剛乘中說「佛與眾生僅是覺與未覺的差別」，依此也能認識到金剛藏的甚深之處。正因為這一點，聲聞、緣覺、菩薩依次照見實相的障礙越來越清淨，諸位菩薩也是以地的差別而呈現逐步向上的趨勢。最終如實現前實相、究竟斷證功德者即是佛陀。因此，證悟實相的意義就是智慧。

由此可知，從斷除障礙實相的角度而言，照見對境法界是以清淨的方式而進行鑒別的。正由於原本如此，因而所有經論中三令五申宣說的成立究竟一乘之理的攝義就是這樣。月稱論師也說：「離知真實義，餘無除眾垢，諸法真實義，無變異差別，此證真實慧，亦非有別

---

[92]此句義為三菩提滅盡什麼、獲得什麼？

異，故佛為眾說，無等無別乘。」只有以確鑿可成的理證才能證實究竟一乘，否則無有建立一乘的方法。

所以說，一切聲聞阿羅漢並不是斷證究竟的菩提，這是眾所承認的。究竟的解脫涅槃唯有佛陀，如《寶性論》中云：「故未得佛果，涅槃不可得，如離光與光芒，日輪永不見。」

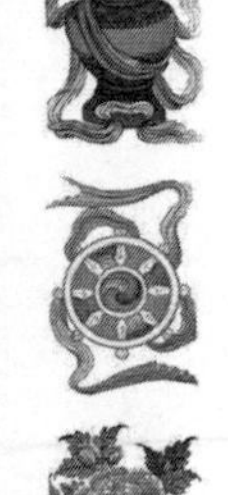

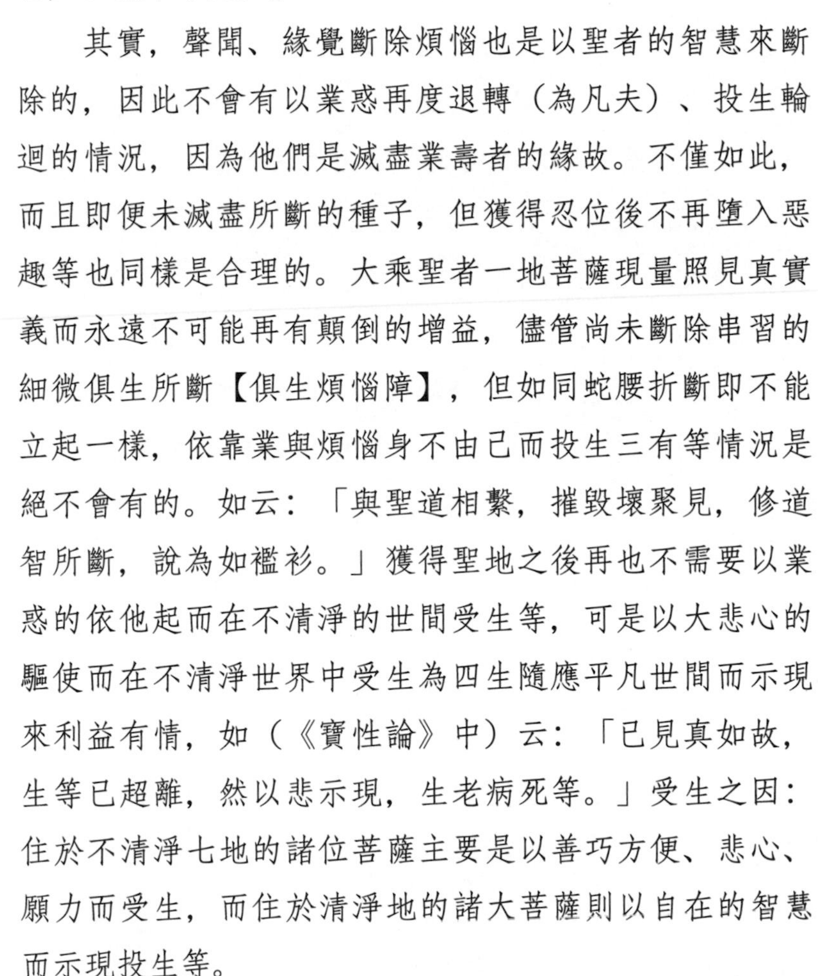

其實，聲聞、緣覺斷除煩惱也是以聖者的智慧來斷除的，因此不會有以業惑再度退轉（為凡夫）、投生輪迴的情況，因為他們是滅盡業壽者的緣故。不僅如此，而且即便未滅盡所斷的種子，但獲得忍位後不再墮入惡趣等也同樣是合理的。大乘聖者一地菩薩現量照見真實義而永遠不可能再有顛倒的增益，儘管尚未斷除串習的細微俱生所斷【俱生煩惱障】，但如同蛇腰折斷即不能立起一樣，依靠業與煩惱身不由己而投生三有等情況是絕不會有的。如云：「與聖道相繫，摧毀壞聚見，修道智所斷，說為如襤衫。」獲得聖地之後再也不需要以業惑的依他起而在不清淨的世間受生等，可是以大悲心的驅使而在不清淨世界中受生為四生隨應平凡世間而示現來利益有情，如（《寶性論》中）云：「已見真如故，生等已超離，然以悲示現，生老病死等。」受生之因：住於不清淨七地的諸位菩薩主要是以善巧方便、悲心、願力而受生，而住於清淨地的諸大菩薩則以自在的智慧而示現投生等。

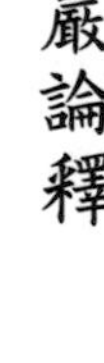

如果有人提出疑問：既然這些大菩薩是為了利他而示現投生等，那麼當時他們身心是否具有自相的苦受？

關於這一問題，正如《經莊嚴論》中所說：「觀法如知幻，觀生如入苑，若成若不成，惑苦皆無怖。自德利眾喜，故意幻化生[93]，自嚴及自食，園地與戲喜，如是四事業，悲者非餘乘。

極勤利眾生，大悲為性故，無間如樂處，豈怖諸有苦？」

如果又有人問：即使諸地的所斷就是如此，但從對治之智慧的角度而言，聲聞、緣覺阿羅漢到底有沒有證悟法無我？

對此提問，全知法王無垢光尊者（於《如意寶藏論》中）說道：「關於聲聞、緣覺有沒有證悟法無我的問題，儘管前代的諸位阿闍黎展開過辯論，但自宗認為，正像聲聞部中以前也出現過說有我、說無我的兩派一樣，雖然（根基）千差萬別，然而對於獲得阿羅漢者來說，未證悟蘊執無我不可能證果。可是，正如諸經藏中所說，他們的無我如同芥子為昆蟲蝕食的內部空間般範圍微不足道，並未圓滿無我[94]。」能說出如此精妙絕倫之善說的人，可以說在整個藏地雪域前所未有。在此對

---

[93] 自德利眾喜，故意幻化生：此兩句在唐譯文中無有，依藏文而補譯。

[94] 此處所引的內容與堪布根華在《定解寶燈論淺釋》中所引用的基本上相同，但詞句上卻有所不同，不知何者引用的是真正的原文，待參閱《如意寶藏論》原文後再予以說明。

這些意義稍加說明：以中觀理徹底斷定之時，法與補特伽羅【人】二者只是空基有法的差別，而在空的方式上無有任何差異。所以，依靠蘊執而假立之「我」的俱生我執的耽著境如果尚未擯除，那麼單單斷除了常我是不足以斷除煩惱的，這一點以理成立。因此，見到法的部分孤立的「我」為空性，也可立為證悟法無我的名言，就像「猶如海水飲一口（可以說是飲了海水）」一樣，經中也說「聲聞、緣覺也有證悟法無我」。對於畏懼空性而理解人無我的聲聞、緣覺來說，如果捨棄空性，那麼連自果的解脫也不能獲得，因為經中宣說了三菩提是依靠證悟空性而得的道理。然而，這些聲聞、緣覺阿羅漢並未圓滿證悟所知為無我，就像雖然喝了一口海水，但整個大海的水並未全部進入腹內一樣，諸經論中是以「微量」而加否定詞的方式說「未證悟法無我」。

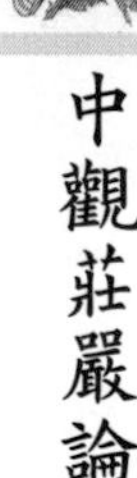

那麼圓滿法無我又是怎樣的呢？所謂的「法」涉及十種含義，但此處是指所知，即有實法、無實法，有為法、無為法等一切法。如果了知這一切法為空性，則已圓滿了法無我。《入中論》中云：「如是廣宣說，十六空性已，復略說為四，亦許是大乘。」這裡所說的是大乘之道。

如果有人認為：聲聞、緣覺倘若已了知一法的空性，為何不通達萬法皆空呢？

這種想法未免有些幼稚。實際上，雖然萬法之自性本已安住於空性中，但如果了知一法空，則不一定就能見到萬法皆空，由於聲聞、緣覺只是耽著一個人無我而不希求法無我，而且內外善知識、行為、迴向之緣不齊備致使證悟緩慢。

就像受持大乘之教理者也是根據智力的不同而有圓滿抉擇與未圓滿抉擇法無我的差別以及在修行過程中也有能如實修行離戲與不能如實修行離戲的差距一樣，而經中所說的「何者若見一法之真如，則見一切悉皆如是」，實際上是就能夠見到一切法同樣安住於真實等性自性中的補特伽羅而言的。

此外，所有補特伽羅如果了知一法為空性便需要立即通達萬法皆空，那麼依靠證悟了外境微塵為空性的智慧也需要將諸法抉擇為空性。如此一來，中觀派所有廣泛的理證都成了無有意義。就連希求法無我並為內外善知識所攝受的諸位大乘聖者尚且在一阿僧祇劫中不能現見法無我，那麼與之恰恰相反的聲聞、緣覺就更不必說了。如果始終咬定見到一法為空性就必定見到萬法皆空，結果（聲聞、緣覺、唯識、中觀）四種宗派都通通變成了唯一的中觀派，倘若果真如此，那該是一件多麼容易的事。當然，聲聞、緣覺阿羅漢有朝一日也需要證悟（法無我），在一萬劫的末際，他們依靠佛陀的威力勸請而從滅盡定的境界起定步入大乘。

所謂的「法無我」也是指的證悟所有一切法為無

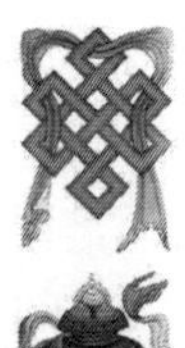

我，而只是證悟其中任意一者並非就圓滿了法無我。由此可見，只有證悟了有實無實、真實非真實凡是可以作為心之對境的法均無有自性後圓滿十六空性之有境——遠離一切執著邊之聖者入定智慧的那一對境才稱得上是法無我，此法無我是超離有實無實的空性離戲等性，而並不是指遮破了真實的有實法而無法超越以非真實的無實法本身作為心之依處，成為否定性、遮破性、分別念之對境的單空。

所以說，儘管聲聞已將人我徹底斷定為空性，但是彼之有境——如此相似的智慧與大乘遠離一切邊的入定智慧比較起來，則有著大海與牛蹄跡水或者虛空與芥子為昆蟲所食之內部空間般的懸殊差距。正因為智慧有同樣的差距才使道也出現了高低之別。倘若證悟無有差別，那麼所斷也不應該存在著差異。所斷如果不是隨著證悟而存在、滅盡，那麼建立所斷與對治的智慧二者相違的正量將不復存在。這樣一來，道果的安立以正理也不可建立，這實在成了莫大的損減，因此這種觀點無論如何也難以令人認同。

可見，在具有所斷障礙的同時如無障礙般證悟或者本不存在所斷障礙卻如障礙般未證悟的兩種情況均不合理，就像承認存在黑暗的同時太陽升起或者太陽高掛卻不見色法一樣。因此，對於講真理的人來說實是不合適宜之舉。

如果有人問：那麼月稱論師為何舉出經中所說的一地菩薩不能勝過聲聞、緣覺的智慧來作為聲聞、緣覺證悟空性的依據呢？

這其中的意思應當如此解釋：聲聞、緣覺如果僅僅連緣起性的我也未見到，則與外道相仿也不會變成聖者，由此（菩薩）該勝過聲緣。但是，已見無我的這些聖者具有緣行⑮而入滅盡心與心所之運行的法界中【滅盡定】，從這一點來說，六地以前的菩薩與聲緣阿羅漢無有差別。七地菩薩以無行⑯入真實滅盡定的方式使得智慧也超勝他們。

對此問題，仁達瓦大師等論師以充足的理由而認為，智慧勝過的這一道理是指能否刹那入、出滅盡定的差別。

智者索朗桑給則以理證駁斥此種觀點，說明其極不合理，進而闡明自宗的觀點：相執不復產生的有法（能力）在七地時已獲得。

雖然對此說法各一，莫衷一是。但我本人認為（以上說法並不相違，這一點佛經中有明顯記載），《聖楞伽經》中云：「大慧，自六地起，諸菩薩大菩薩及諸聲聞、緣覺入滅盡定，七地心為刹那刹那性，諸菩薩大菩

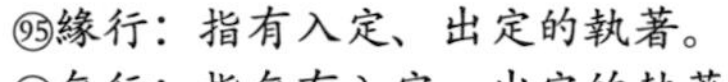
⑮緣行：指有入定、出定的執著。
⑯無行：指無有入定、出定的執著。

薩遣除諸有實法之體相而入定，諸聲聞、緣覺並非如是。此等聲聞、緣覺入滅盡定墮入具現行之能取所取相中。」見到佛陀親自解釋自己之密意⑰的此經便可打消疑團。也就是說，聲聞、緣覺阿羅漢入共同滅盡定⑱，而菩薩則從六地開始入此定。雖然在這裡有許多要講述的，但只是簡要說明到此。

總而言之，法無我的範圍中已包含了人無我在內，雖說人我已包括在法我中，但由於主要轉生輪迴的因就是人我執，因此只要打破人我執，就可以免除以業惑而投生三有的後果。

那麼，依靠什麼道來打破人我執呢？

需要依靠通達補特伽羅【人】為空性來打破。

以怎樣的方式來打破呢？

只要通達了俱生我執的對境——依靠蘊執或所緣境之蘊而假立的「我」除了依緣假立或緣起或者依緣而生的本體以外絲毫也是不成立這一點，便可如同去除將繩子視為蛇的執著一樣推翻我執。而諸多微塵、諸多剎那的部分與俱生我執之執著相的耽著境直接相違，因此了知（俱生我執與遍計我執）這一切均以我而空並進一步修習，即可從根本上消滅我執，依此所有煩惱也會杳無蹤影，僅此便能從輪迴中獲得解脫。而小乘行人不希

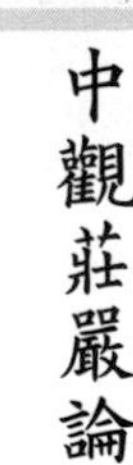

⑰自己之密意：是指在《十地經》中所說之密意。
⑱共同滅盡定：指小乘所許的滅盡定。

求、不修行其他法為無我（之道），當然也就不會有現前法無我的結果。由於法無我不存在，也就不會有遣除所斷所知障的情況。

自相續的蘊相續與蘊聚合僅是從未以智慧加以分析這一點而假立、執著為「我」的。所以，如果沒有以智慧對這些蘊分析、剖析成多體，甚至人無我也無法證悟，由於緣假立為我之因——蘊的緣故。《寶鬘論》中針對聲緣而宣說了蘊是多體聚合之自性故勝義中不存在的道理。《阿含經》中說「觀色如聚沫」等（等字包括觀受如水泡，觀想如陽焰，觀行如芭蕉，觀識如幻事），按照經中的意義，通達蘊本身是對多體之分而假立的道理者即能圓滿人無我。《入中論自釋》中在解釋「無我為度眾生故」這一頌詞時說：「人無我是為了令諸聲緣解脫而宣說，為了諸位菩薩獲得遍知佛果而宣說二無我。聲聞、緣覺雖已見到依緣而生的緣起性，然而彼等卻未圓滿修行法無我，僅有斷除行於三界之煩惱的方便。彼等完整修行人無我可以立足。」依此教證也能確定聲聞、緣覺並未圓滿證悟法無我。如果在尚未圓滿證悟法無我時不能斷除煩惱，那麼聲聞均未圓滿修行法無我又豈能斷除煩惱呢？因為（法無我與煩惱）這兩者是隨存隨滅的相應關係，依據正理也同樣可證實這一點。

關於單獨依靠人無我斷除煩惱之理，在《釋量論》與《中觀理論集》中說明得十分詳盡，並且依靠七相車理⑲等道理足可證明即便未圓滿法無我也有證悟人無我的事實。通過修習人無我最終也能成就究竟的明現智慧。

總之，我們應當清楚，無邊資糧等殊勝方便之因如果不齊備，必定不會生起殊勝證悟，一旦因完整無缺，自會生起一地等殊勝證悟。當生起了這種證悟時，與之對立的所斷也將無影無蹤。如果離開了所斷，則與之相對立的功德也將圓滿齊全。這三者（證悟、所斷、功德）之間必定是隨存隨滅的相應關係，否則就可能出現其中何者存在、何者不存在等類情況。如此一來，在聲稱「斷除一切所斷而未證一切所證等各類情況均會出現」的辯方面前，我們通過事勢理的途徑來正破也成了無有宣說的餘地，這一點實難令人承認。

簡而言之，如果（認定）聲聞、緣覺圓滿證悟了法無我，則難以避開所有佛經、注疏的教證以及成百理證的妨害。大小乘的見道等道果的功德有著太陽與螢火蟲般明亮不明亮的差別。我們應當了知，這些功德是依靠證悟的智慧光而進行區分的。對於有智慧的諸位學人來說，只是這般簡明扼要講清理證的要點就已足夠了，而要引導固執己見者卻有一定的難度。

一般而言，此類問題是三乘道的關鍵所在，如果將（龍樹與無著菩薩）二大祖師等大德對於此理的密意執

⑲七相車理：以車喻我，由七種道理進行分析：車與零件是一，是異，是零件依車，是車依零件，是車中有零件，是零件累積為車，是其總形為車？如是確定車無自性，人無我性亦復如是。

為似乎相違，則心裡總會有刺痛的感覺。無論任何人也好，如果將諸大祖師的意趣要點如同米飯中拌上三甜一樣融會貫通，輕易消化理解，從不泛起想對別人說長道短的唾涎，也不會有見異思遷羨慕他宗的需求，身居自己的床榻，內心怡然自得，那麼就證明聞思的的確確已獲得了卓越的成效。如云：「人人不喜我意足。」

諸位，追隨師君三尊⑩的前譯派的行人們，我們幸運地擁有了前譯這麼多、這麼好的如來純淨無垢之佛經、六莊嚴以及傳承上師的論典，要想聞思，這些已經足夠了，而一味喜愛隨聲附和又有什麼用呢？衷心希望你們恆常與（本派的）上師、本尊與大德之論典的光芒相依相伴。

己二、世俗顯現起作用之功德：

因果有實法，世俗中不遮，
染污清淨等，安立無錯亂。

諸位有實宗論師說：如果無有自性，則諸如染污與清淨的差別，如是善與不善、業因果、順行緣起與逆行緣起、所量與能量、由因所生立宗之智所生能生等所知因果各自的法性則無法互不混淆而安立。

作者正是為了清除諸如此類所有的劣意謬論而闡明因果的合理性才宣說了這一偈頌。能生之因與所生之果的有實法能起作用的無欺顯現，僅僅在世俗中存在這一

⑩師君三尊：即蓮花生大士、靜命菩薩與國王赤松德贊。

點並不遮破，實際上是以名言量衡量而安立的，所以染污、清淨等因果隨存隨滅的一切安立各自法相均不失毀而存在，絲毫不會因為（勝義中）無有自性而導致世俗的這些法相有錯亂、混淆之處。

如果對方認為：倘若（你們中觀宗也承認）一切有實法的法相能夠完整無損地安立，就與我們的觀點一致了。

你們承認如此顯現在勝義中成立，倘若果真如此，從極微直至識之間建立起一體或多體的自性，請將我們前面所說的一切過失給予如實答覆，當時如果無有任何理證妨害而成立，那麼我們將隨著你們並且承認「這些有實法在勝義中也是真實不虛的有法」。或者，你們也隨著我們所說的理證而承認此顯現也是虛妄的，這樣你我雙方才真正稱得上是觀點一致，否則無法說「觀點一致」。

如果對如此自性空生起真實的定解，就一定會對因果生起永不退轉的誠信；相反，倘若將因果理解成似乎不合理，則稱不上是中觀所說的空性，認識到這是斷見取名空性之道後，應當棄之千里。如阿闍黎龍樹菩薩親言：「不明空性義，唯一行聽聞，不造何福德，彼等劣士毀。業之果報有，眾生亦盡說，徹知彼自性，亦說為無生。如為世間眾，佛說我我所，一切蘊界處，皆以密意說。」並且阿闍黎在其他論典中也講述了空性極其深

奧，難以洞察，所有智慧淺薄者如果顛倒理解則遭殃的許多道理。

己三（修習二者雙運之功德）分二：一、略說獲得清淨資糧；二、廣說彼理。

庚一、略說獲得清淨資糧：

如是而安立，因果此法故，

福資無垢智，此宗皆合理。

由於如是安立了無自性之理的因果此法，故而，布施等一切福德資糧與無有愚昧之垢的智慧資糧圓融雙運的正道，對於此（中觀）宗來說都是合理的，而對於有實宗來講極不合理。也可以說，了知儘管在勝義中無有自性但世俗現分之無欺緣起的本相後再進一步學道，不會有對萬法之實相顛倒執著染污內心的現象，結果會成為清淨的修道。

諸有緣（有實宗）的論師說：「布施為利供，亦作施捨行，彼令極生信，無緣處非爾。無有故不緣，抑或非境故？若無壞福德，徒勞而無果。三者佛照見，是故非無境。自心與心所，彼等為自證。」意思是說，（小乘認為）布施以饒益或供養的心態緣對境而發放，能令人極度生起信心，而不緣對境卻並非能達到如此效果。如果無有對境而不緣，那麼一切菩薩利益眾生也成了徒勞無益，因為一切眾生不存在之故。實際上也並非無有對境，因為如來已經照見有施主、所施物與受者的緣故。此外（唯識宗論師認為），兒子等所施物、受者與施者的自心與心所均是自證，又怎麼會不是對境呢？以上這些辯論無有任何實義，原因是：（中觀宗）在世俗中並不遮破因果的緣起。「三者佛照見」與「自證」的說法也是指的在世俗中，而在勝義中由於遠離一體多體的緣故，又怎麼會有這些呢？

庚二（廣說彼理）分二：一、總說因果隨存隨滅之比喻；二、別說為正見攝持與否之因果。

辛一、總說因果隨存隨滅之比喻：

清淨之因中，所生諸果淨，
如正見所生，戒支等清淨。
如是因不淨，所生果非淨，
如由邪見力，所生邪淫等。

一切果均是隨著因而存在、滅盡的，也就是相應因而存滅，所以根據因清淨與否，果也會成為清淨與不清淨。換句話說，清淨的因中所生的一切果也是清淨的。如同「善有善報、惡有惡報」的世間正見中所生的斷殺等戒律支以及不放逸支等也是清淨一樣，隨著見解的因，戒律支等果也清淨。同理，假設因是不清淨的，則由它所生的果也不會清淨，如同由持因果不存在的邪見力所導致的邪淫等不善行一樣。

辛二、別說為正見攝持與否之因果：

有量妨害故，於事有緣者，

如陽焰等識，盡顛倒分別。

是故彼力生，修持施度等，

如倒我我所，所生力微弱。

於事無緣中，所生廣大果，

增因所生故，如良種芽等。

前文中已籠統地說明了果清淨與否完全取決於因的道理，接下來在這裡宣說有緣的布施等是不清淨的資糧，無緣的布施等之舉則是清淨的資糧。

如果有人想：為什麼有緣會導致資糧不清淨呢？

下面以正理進行分析：由於有量的妨害，是故萬事萬物皆不存在，而在事物本不存在的情況下對事物有執著，顯然已被顛倒的分別念所染污，猶如將陽焰誤認為水或將火燼執為火輪等之識一樣，完全是於對境之實相的顛倒分別。由於這般執著事物是顛倒識，是故由實執之見的力量所生而修持布施度等所有波羅蜜多均以障礙法之自性的顛倒妄念所染。譬如說，所有外道秉持將本不存在的「我」執為我與我所之顛倒耽著的壞聚見，由此所生的苦行等不能作為圓滿菩提支的正道。同樣，具有實執而進行的這種修道也隨著錯誤的心態所轉，從而導致力量微弱。與之相反，由對事物無緣中所生的布施等則是為究竟廣大佛果而施捨的，因為隨著萬法之實相無誤智慧而轉，所以能成熟果報。或者說，由於是能增上的清淨之因所生的緣故，就像優良的種子會長出優質

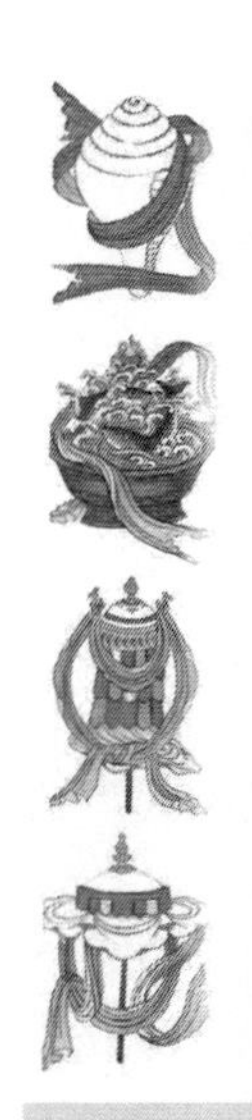

的芽與穗等一樣。

在緣我的情況下希求圓滿菩提的一切善法雖然也會成為遍知佛果之因，但僅是間接成為而並非直接為因，原因是：在沒有直接離開我見的情況下不得真實的解脫道。不得解脫的原因也是由於被顛倒之見所染的緣故。本論《自釋》中說：「無間不成真實圓滿菩提支。」其中無間的意思是指中間需要由經其他途徑之義。

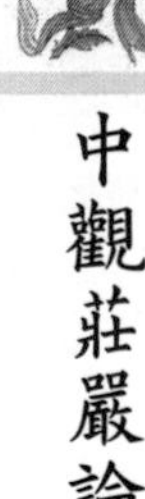

所以，以供養與饒益的心願而慷慨布施如果以三輪體空來發放，則成為所有智者隨喜之處，因為這是無倒了達並如理如法而行、不含愚癡成分的善根之故。《攝正法經》中云：「世尊，不見諸法則是真見。」《般若三百頌》中也說：「『須菩提，於此如何思維？東方之虛空易衡量否？』須菩提白佛言：『世尊，否。』……『須菩提，菩薩不住一切、普皆不住發放布施之福蘊亦不易衡量。』」又云：「須菩提，譬如，有目之人入於暗處時一無所見，如是而觀墮入有實法慷慨布施之菩薩；須菩提，譬如，天亮日出後明目之人親見種種色相，如是而觀不墮有實而慷慨布施之菩薩。」

丁二（以讚如是二諦之理而攝義）分二：一、安立二理宗軌；二、對此讚歎。

戊一（安立二理宗軌）分二：一、安立名言真如；二、安立二理雙運之道。

己一、安立名言真如：

作為因果法，皆必是唯識，

由自成立法，彼即住為識。

如果有人問：作為如是因果緣起的這些現象，到底是心與心所的本性還是外界的本性？

清辨論師等認為這些是外界的本性，進而將經中所說的「唯識」解釋成是為了遮破作者與享受者。

與之不同，本論中承許，成為因與果的法都必定是唯一之識，除此之外無有單獨存在的外境，凡是由識自身明確領受而成立的法均安住為識，否則不合道理。

這些顯現及識與由識本身感受不可分割，捨棄自己明明感受而成立的本體而了達其他外境是永遠無法實現的。假設有這種可能性，那麼需要在離開明知的同時來認知外境。但事實上，如果離開了明知（的法相），則無法堪當識的身分。由此可見，識不存在而外境明明存在是絕不合理的，為此成立一切感受均是識本身，如同夢境與魔術等的色相一樣。即使色等一切外境在識之外另行存在，但就像眼等[101]一樣由於同時不同時都無有關聯的因，所以現量不成立。

可見，感受藍色等實際就是感受與識無二無別的本體，就像感受夢境等的色法一樣。

如果對方【經部】認為：感受行相雖然必須是識，

[101]眼等：指眼根與眼識、耳根與耳識、鼻根與鼻識、舌根與舌識、身根與身識。

而能指點出該行相的外境需要存在，這一點以比量可推。

駁斥：倘若如此，那麼由於外境微塵等不存在也可比量推知的緣故，外境存在不應理，你們推斷外境存在的觀點也僅僅是對現量不成立的隱蔽分以比量推知，而我們的外境不存在以比量與現量感受之心自身而成立，這一點更具有說服力，其他人實在無力推翻。這樣一來，也與《密嚴莊嚴經》、《解深密經》、《楞伽經》等所有佛經相吻合。

因此，在辨別後得之時，對中觀宗來說，在名言中只有承認外境與不承認外境兩種而別無其他觀點。

己二、安立二理雙運之道：

依於唯心已，當知外無實，
依於此理已，知彼亦無我。

依靠了知凡是顯現的這一切法唯一是心而外境絕不存在的道理後，應當了達外境無實，隨之依靠上述的離一多因之此理而了知心也完全無我、斷除一切邊離戲中觀的本性。《出世品》[102]中云：「嗟，佛子了達三界唯心，了達三時亦與心同，通達心亦遠離中邊。」對於這其中的教義，作者的此頌已妥善地予以了解釋。了知（十）方（三時）的一切顯現為心，並了知心也是無有生滅之邊、現在住之法相中，故為離邊。《攝正法經》

[102]《出世品》：指《十地經》中的出世品。

中也說：「世尊，諸法遍計之精華，攝於唯心，不具實體，如幻無根。」

《般若經》中云：「如是心者無有心，心之自性為光明。」

戊二（對此讚歎）分二：一、略說；二、廣說。

己一、略說：

乘二理妙車，緊握理轡索，

彼等名符實，大乘之行者。

乘著名言唯識宗、勝義中觀宗此二理雙運之道的大妙車，緊握觀察二諦量之無垢理證的轡索不放，這些人由於遵循稀有的妙理，因此稱得上是名副其實的大乘行者。

佛陀的大乘包括甚深與廣大兩個方面。能宣說深廣大乘的也就是展示中觀與唯識宗義的所有佛經，解釋這些佛經之密意的就是龍樹菩薩與無著菩薩二大祖師的無垢道軌。而他們的正道並不是偏頗著重強調己方的觀點，只不過是分別開顯佛經的甚深部分與廣大部分兩方面而已。因此，如果已將他們的密意融會貫通，則是真正趨入了甚深廣大不偏不倚的大乘，原因是：世尊關於名言世俗諦的安立，染污、清淨所攝之盡所有法的教言，歸根結底要依賴通達唯識之理；而從色法直至一切種智之間的萬法自性抉擇為大離戲的最終歸宿就是中觀。

對於深如大海、廣如虛空之二理的大妙車軌，真正不偏不墮而圓滿通達無礙者甚至在印度也是寥寥無幾，就更不必說藏地了。在印度聖地，各自護持宗軌的當時，這位阿闍黎【靜命菩薩】鑒於此種原因深感甚深廣大這兩種大乘的特法缺一不可，於是將此二理宗軌合而為一，因此這一宗義已遠遠超勝其他宗。所以，（學修）這樣的好論典恰似乘上妙車一般。

那麼，到底怎樣與妙車相似呢？通常而言，所謂的「乘」如同乘騎，如果駕馭它，便可隨心所欲達到目的地。關於其中的大乘，如云：「此乘如空無量殿，得真喜樂最勝乘，乘之度眾趨涅槃。」以如虛空般的甚深二十空性、如無量殿般廣大的布局嚴飾，即是所謂的「大乘」。

妙車有四種特點：超勝其他（車輛）；唯為大士所用；無有困難而行；富有精美裝飾等。與此相同，此宗超勝各執一方的宗旨；具有深廣智慧的大士方能享用；二諦之真如融會貫通而不難成就佛果；富含名言量與勝義量無量理證的喜樂美妙裝飾等。因而，此論與妙車相仿。即便依止這樣的論典之時，也必須要以理量實地修持論義。本論《自釋》中說：聖教如果離開了事勢理的比量，甚至對隨信者來說也無法滿足，更不必說對此論連勝解信也沒有的人了。雖然憑藉信心而隨從聖教，但若與理證脫離，則無法獲得由親身體會而生起定解的滿

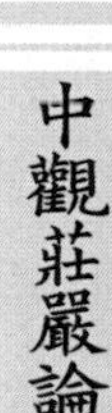

足，如同拼命耽著豐美佳餚與奇珍異寶卻不會享用一般。

猶如要控制拉車的馬轉向何方完全依賴於轡索一樣，依靠定解而趨入以事勢理成立、不隨他轉之道，握住觀察名言與勝義之理證的左右轡索，由於此等人是以二量的定解而趨入深廣意義的，所以獲得了名副其實「大乘行者」的稱號，因為他們是對具有甚深與廣大兩個方面的大乘不單單是信受並且憑藉二量而生起定解的補特伽羅，所以對於具有大乘，加上主人詞「者」而稱為大乘者。

如果固執己見地受持不合理的觀點而且竭力排斥其他具合理性的觀點，則說明他們對佛教根本沒有責任心。因此，作為通過具有無垢事勢理的途徑而隨從佛教的諸位智者，應當本著為佛教著想的原則，通過觀察而公正如理地進行分析，如云：「論中觀察非好爭，為解脫故顯真理，若有解釋真實義，他宗破壞亦無咎。」如此才真正稱得上是維護、受持佛法的大德。

己二（廣說）分二：一、與眾不同之功德；二、依之而生其他白法之功德。

庚一、與眾不同之功德：

遍入自在等，未享無量因，
世間首位者，亦未盡品嘗。
此真純甘露，除悲清淨者，

如來善逝外，非成他受用。

這樣的二理並不是他眾的共同行境，即便是堪為世間之最、有聰明才智的遍入天、自在天、梵天與淡黃仙人等一點一滴也未曾享用過；而且不可估量、無邊功德之因的此法，甚至是居於一切世間首位、具有出世間道的諸聖者聲聞、緣覺也沒有完全品嘗到；此真正無誤實相二諦一塵不染的純淨甘露，除了具有慈憫一切有情的大悲、徹底清淨二障之垢者唯一的如來以外，並不會成為他眾所受用的。

如果有人想：梵天【捨欲】、遍入天【財神子】、自在天【廣目天】等也同樣宣說過二理，因而與此相同吧。

完全不同！因為他們所說的只是相似的空性。

（下面介紹他們的說法：）

梵天所說的唯識之理：《密甘露滴論》中說：「唯識恆常而清淨，如此正覺恆解脫，盡知所謂無取捨，梵天無憂長存住。」這其中的意思是說，唯識之自性的我、無憂無慮的梵天，或者解脫恆常的果位是人們所追求的目標。道：這一唯識之自性是指恆常自然清淨、遠離無明睡眠的正覺以及解脫貪等束縛，此等即是勝義；而無明與貪等則是倏然性的（世俗）。因此，已經了知除此之外的取捨一概無有，再進一步修行。

此外，同樣屬於此類觀點的淡黃派的論典中說：

「諸德殊勝性，非為眼見境，凡是目睹法，如幻極虛無。」意思是說，塵、暗、力平衡的主物，即並非眼等所見之境界的自性或主物為勝義，能親眼見到的色法等一切現象均是如幻虛妄的（世俗）。他們承許唯有識我之士夫才是究竟的果位。

密行派：這一派的教徒將內外的萬事萬物視為獨一無二常有之識的自性，正像他們的論典中所說：「如瓶等壞時，瓶內虛空等，回歸大虛空，命亦我中攝。盡說色與果，此彼雖不同，虛空無異體，如是命亦空。」他們聲稱：所謂的色是指外界的色法等，果是內在的身體，如是裡裡外外形形色色的顯現不可能不攝於虛空的自性中，虛空的本性無有異體。同樣，（萬法）於命或大我的本性中一味一體。所顯現的清淨不清淨之法是無而迷亂，如繩執為蛇或者夢境一般。（此派論中）又云：「我分別實有，何時無分別，爾時意無有，無所取無執⑩³。」復言：「了知吠陀邊⑩⁴，視如夢如幻，如乾達婆城，如是見世間，無生亦無滅，無縛無修行，欲解解脫無，此乃勝義性。遠離貪畏嗔，究竟吠陀者，見此息戲論，無二無分別。」

歸納而言，以上所有這些宗派均超不出唯識之自性的常我，關於此等不合理之處前文中已論述完畢。他們

⑩³無所取無執：指無所取故無能取之義。
⑩⁴吠陀邊：即指究竟的吠陀之義。

所聲稱的「如幻」、「無分別」等術語對於遠離一切戲論垢染的佛經來說，倒是恰如其分，而作為他們宗派本身，儘管如此宣稱也只能是攻破自宗而已。

遍入天所說的中觀：《五索論》⑩中云：「唯名盡超離，斷有實無實，生攝定解脫，彼稱財神子。實非有實性，無實亦無實，解脫實無實，了彼知吠陀。」意思是說，吠陀或梵天或財神子、勝我是連名言的稱呼也已超離、斷除色等有實法與無實法、解脫生滅的常法。因此，名言中彼涅槃自性以外的色等有實法，無有真實性，因為它是虛假的緣故。如果有實法不成，則觀待它的無實法也會化為烏有。如此認識遠離有實無實的那一勝我，即是通達了吠陀或涅槃。

廣目天【自在天】所說的中觀理：寂靜⑯善寫的論典《父子品》中說：獨子梵天勝諦實，識之自在無邊際，凡說唯一有者性，彼即盡說為羂索。這裡以呼喚的語氣稱道：獨子梵天，唯有殊勝真如才真實，而其他一切均是虛妄的，所謂的真如實際就是識之自在天，周遍一切，無邊無際。儘管原本如此，可是一切士夫卻說他是獨一無二而存在的本性。認為「他存在」的耽著即是束縛之因，故如羂索，為此稱「盡說羂索」。

⑩《五索論》：其中的「索」字在藏文原文是無有重後加字的【ཞག】，但根據此派的觀點，本譯者懷疑此字為錯字，是否應為有重加字的【ཞག？】，請研學者予觀察。

⑯寂靜：根據《中觀莊嚴論難釋》中的字面理解，似乎是指外道所供奉的一位天尊。

這些宗派雖然也聲稱離邊，但歸根到底，他們心中一直專注著我或梵天等一個邊，如此又怎麼會是中觀理呢？關於這一點已經廣破完畢。

大圓滿才是最極深奧的法門，難以證悟。因此，如果沒有依靠聞思徹底斷除對實相的增益，或者不具備甚深竅訣的要點而盲修瞎煉的大多數人都會有與此雷同的危險性。對本來清淨未獲得定解，而心中只是留戀著一個「既不是有也不是無」的基，終究一事無成。如果執著這樣的非有非無的空基本來另行成立，那麼無論將它取上不可思議的我、梵天、遍入天、自在天還是智慧等任何名稱，都是名異實同。遠離四邊戲論的實相各別自證之光明大圓滿不可能只是限定在這樣一個境界中。所以說，依止真實的正道與上師尤為重要。

雖然只是在詞句上說如幻、無實、離戲等，但如果沒有通過理證引發而生起徹底斷定之定解的途徑了知如來所說的空性居於諸外道的相似空性之上的道理，則無有任何利益。如果了知了這一點，那麼就能理解佛陀所說的這一法理遍入天等絲毫也未曾感受過，他們所說的唯識與中觀之觀點只是徒有虛名。

由此可見，內外宗派單單從詞句上不能區分出差異，而甚深的要點卻有著天壤之別。（而且，真正能從意義上將內外宗派區分開來的大德也是為數不多，）正如阿底峽尊者也曾說過：我來到藏地以後，如今在印度，區分內外宗派實在難以做到。在藏地佛教及苯教（在詞同義異方面）也與之相同。

上述有關外道之主張的論典中的少許偈頌，在本論《自釋》中有記載，（我）依照嘎瑪拉西拉論師的《難釋》中所說而在此概括性地摘錄。

這以上關於頌詞中「遍入自在等，未享」的含義已講解完畢。

接下來介紹「無量因」之義，也就是說，以名言量不可揣測。那麼如何不可揣測呢？如來的一束光芒、一個毛孔，從時間與方向兩個方面都無法定量謂「僅此而已」，是與法界平等趨入。而能安住於如此不可估量之法性中的因就是通達符合法界、二諦雙運的中觀理。譬如，從一個角度來說，如來能安住於輪迴未空的無量時間之因即是證悟有寂等性⑩⑦的此智慧波羅蜜多。因而，如月光般清淨二無我之自性真實空性的此甘露，怙主佛陀在昔日親自已經完全享用過，依靠此因而具足殊勝的智慧與大悲之微塵積聚的身體，遠離一切二障之蘊，成為一切有情的至尊，乃至輪迴未空之前一直住世。如（《現觀莊嚴論》中）云：「勝諸有情心，及斷智為三，當知此三大，自覺所為事。」唯有佛陀才能永久性徹底根除諸如最為細微的煩惱習氣無明習氣地、業與蘊

---

⑩⑦有寂等性：即有寂等性加行，智度七十義之一。了知生死輪迴與涅槃寂靜俱無自性以行修習。

苦以及無漏之業、意之自性身、不可思議之死墮，獲得遠離生滅、常無常、有無等一切邊的時方等性智慧身。

如果有人想：為什麼將正道稱作「甘露」呢？

能令行人獲得永久無死的自性，故而才如此稱呼。由於除了唯一的甘露以外不含有染污的雜質，完全純淨，故而稱為「純甘露」。

如果有些人這樣認為：「未享無量因」這一句放在「此真純甘露」偈頌的前面，難道不是翻譯得更妥當嗎？

前代的諸位大譯師、大智者均是（佛菩薩）故意化現、具有智慧眼的補特伽羅，正因為就連此等句子的順序也具有要突出的一個內容，所以才如此翻譯的。也就是說，以時間為例，佛陀乃至世間流轉期間一直住世，而聲聞、緣覺並不能做到這一點，他們不能做到的原因也是由於不具備證悟有寂等性的智慧而導致對輪迴心懷恐懼，對寂滅存有喜意。再者說，他們不能圓滿證得不可思議之佛陀的法【十八不共法】，也全部是因為未通達二諦雙運中觀之此理所造成的。（如此的譯文順序）正是為了表達出諸如以上之類詞句中所包含的內容。意思是說，甚至居於世間首位的諸聲聞、緣覺也沒有享受過（此甘露），那麼世間的梵天、自在天、遍入天等就更不言而喻了。

本頌中的「亦未盡…」並非必須加在讚頌的這一場

合中，之所以加在此處是為了結合所表達的特定內容而起到加強詞氣的作用。

「悲清淨…」中的「悲」是指佛陀以憐憫一切有情的大慈心指明如實所見之道，大悲心也是所照見遠離一切翳垢，即是「清淨」。從大悲徹底清淨之因所現前的果就是如來。唯有佛尊才能享用二諦的這一甘露。

諸位智者無論講任何話，絕對是與事勢理相關聯，因而這裡的此句也是為了體現：如來以為他眾示道的慈心與清淨照見的智慧而指明的這樣的無垢正道，是以真正悟入無誤二諦之理的因作為前提，所以此二真理並不是佛陀以外他眾的境界，這一點以果因可以比量推斷……許多要義。然而，這所有詞句極有深度，如果要詳細表達出隱含的內容來講，勢必導致篇幅過長，因而就此置筆。

庚二（依之而生其他白法之功德）分二：一、於有情生悲心之功德；二、於本師生敬心之功德。

辛一、於有情生悲心之功德：

是故於耽著，倒說宗派者，
隨佛諸智士，悲憫油然生。

如來以外的他者無法指明（二諦雙運的）此道，是故對於耽著或貪戀諸外道本師顛倒而宣說之非道的宗派者，隨學如來教的諸位智士深深地感到他們本想求道反而誤入歧途實在可憐至極，想到這一點，強烈的悲憫之

情不禁油然而生。

如果這般觀察他派的觀點，則如同極強的陽光照射到雪片上使之無礙融化一般，外道的主張顯然立不住腳，並且了知他們被這種見解所欺惑後，便會更加增上悲心。以此為例，自己在抉擇真如的過程中，對由於遠離正道而致反覆投生三有、無依無怙的眾生也會自然而然生起不染些微違品的大悲心，而且會與日俱增，達到無量。大悲心之因就是證悟自他平等性，見到他眾處於愚昧的痛苦之中；遠離一切悲心之障礙——害心等為主的我執垢染。為此，以因全無障礙的理證也可證實這一點。對於先以悲心的種姓為基礎再進一步肩負起利益一切有情的重擔並且遠離自私自利的作意、相執之垢的人，稱為「如來教大悲種姓之家業的承擔者」或「肩負重任真正慈悲者」。

任何具有願他離苦的悲心者，倘若目睹痛苦及苦因增盛滋長，則悲心會如火上加薪般更加增強。所有對勝義法心懷嗔恚者是在造最大的苦因，捕殺魚鳥等（相對來說）並不是自他的大敵，原因是這些動物即便未被宰殺，（其身）也是如同為風所吹的水泡一般極其無常、對自己毫無益處的有膿身軀，而且所殺的數目也是有限的。而對勝義法嗔恨者，實際上是在損害與乃至輪迴未空之前一直住世、以圓滿自他利益為莊嚴、不可勝數之佛陀息息相關的法身，因為對法身之種子——信解真如

造成危害之故。因此，經藏中也講述了捨正法之異熟果極難忍受的諸多情景。正如阿闍黎龍樹菩薩所說：「於極深廣法，懈怠不修行，自他敵以癡，今謗大乘法。」

不明道理、不事修行的補特伽羅對於如此如此甚深的大乘如是如是恐懼、妄加詆毀，經中也授記說：依賴相應自己憑空想像的相似智慧度而對深不可測的智慧度誹謗說「這不是佛教」等者多有出現。又如《經莊嚴論》中云：「由小信界伴，不解深大法，由汝不解故，成我無上乘。」正由於大乘法極為深奧，因此對於內心不能接納並嗔恨大乘的一切眾生，我們才更不應該捨棄以大悲心攝受他們的方便法。

辛二、於本師生敬心之功德：

具智財者見，他宗無實義，
如是於佛陀，更起恭敬心。

具有堪為聖財之最的智慧財產者見到置身於此佛教之外的他宗如此無有實義，如是這些善緣智者，深感唯有世尊才能宣說此道，於是對我等本師真實圓滿正等覺佛陀更加生起恭敬之心，猶如天氣越來越炎熱就越來越嚮往清涼的水一樣。也就是說，他宗的觀點甚至連劣種愚夫共稱的粗大對境也錯亂看待，而如來的典籍初中後均善妙，如同上品黃金要經過燒煉、切碎與磨細一樣，以現量、比量及無有自相矛盾的三觀察而清淨，依靠與極度籠罩的輪迴不相混雜的智慧對真如無有絲毫錯亂或

紊亂而照見。對於人間天境為主的一切眾生以其雙蓮足為頂飾的世間上師佛陀出有壞，有自知之明者為什麼不生起以不耽著勝義的方式而實修的信心呢？理當生起。

如是從正見中，對有情萌生悲心，而悲心也有唯緣眾生之悲心、緣法之悲心與無緣之悲心三種，由正見中生起的是其中居於首位的無緣悲心。對於指明此道的佛陀生起敬意也有清淨信、欲樂信與誠摯信三種，其中如國王般的誠摯信一經產生，致使其他兩種信心也以從屬的方式而起。不退轉信與誠摯信只不過是在不被違品所奪的側面有所差別。經中也說：一切白法的根本就是信心與悲心。如果此二者一一具足，則可獲得所有清淨法。

在一切緣有寂萬法的心當中，緣三有之心沒有比悲心更好的，而緣寂滅之心也無有比信心更妙的，如果這二者兼而有之，則此二者雙運的菩提心寶自會生起，菩提心是眾所共稱的「成佛之一法」。如此的世俗菩提心對於真正證悟勝義菩提心的補特伽羅來說始終不會分離而生起。如果無誤地見到了萬法的實相，則由於遠離作意自利之垢，因此為一切不知實相的愚昧眾生而希求獲得現前實相之佛果的意樂永遠也不可能退轉。抉擇勝義中世俗與勝義這兩種菩提心本體無合無離而住是在密宗諸續部中出現的。由此可知，空性與大悲雙運即已究竟經行地道，獲證自利之法身、他利之色身二身雙運果位，乃至虛空際事業不間斷，而在無有勤作之中猶如摩尼寶珠或如意樹般賜予一切眾生暫時與究竟的如意所需。雖然二身從主次的角度而安立謂「自利」與「他利」，但實際上就是本體雙運、不可分離的智慧身。如本論《自釋》中云：「先覓真實智，了達勝義已，於劣見罩世，生起悲心後，成利眾勇士，精通菩提心，智悲作嚴飾，真持能仁行。」意思是說，首先抉擇真如再依此引發大悲心，趨入圓滿菩提。此釋又云：「隨從真信心，發圓菩提心，奉行能仁行，彼勤覓真智。」按此處所說，先以悲心引發而發菩提心，再尋覓希求菩提不可或缺的真如本性。趨入菩提的途徑有以上兩種。無論如何，世俗與勝義兩種菩提心寶相輔相成、密不可分是諸法的必然規律。

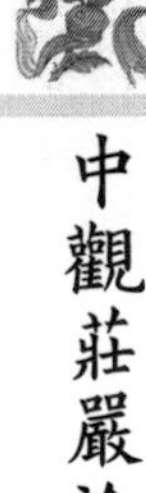

丙四（尾義）分二：一、著跋；二、譯跋。

丁一、著跋：

中觀莊嚴論頌，是由抵至自他宗派之大海彼岸、頂戴聖者語自在文殊菩薩無垢足蓮花蕊的靜命阿闍黎撰著圓滿。

意思是說，作者對世間出世間宗派為主浩如煙海的無量學問無所不知，於真實文殊菩薩前聆聽過正法。所謂的「圓滿」是指本論無不齊全之義。

丁二、譯跋：

印度堪布色燃札哦德即天王菩提與大譯師智慧軍由

梵語譯成藏語，復對句義進行校勘，終以講聞方式而抉擇。

宗喀巴大師認為本論的頌文與散文均是正文，這是因為，釋文也是大祖師（靜命菩薩）的親口之語，具有值得品味超群絕倫的深刻含義，如果能將正文與釋文一併講聞，是最好不過的，為此才說均是正文。這種說法也無有意義上的相違之處等。毋庸置疑，大尊者（宗喀巴大師）具有為佛教著想的特殊必要。然而，一般來說，此論並非是時而以偈文宣說、時而以散文宣說的韻文而絕對是頌文的意義再度以釋文來詮解，這樣才是恰當的。（作者考慮到）如果《自釋》按照真正釋文的風格來詮注本論，會使文字過多，以致他人難以研學，因此並未（對正文頌詞）逐字逐句加以解釋，可實際上釋文的所有要點已全部明確地詮解了。依靠此釋也能品嘗到釋文本身詞句的一切意味。

如果再參閱《自釋》與《難釋》，那是最好的。

乙二、如是分析之必要：

如是具有許多殊勝功德的此論【有法】，進行注釋講解大有必要【立宗】，因為可獲得共不共特殊利益之故【因】，猶如擦拭如意寶一般【比喻】。

其中共同利益：如果能以理證引發生起定解的方式受持如是佛經的這些無垢密意，則有希望獲得受持二理所攝的整個大乘的功德，原因是：最殊勝的受持妙法就

是證法，受持證法唯一是自己如實證悟後再進一步實修[108]。如是以無垢理證遣除對清淨法界的一切顛倒分別後，可根據自身的證悟為他眾宣說，關於這其中的功德，《三摩地王經》云：「誰能宣說此等持，彼終無疑證菩提，具有殊勝福德蘊，何者無量不可思。除世間師佛導師，自生大悲尊者外，彼下大千諸有情，福德無與倫比者，憑藉不可思議智，堪為平等終無有……」應當以此為例而了知。

不共利益：與至尊文殊菩薩本體無二無別的這位大祖師，將佛教的璀璨白光普照誰也難以調化的我們這片藏地領土，以此宏願與大悲的緣起特殊加持我們諸位有緣者。尤其是集文字簡練、理證尖銳、富說服力於一體的這樣的論典甚至是印度的其他論典也罕見，（更不必說其餘地方的論典了）對此多費口舌又有什麼用呢？猶如金子的光澤與糖的味道一樣，對於多聞論典、具有深廣智慧的諸位來說，（此論的殊勝性）是現量成立的。此外，也有能極速打開智慧、隨念這位怙主的恩德而感恩圖報等必要。

薩迦班智達親言：「勤戒勝士具德靜命尊，禁行成就蓮花生大士，智慧之王蓮花戒師等，乃濁世時第二大佛陀。」

---

[108]此句的意思是說：以理證引發生起定解的方式受持佛經之無垢密意者一定會實地修持自己所證悟的意義，故有希望獲得受持整個大乘的功德。

宗喀巴大師也曾如此讚言：「文殊菩薩親攝受，抵自他宗之彼岸，獲證甚深之意義，具德靜命尊前禮。彼怙雪域首樹立，佛教之時善創造，龍樹宗興之緣起，令今信解深中觀，受持之人不斷現。是故智王彼之論，我等弘揚莫衰滅，報恩之供最無上，智慧無邊如虛空，無緣悲心極猛烈，所引中觀莊嚴論。若享此理之喜宴，如頂飾寶高高居，多世理道百辛勞，眾通破立辯智首。盡除一切邪說眾，印度亦罕如此法，由吐蕃王所迎請，噫呀！我等藏民真榮幸。情不自禁心澎湃，沉浸稀有快樂中。」所有的讚歎都是了知所讚的對境殊勝功德（才有感而發），這也是讚歎者本身生平非凡的果因，就像如意寶的價值只有具有福德智慧者才能識別一樣。

此外，諸多遺囑的古書中記載，乃至有誠信、受持大親教師之宗者存在期間，雪域佛法的光芒不會隱沒。

關於智悲力的主尊偉大親教師菩提薩埵親口的言教，在殊勝大樂洲【秋嘉德欽朗巴】的伏藏品中明確記載道：「佛教此珍寶，我於雪域弘，凡隨學我者，受持佛勝教。赤松德贊王，至尊蓮花生，菩提薩埵我，所頒之法令，有情需奉行。佛教極衰落，眾生悲慘時，祈求本師憫，屢屢祈禱吾。外持淨戒律，內修菩提心，得密宗成就，楊柳剎成佛，與密主無二，化身護藏教，故定得加持。善造且承侍，佛像佛經塔，有緣塑吾像，宣遺囑發心，迎請前空中，禮供讚祈禱，淨戒得善妙。明觀自心間，修成菩提心，持佛慢無二，僧聚得成就……」
正如這其中所說，（凡與靜命菩薩結緣者）具有利於末法時期佛教之緣起等諸多殊勝必要。

此言：

勝乘寬敞妙宅之中深明智美女，
多論飾品裝點淨心動眸而睨視⑩，
同時銳智手指彈奏二諦理琵琶，
為令文殊師喜獻上善說之歌曲。

嗚呼於諸詞繁義寡藏地之論典，
久經努力苦研無法解開懷疑網，
難比賜辯除疑勝論利如文殊劍，
思不敬受此等何緣令我增憐憫。

故無名聞利養心，遵師囑依敬佛陀，
及佛妙法純淨意，以理詮釋勝理道。

如來法理如虛空，有學聖者亦難測，
凡愚我者何須說？故若有過發露懺。

依善教證珍寶光，睜開理證之明目，
見妙理宗所撰著，善根潔白如秋月。

願於四無礙解門，如此甚深妙理論，
自通達後授他眾，成就語獅子禁行。

⑩睨視：媚眼斜視。

願講聞誦此論者，心入文殊歡喜光，
法王靜命之自宗，不失興盛諸時方。

托出諸派之密要，明示一切細奧義，
如此理道與何心，相應即是語獅尊。

見此妙論勝寶飾，誇大其詞之他論，
能增童慢假飾品，自詡美意何不棄？

祈願心蓮綻放堪欽文殊尊，
無二無別容光盡除愚癡暗，

同憫普天眾常如空於此世，
奮擊淨如虛空深法之妙鼓。

恐怖濁世日光隱沒黑暗極籠罩，
然佛菩薩發心明如晴空千萬月，
願諸無垢佛經注疏依講修事業，
弘法利生善妙光芒普照諸世界。

此《中觀莊嚴論釋》，也是源自集師君三尊之大悲於一體、一切智者成就者之王、真實文殊菩薩化現為比丘形象、對我等恩德無量、無與倫比之殊勝導師、美名飛幡遍揚世間、尊名難言的嘉揚欽哲旺波上師照見如上

所述為主的諸多必要，賜予我印藏有關（《中觀莊嚴論》）的注疏資料，並囑咐道：「請你細緻參閱，作一注釋。」當此金剛言教落到頭上時，我只有畢恭畢敬接受，可是對於我這樣智淺的人來說，實無著寫如此微妙之論釋的能力，正當依靠至尊上師之加持而使寫作才華稍得增上之時，前譯自宗大尊者班瑪（多吉）也以「認真撰寫」之語激勵。作者吠陀名稱為嘉花吉波讓當措雄雅畢給薩（義為文殊歡喜自光蓮蕊）的我於自壽三十一歲火鼠年【西元1876年】藏曆三月初三開始，於每日上午座間連續撰寫，至該月二十四日圓滿完成。

本人曾依靠頂戴無等至尊欽哲旺波足下之力而得少許智慧、復承蒙了義大金剛持旺欽吉繞多吉、精通五明的大智者噶瑪.阿旺雲丹嘉措、佛子智者之王晉美秋吉旺波【華智仁波切】等諸多大德恩育而對佛法稍得信心之微光。完成此釋後再次於依怙至尊上師前幸得淨相近傳⑩的甚深傳承，於是立即在二十一日內為八吉祥數目戒律清淨的三藏大師傳授，在此期間又稍作校正。以此願成為如來日親的自宗真理獅吼聲恆常震撼一切世間界從而無餘摧毀惡魔、外道、邊鄙蠻人等對方的辯才致使佛法如意寶於一切時空興盛之緣起。願吉祥！

⑩淨相近傳：指在清淨的境界中得到的近傳承。

嗡索德！

佛智文殊菩薩尊，化披袈裟之形象，
善樹佛法之勝幢，祈願法王靜命勝。

依彼銳智大海中，善說百日之光明，
永盡三有之黑暗，佛教宗旨一莊嚴。

百千智成就者慧，屢持理道獅子吼，
不斷傳遍印藏地，皆大歡喜眾吉祥，
時光流逝講聞此，暫時似乎已休息，
依三部主集一體，除濁世衰教眾怙，
嘉揚欽哲旺波尊，美名飛幡飄世間，
依彼發心深加持，歡喜言教之光芒，
顯密教法普圓滿，講修無垢之道軌，
一如既往復弘揚，今嘗佛法甘露味。

勝乘大中觀理要，依於如此善妙論，
為增定離懷疑暗，智士妙慧之光輝，
甚深中觀莊嚴論，淺顯易懂此注釋，
無盡法雨得刻印，亦乃無等師事業。
以此善願三地眾，解開深廣慧藏已，
以講聞著佛法藏，莊嚴一切世間界。

佛教圓滿強壯身，具銳理輪之大象，

依此善說天人乘，祈願佛法勝諸方。

此刻印願詞，依至尊上師恩德之陽光哺育的文殊歡喜【麥彭仁波切】造。善哉！薩瓦達嘎拉雅囊巴芭德（義為願克勝諸方，增吉祥）！

西元二〇〇四年八月三十日

譯畢於喇榮聖處五明佛學院

七十空性論略釋

龍猛菩薩　造頌

先潘囊瓦尊者　著釋

堪布索達吉　翻譯

梵音：新大撒哲嘎嘎那瑪

藏音：東巴涅抯解波測雷額許瓦西夏瓦

漢意：七十空性論頌

敬禮曼殊室利童子！

（原譯：敬禮曼殊室利智慧薩埵！）

生住滅有無　以及劣等勝

佛依世間說　非是依真實

生、住、滅、有、無，以及低劣、平等、超勝之類的這一切法，都是出有壞佛陀從世間名言的角度而言的，而不是從真如法性的角度而言的。

無我非無我　非故無可說

一切所說法　性空如涅槃

如果對方提出：難道人們津津樂道的諸如「我」等之類的法真的不存在嗎？（如果真的不存在，）則因為「無我」的概念可得的緣故，所以我也就毋庸置疑地真實存在了。

無我以及非無我，也因為有我、我以及無我被否定了的緣故，所以無可詮說。為什麼呢？因為一切所說之法，都如同涅槃，諸法的自性都為空性。

一切法自性　於諸因緣中

若總若各別　無故說為空

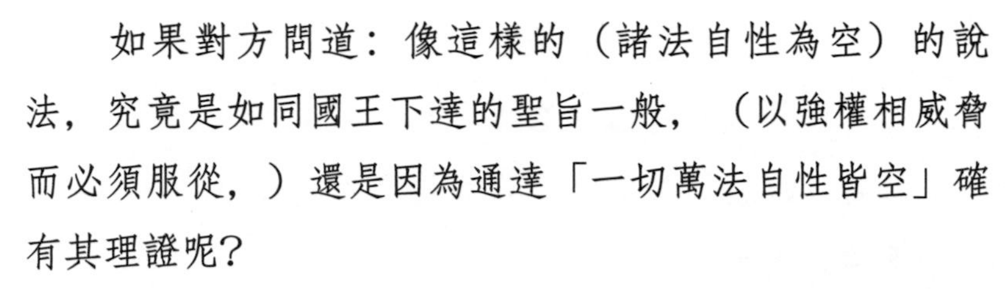

如果對方問道：像這樣的（諸法自性為空）的說法，究竟是如同國王下達的聖旨一般，（以強權相威脅而必須服從，）還是因為通達「一切萬法自性皆空」確有其理證呢？

一切諸法的自性，無論是在因緣、各個因緣的聚合[總]、分散的任一法[各別]上都不存在。既然如此，所以就只能說一切諸法的自性為空。

有故有不生　無故無不生

違故非有無　生無住滅無

另外，由於法已經存在，所以已有的法不可能從因法而生。因為我們都承許「有法正存在」的緣故；由於不存在的緣故，無有的法也不可能從因法而生；由於（二）法相違的緣故，有無二者兼具的法不可能生；同理，也由於（二）法相違的緣故，有無二者皆非的法也不可能生。

這樣一來，因為生法不存在，住法與滅法也就不可能存在了。

已生則不生　未生亦不生

生時亦不生　即生未生故

如果對方提出：佛陀在經書中也說過，有為法具備生、住、滅三種法相。

並且，在正當產生之時也可以示現生法，因此，生法必定存在。

已經產生的某法，不可能是所生之法，因為已經產生過了的緣故；尚未產生的法，也不可能是所生之法，因為還沒有產生的緣故；又因為在已生和未生之法以外，不存在其他的法，所以正在產生的法也不會是所生。

有果具果因　無果等非因

非有無相違　三世亦非理

另外，因為從因法的角度來說不應理的緣故，所以也不會有生：

首先，如果果法已經存在，則不需要因法，既然如此，具備果法的因法也就與非因法毫無二致了；其次，如果果法不存在，則因法也就不會有作用，沒有作用的因法與非因法也是完全等同的；如果果法既非有也非無，則成了相違之法位於同體的法（，所以也不合理）。

還有，如果從三時的角度進行分析，因法也不合理。為什麼呢？

因為，如果因法在前面，那麼（所謂的因法）又是誰的因呢？如果因法在後面，則因為（果法）已經成立的緣故，又怎麼會需要因法呢？如果因果位於同時，（那麼請問，這種同時所生的因果，）究竟誰為誰因？誰是誰果呢？因此，從三時而言因法也不應理。

無一則無多　無多亦無一

以是一切法　緣起故無相

如果對方提出：因為數字是應理的，所以一切萬法不應該是空性。既然存在一、二以及許多之類的數位，而（這些）數位卻必須因諸法的存在才可能合理，因此，一切萬法不應該是空性。

如果所謂的一不存在，則不可能存在多；反之，如果多不存在，則一也不應該存在。因此，自緣而起的諸法，是不會有相的。

緣起十二支　有苦即不生

於一心多心　是皆不應理

如果對方提出：佛經中曾廣說過緣起能生苦果的道理，演說佛法的各大傳教者，也宣說過一心以及多心。既然如此，諸法就不應該是空性。

（佛經所說的）由十二緣起..[有支]所產生的苦果，其自性本為無生。因為因果不可能俱生，所以一心之說不合理；又因為前前支已經息滅，則不應該為後後支之因，所以多心之說也不合理。因此，（緣起之苦果）不會有生。

非常非無常　亦非我無我

淨不淨苦樂　是故無顛倒

我們還可以對無明..[十二有支之第一支]之緣——顛倒..[常、樂、我、淨]進行觀察：

因為互相觀待的緣故，所以既不會存在常，也不會存在無常；同理，我與無我不會存在；淨與不淨不會存在；樂與痛苦也不會存在。因為這一切法都是互相觀待的法，所以，四種顛倒就不可能存在。

從倒生無明　倒無則不有

以無無明故　行無餘亦無

既然四顛倒不存在，那麼由四顛倒而產生的無明也就不可能存在；既然無明不存在，則諸行也就不會產生。這樣一來，其餘的識等有支也就可以依此類推（，並從而得出不存在的結論）。

離行無無明　離無明無行

彼二互為因　是故無自性

另外，在諸行不存在的情況下，無明也不會產生；反之，在無明不存在的情況下，諸行也不會產生。因為互相為因而生的緣故，所以其二者的自性也無法成立。

自若無自性　云何能生他

以緣無性故　不能生於他

既然本身的自性都無法成立，又怎麼可能產生他法呢？自身本體無法成立，尚且需要依靠他法而成立。但

是，即使依靠他緣，也不應該產生..[成立]（，因為無有本體的緣故）。

父子不相即　彼二亦非離
亦復非同時　有支亦如是

因為父親並不是兒子，兒子也並不是父親，其二者既非互不觀待，其二者也不是位於同時，所以父親與兒子都不可成立。同樣，十二緣起的產生也是如此。

夢境生苦樂　彼境亦非有
如是緣起法　所依緣亦無

還有，如同依靠夢境而產生的苦樂，以及苦樂二者的對境並不存在一樣，如果是依靠某法而產生的，那麼，這種緣起法，以及所依之緣都不可能存在。

若諸法無性　應無劣勝等
及種種差別　亦無從因生

如果對方提出：倘若諸法的自性都不存在，那麼低劣、平等、超勝之法，以及形形色色的眾生也就無法成立，還有，從因緣而生的觀點也絕不可能成立。

有性非緣起　若非緣起法
無性云何成　實無實亦然

（原譯：有性不依他，不依云何有？不成無自性，性應不可滅。）

如果諸法的自性成立，則不應該是緣起之法；如果不是緣起之法，無有自性又怎麼成立呢？因此，諸法的

有實與無實都不可成立。

無中云何有　自他性及無
故自性他性　性無性皆倒

（原譯：自他性及滅，無中云何有？故自性他性，性無性皆倒。）

如果對方提出：因為不可能不依靠「自法、他法以及無實」之類的概念，所以諸法不應該是空性。

如果不存在自性，那麼「自法、他法以及無實」又怎麼可能成立呢？因此，「自法、他法以及無實..[無性]」之說，完全是顛倒荒謬的。

若諸法皆空　應無生無滅
以於性空中　何滅復何生

如果對方提出：倘若一切萬法都為空性，則既不可能有滅，也不可能有生。以本體而空的法，怎麼可能有滅，又怎麼可能有生呢？生滅二者都不可能成立。

有無非同時　無無則無有

（原譯：生滅非同時，無滅則無生。）

一切萬法絕對是空性。為什麼呢？因為，諸法的有實與無實不可能位於同時，如果無實不存在，則無法觀待無實的有實也不可能存在。

應常有有無　無無則無有
無有亦無無　不從自他生
是故有非有　無有則無無

（原譯：應常有生滅。無生則無滅，無生時無滅。不從自他生，是故生非有，無生則無滅。）

如果（有實無實）位於同時，則有實無實二者就應當恆常存在。但是，如果沒有無實，則不會有有實；反之，如果沒有有實，也不存在無實。

諸法既不可能從自己而生，也不可能從他法而成。因此，如果有實不存在，則無實也就無法存在；既然無實也不存在，又有什麼法會存在呢？（任何法都不可能存在！）

有有性應常　無者定成斷

有性墮二失　是故不應許

（原譯：有生性應常；無者定成斷。有生墮二失，是故不應許。）

如果有實存在，則成為了恆常；如果承許無實，則必定會有斷滅的過失。如果承許諸法實有，就會墮犯以上兩種過失之一。因此，我們不應該承許諸法為實有。

相續故無過　法與因已滅

此如前不成　復有斷滅過

如果對方提出：因為有相續的緣故，所以沒有常斷之過。因法在給予果法以因法後，因法的本性就已經毀滅。（因為存在相續，所以不會斷滅；又因為因法會毀滅，所以也不會墮入常見。）

正如前面所說的，有實與無實二者不可能處於同時

一樣，（你們所承許的這種因果，）同樣不可成立，仍然有（墮入常邊與）斷滅之過。

佛說涅槃道　見生滅非空
此二互違故　所見為顛倒

如果對方提出：由於現見生滅，佛陀才宣說了涅槃之道。因此，諸法不應該為空性。

因為生滅二者是互相抵觸的法相，所以，「現見生滅」之說完全是顛倒錯亂的。

若無有生滅　何滅名涅槃
自性無生滅　此豈非涅槃

如果對方提出：如果沒有生滅，又會因什麼法的寂滅而獲得涅槃呢？

如果自性既無生也無滅，難道還不是涅槃嗎？

若滅應成斷　異此則成常
有實與無實　涅槃皆不許

（原譯：若滅應成斷；異此則成常。涅槃非有無，故無生與滅。）

還有，如果承許以寂滅而獲得涅槃，則成了斷見；如果承許涅槃另外存在而不會有毀滅，則又墮入了常見。因此，無論有實還是無實，對於涅槃而言都不合理。

滅若常住者　離法亦應有
離法此非有　離無法亦無

如果對方提出：滅法是存在的，並且恆常安住。

如果有某個滅法會恆常安住，則應該存在於諸法之外，但這是不應理的。因為，如果離開了有實法，則不會有滅法；也正因為離開了有實法，所以無實法也不可能存在。

能相與所相　相待非自成
亦非輾轉成　未成不能成

為什麼呢？因為，諸法的事相..[能相]，是觀待其自身之外的法相..[所相]而成立的；反之，（法相）也是依靠事相而成立，不可能依憑自己而成立。事相法相二者，也不可能彼此依靠輾轉而成。因為尚未成立之法不可能成為未成之法的能成..[能立]。

因果受受者　能見所見等
一切法准此　皆當如是說

因此，包括因法與果法、受法與受者、能見與所見等等一切萬法，都可以參照以上推導進行宣說。

不住相待故　亂故無體故
無性故三時　非有唯分別

如果對方提出：因為研究時間的學者認為三時存在，所以時間應該存在。

因為（三時）不可停駐，因為（三時）互相觀待而成，因為（三時）會相互錯亂，因為時間的本體不可成立，又因為安立時間的基礎..[性]不存在的緣故，所以三

時也就不可能存在。所謂三時之說，完全是分別妄念。

由無生住滅　三種有為相

是故為無為　一切皆非有

如果對方提出：佛經中說，一切有為法都具備生、（住、滅）等三種法相，與其相違的法，即是無為法。因此，有為法與無為法應該存在。

如果對生、住、滅這三種有為法法相進行觀察，則可知其無有絲毫自性。因此，有為法既不應該存在，無為法也不應該有一鱗半爪的存在。

還有，如果承許有為法存在，則因為經不起審慎觀察的緣故，所以（有為法）的自性不可能存在。

滅未滅不滅　已住則不住

未住亦不住　生未生不生

如果這樣承許（有為法存在，那麼請問），在毀滅之時，究竟是未滅的法毀滅，還是已滅的法毀滅呢？（但這兩種說法都不合理。因為，）首先，未滅的法不可能毀滅，因為尚未毀滅的緣故；其次，已滅的法也不可能毀滅，因為已經毀滅的緣故。同理，已住的法不可能駐留，因為已經駐留的緣故；未住的法也不可能駐留，因為尚未駐留的緣故；已生的法不可能產生，因為已經產生的緣故，未生的法也不可能產生，因為尚未產生的緣故。

有為與無為　非多亦非一

非有無二俱　此攝一切相

如果對有為法與無為法進行詳細觀察，則既不可能是多，也不可能是一；既不可能是有，也不可能是無，還不可能是亦有亦無。而以上情形，已經涵攝了（有為法與無為法）森羅萬象的一切法相。（因此，有為法與無為法絕不可能存在！）

世尊說業住　復說業及果

有情受自業　諸業不失亡

如果對方提出：眾生導師世尊也說過業之存在..[住]、業之本體、業之果法，有情承受自（作）之業（果），諸業無有失耗的道理。因此，業與業果是存在的。

已說無自性　故業無生滅

由我執造業　執從分別起

佛經中已經說過：「諸業無有自性。」所以無生之業也不會失壞..[滅]。諸業是從我執而生，而產生諸業的我執又是從分別妄念而生。

業若有自性　所感身應常

應無苦異熟　故業應成我

如果諸業存在自性，則從彼業所感的身體就應當成為恆常，身體也就不會成為痛苦的異熟果[111]。又因為是常

[111]此處與法尊法師所譯的龍樹菩薩《自釋》說法不同，《自釋》譯為「彼業應無苦異熟果」，望斟酌。

有的緣故，我也就隨之而成立了。為什麼呢？因為無常即是痛苦，而痛苦即成無我。（反之，如果是常有，即可因此而成立我。）

由此可知，正因為業無有自性，所以無生；又因為無生，所以不會失耗。

業緣生非有　非緣亦無有

諸行如幻事　陽焰尋香城

業不可能從緣而生，也沒有絲毫從非緣而生的可能。為什麼呢？因為，諸行如同幻覺、如同尋香城、如同陽焰，所以業無有自性。

業以惑為因　行體為惑業

身以業為因　此三皆性空

還有，諸業是以煩惱為因，煩惱與諸行為業的本體⑫，而身體又是諸業的果法。所以，其三者..[業之因法——煩惱，業之本體——煩惱與諸行，業之果法——身體]的本體都為空性。

無業無作者　無二故無果

無果無受者　是故皆遠離

因為果法無有自性，所以業也不可能存在；既然業不存在，則作業者也不會存在；因為業與作者二法都不存在，其果法也就不可能存在；既然果法不存在，則

⑫此處與法尊法師所譯的龍樹菩薩《自釋》說法不同，《自釋》譯為「諸行從業及煩惱為因而生」，望斟酌。

（果法的）承受者也不可能存在。因此，諸法都是遠離自性的。

若善知業空　見真不造業

若無所造業　業所生非有

如果能真實通達諸業為空的道理，彼人則因現見真如法性的緣故，而不會再造業；如果不會造業，則自業所生之法也就不會存在了。

如佛薄伽梵　神通示化身

其所現化身　復現餘變化

如果對方提出：這一切是絕對不存在，還是有稍許存在呢？

可以存在。怎麼存在呢？

如同佛陀世尊以神通而幻化出化身，此（幻化出的）化身又幻化出其餘化身。

佛所化且空　何況化所化

一切唯分別　彼二可名有

如來所幻化（的化身）自性尚且為空性，又何況該化身所幻化的（其餘）化身呢？

業與所作等等二者也是徒有其名，這一切都僅僅是分別而已。

作者如化身　業同化所化

一切自性空　唯以分別有

同理，作業者如同（佛陀所幻化出的）化身，業又

如同化身所化出的其餘化身。

因為以自性而空，所以任何點滴的存在都只不過為分別而已。

若業有自性　無涅槃作者

無則業所感　愛非愛果無

如果業的自性存在，則因為自性成立的緣故，所以不可能存在涅槃以及自作者而生之業，（因為不存在自作者而生之業，所以作者也就無法存在了）⑪³；反之，如果業的自性不存在，則從業而生的果法——貪愛與厭憎也不可能存在。

說有或說無　或說亦有無

諸佛密意說　此難可通達

如果對方提出：經中曾不吝筆墨地宣說過：「諸業存在」的道理，（既然如此，業又）怎麼可能不存在呢？

所謂「存在」之說，只不過是假立而有的；所謂「不存在」之說，也是假立而有的；而所謂「亦有亦無」之說，還是假立而有的。

佛陀以密意而宣說的這些道理，是非常難以通達領會的。

色從大種生　則從非真生

⑪³此處藏文原文，與法尊法師所譯的龍樹菩薩《自釋》說法不同，因《自釋》觀點比較容易理解，故未改偈頌，並將其注釋內容加入（　）內，望斟酌。

非從自性生　彼無非他生

如果對方提出：色法是由大種而產生[大種所造]的，（所以應該存在，）既然色法存在，其餘非色諸法也應當存在。

如果色法是從大種而產生的，則應該是從非真實或者非自性中產生了色法。

既然色法不是從自性而生，又因為他法不存在的緣故，所以也不可能從他法而生。

諸大種也不可能存在。因為，如果承許大種從法相而生，則法相成立於大種之前的前提也無法立足。

如果法相不成立，則事相，也即大種也無法成立。

一中非有四　四中亦無一

依無四大種　其色云何有

在一種色法之類的法中，不可能存在四大種；而在四大種中，也不可能存在一種色法。既然如此，以（原本無有的）四大種為因而成立的色法，又怎麼可能存在呢？

最不可取故　由因因亦無

從因緣生故　因無有非理

（原譯：最不可取故，由因因亦無，從因緣生故，有無因非理。）

還有，因為色法是極其不可執取的，所以不可能存在自性。

如果認為以執取色法所存在的心為因.[推斷]，並從中可以推知（色法）。但你們所聲稱的這種作為因的心，也是不存在的。

因為是從因緣而生的緣故，所以這種所謂的因不可能存在，這樣一來，色法的存在也就無法以理服人了。

若謂能取色　則無取自體

緣生心無故　云何能取色

如果承許以識可以執取色法，則成了自體能取自體。然而，這種事情是不可能出現的，也就是說，以識根本不可能執取色法。這樣一來，以自性而空的識.[緣生心]為緣所產生的法也就不可能存在。既然所生之法不成立，（以識）又怎麼能執取無色呢？（絕不可能！）

以剎那生識　不取剎那色

云何能通達　過去未來色

（原譯：能剎那生心，不取剎那色。云何能通達，過去未來色？）

如果對方提出：佛經中曾濃墨重彩地宣說過「色法之過去與未來可執」的道理，因此，執取色法應該存在。

以剎那而生的識，是不可能執取這種剎那而生的所謂色法的，既然如此，這種識又怎能通達過去以及未來之色呢？因為不存在的緣故，所以不應該通達。

顯色與形色　異性終非有

不應取彼異　許同是色故

還有，雖然我們承許顯色與形色，但執取色法之說還是不應理。為什麼呢？因為，顯色與形色在任何時候都不可能為異體，所以不應該存在執取它們為異體的情形。

如果其二者為異體，則因為顯色與形色同為色法的緣故，所以不應理。

眼識非在眼　非色非中間

彼依眼及色　偏計即顛倒

眼識既不存在於眼根之上，也不存在於色法之上，而在眼根與色法的中間，也不可能存在眼識，因此，依靠色法與眼根所產生的通曉（諸法的眼識），純粹是一種顛倒之念。

若眼不自見　云何能見色

故眼色無我　餘處亦同爾

如果對方提出：眼根等諸處是存在的，因為其行境所見等等存在的緣故。

如果眼根不能見自性，又怎麼能見到色法呢？因此，眼根與色法二者是不存在自性的。同理，耳根與聲音等其餘諸處也同樣不存在自性。

眼由自性空　復由他性空

色亦如是空　餘處空亦爾

眼根既以自性而空，也以他性而空；色法也同樣以

自性與他性而空。耳根與聲音等其餘諸處也同樣為空性。

另外，因為（諸處）是緣起之法的緣故，所以也應該是空性：

因為色法的產生是以因緣而成立的，所以色法應當是緣起之法。而任何以緣起而成立的法，其自性都不可成立。所以，色法的自性應當是空性。

而所謂的他性，也應當是空性。因為，（作為他性的）眼根與眼識也一樣（為空性）。（我們都知道，）包含眼識在內的眼根即為有境，而色法即為對境，對境並不是有境。因此，（色法的）他性也應該是空性。

另一種說法為：因為（眼）識是裡面的法，而色法卻是所作以及外面的法，因為不是裡面的法，所以他性應該是空性。

為什麼呢？因為眼識是依靠（他法）而產生的。

如何依靠（他法）而產生呢？眼識是依靠所知等等而成立的。凡是依靠（他法）而成立的法，就不會有自性，所以眼識無有自性。因此，所謂「眼識可以執取細微色法等等」的說法，是毫無道理的。

所謂「色亦如是」的說法，也就是說（色法）也與其.[眼根或者眼識]相同。就像眼根是以自性以及他性而空一樣，色法也是以自性以及他性而空。

為什麼色法是以自性以及他性而空呢？正如前面所

說：「一切自性空，唯以分別有。」如果審慎觀察，一切法都不存在，即是「一切諸法皆無自性」的另一種說法；所謂「空」，即是「不可得」的另一種說法；

因為眼根是緣起之法的緣故，所以是空性，也即為：眼根是緣起而成之法。而任何緣起而成之法，其自性都不可成立，因此，眼根的自性為空性。但是，如果承許他性存在，也不合理。

為什麼呢？因為，任何無有自性之法，其所謂的他法又怎麼能在何處存在呢？這樣的所謂他法是不可能存在的。因此，他性也必然是空性。

還有一種說法為：所謂「他性亦為空」中的「他」，即表示（眼）識，即為「眼根以眼識亦空」的另一種說法。

為什麼呢？因為，在眼根上面是不存在眼識的，既然沒有眼識，則「具有眼識」的自性就不應該成立，所以，他性也就成為了空性。

若觸俱一起　則餘者皆空

空不依不空　不空不依空

如果一個「處」與「觸」共同在一起的時候，其他的法也就成了空性。空性不依賴於不空，不空也不依賴於空性。

三非有自性　不住無和合

則無彼性觸　是故受亦無

因為自性不住以及不存在...[非有]，所以三者的和合也不可能存在。既然和合不存在，則不存在它們之間的「觸」，此時，由觸而生的受也就不可能存在了。

彼止內外處　而有心識生

是故識非有　如幻如焰空

依靠內外各處，從而產生了心識，因為心識是依緣而生之法，所以如同陽焰以及幻覺一般為空性。

由依所識生　是故識非有

識所識無故　亦無有識者

而所謂的心識，又是依靠所識而產生的，但所識的自性卻並不存在，（所以心識也不可能存在。）⑭既然所識與心識都不存在，識者也就不可能存在了。

一切無常者　非常無有常

常無常依性　其性豈能有

如果對方提出：佛經云：「諸法無常。」既然宣說了諸法無常，其實也就是在宣說諸法不空。（因此，諸法不可能為空性。）

因為一切萬法皆為無常，也就是「非常」或者「不存在常有」的意思。如果諸法[性]存在，所謂的常與無常就可以成立。但是，諸法[性]又怎麼會存在呢？不可能存在。

---

⑭此處藏文原文，與法尊法師所譯的龍樹菩薩《自釋》說法不同，因《自釋》觀點有一定道理，故未改偈頌，並將其注釋內容加入（）內，望斟酌。

愛非愛顛倒　緣生貪嗔癡
是故貪嗔癡　非由自性有

如果對方提出：因為佛經中曾廣為宣說的緣故，所以貪嗔癡諸法應當存在。

因為是由貪愛之緣、嗔恨之緣以及顛倒之緣，才產生了貪愛、嗔恨以及愚癡的緣故，所以貪嗔癡不可能以自性而存在。

於彼起貪欲　嗔恚或愚癡
皆由分別生　分別非實有

（對於同一個對境，）有的人貪愛其境，有的人嗔恨其境，而有的人又對其蒙昧無知，由此可見，這一切都是由分別念而產生的。而分別念本身，又並不是真實實有的。

所分別無故　豈有能分別
以是緣生故　能所別皆空

為什麼不是真實實有的呢？因為，任何所分別之法都不可能存在。既然沒有所分別，又怎麼會存在能分別呢？因為所分別與能分別都是從緣而生的緣故，所以其自性都為空性。

四倒生無明　見真則非有
此無故行無　餘支亦如是

如果能證達真如法性，則不會再有從四顛倒而產生的無明；如果沒有無明，則不會產生諸行……依此類

推，其餘識等有支也就同樣不可能存在了。

依彼有性生　彼無此不有

有無即有為　無為乃涅槃

（原譯：依彼有性生，彼無此不有。有性及無性，為無為涅槃。）

某法以及依靠某法而產生的有實法，不但彼法不存在，從不存在的彼法而生的此法也不會存在。

有實法與無實法二者，即為有為法；而無為法，也就是涅槃。

諸法因緣生　分別為真實

佛說即無明　發生十二支

將從因緣而生的諸法，分別執著為真如法性。佛陀就將此作法，稱之為「無明」。從無明當中，就產生了十二緣起有支。

見真知法空　則不生無明

此即無明滅　故滅十二支

如果能證悟諸法自性為空，則因為現見真如的緣故，所以就不會生起蒙昧無明，這就是無明的毀滅；（因為無明已經毀滅的緣故，）則從已經毀滅的無明中所產生的所有十二有支也一併毀滅。

行如尋香城　幻髮及陽焰

水泡水沫幻　夢境旋火輪

（原譯：行如尋香城，幻事及陽焰，水泡與水沫，夢境旋火輪。）

為什麼呢？如果詳細觀察就可以了知，諸行如同尋香城、如同幻覺、如同陽焰、如同（具眼翳者所見之）毛髮，還如同水泡、水沫、幻術、夢境以及旋火輪等等，因此，其自性必然為空性。如果能善加了知（這一切），則不會產生無明。

無少自性法　亦非無有法

以從因緣起　法無法皆空

（此偈頌在藏文原版中缺漏。現依據龍樹菩薩自釋略作解釋：如果仔細抉擇，則既不可能存在少許具有自性的法，也不可能存在少許無有自性的法。因為有自性的法與無自性的法，都是從因緣而生的緣故，所以全都是空性。）

以此一切法　皆是自性空

故佛說諸法　皆從因緣起

因為一切諸法都以自性而空，所以無等善逝佛陀殷重地告誡世人：只有自緣而生、本體為空，並且寂滅一切有無戲論，才是諸法的實相。

勝義唯如是　然佛薄伽梵

依世間名言　施設一切法

在勝義中，一切緣起諸法都只可能是自性為空、無有戲論。但薄伽梵世尊針對世間人，依靠世俗名言，假

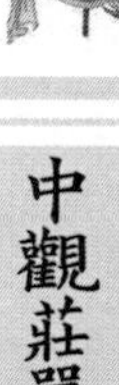

立了紛紜繁雜的一切諸法。

不壞世間法　真實無可說
不解佛所說　而怖無分別

既不破壞從世間角度所宣說的諸法，而於真實性中卻未曾宣說過任何法。因為不能解悟如來所宣說的這些道理，彼等愚夫就會對（如來）所說的這些無有污垢、不可言說、無有分別、無有法相的境界，生起恐怖之心。

依彼有此生　世間不可壞
緣起即無性　寧有理唯爾

雖然不破壞「依靠彼法而產生此法」的世間所成之理，但是，凡是依緣而生之法，其自性都不可能存在。而所謂不存在的自性，「又怎麼可能存在呢？」真理必定是這樣！

於具信求真　以理類推者
宣說無依法　離有無寂滅

（原譯：正信求真實，於此無依法，以正理隨求，離有無寂滅。）

對於具有正信，精勤尋求真實之義，並且於此所說能以正理類推的人們，（佛陀）又宣說了無所依之法，（以便其）能捨離有性無性二者，從而獲得寂滅。[115]

[115]此處與法尊法師所譯的龍樹菩薩《自釋》說法不同，《自釋》中為「若成就正信勤求真實，於此所說都無所依之法，能以正理隨求、隨欲者，則能遠離有性、無性而得寂滅。」望斟酌。

了知此緣起　遮遣惡見網
斷除貪嗔癡　趨無染涅槃

用這些（諸法）僅為緣起的道理，就能夠遮遣一切惡見之網，因為這種人能夠斷除貪嗔癡的緣故，所以能不染諸垢而獲得涅槃。

《七十空性論》，由聖者阿闍黎龍樹菩薩圓滿撰著完畢，並由譯師旬呢卻[童勝]、念達馬扎[盛稱]以及庫.尊珠雍中⑯所譯之詞義善錄而成。

依照前譯派譯師意西得[智軍]等所譯之（龍猛菩薩）自釋本所作之此釋文，是由前輩諸大菩薩譯師之敬隨者——貧僧先潘囊瓦恭書而成。願吉祥！

重校於2007年12月11日

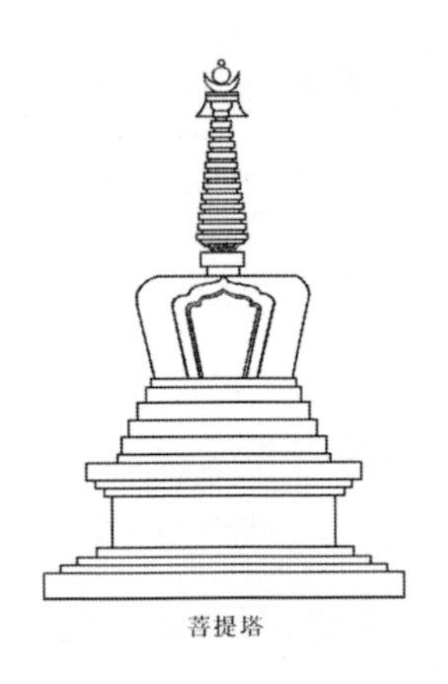
菩提塔

⑯庫.尊珠雍中：阿底峽尊者三大主要弟子之一。